光启文景丛书
陈恒 主编

Henry Dwight Sedgwick

Marcus Aurelius

马可·奥勒留传

[美]亨利·德怀特·塞奇威克 著　　刘招静 译

上海人民出版社

图书在版编目(CIP)数据

马可·奥勒留传/(美)亨利·德怀特·塞奇威克著;
刘招静译. —上海:上海人民出版社,2018
(光启文景丛书/陈恒主编)
书名原文:Marcus Aurelius
ISBN 978-7-208-14755-3

Ⅰ.①马… Ⅱ.①亨… ②刘… Ⅲ.①马可·奥勒留
(Marcus Aurelius Antoninus Augustus 121-180)-传记
Ⅳ.①K835.467=2

中国版本图书馆CIP数据核字(2017)第214832号

责任编辑 赵 伟
封面设计 肖晋兴

光启文景丛书
马可·奥勒留传
[美]亨利·德怀特·塞奇威克 著
刘招静 译

出 版 上海人民出版社
(200001 上海福建中路193号)
发 行 上海人民出版社发行中心
印 刷 常熟市新骅印刷有限公司
开 本 890×1240 1/32
印 张 12.5
插 页 5
字 数 278,000
版 次 2018年3月第1版
印 次 2018年3月第1次印刷
ISBN 978-7-208-14755-3/K·2682
定 价 48.00元

“光启文景丛书”出版前言

梁启超在《清代学术概论》中，把由徐光启（1562—1633）为代表的回溯“汉学”、追求“西学”的学术思潮，看作中国近代思想的开端。正是以徐光启为首的一代人，立足中华文化，承续学术传统，致力中西交流，展开文明互鉴，在江南地区开创出思想文化的新局面，也遥遥开启了上海作为近现代东西交流、学术出版的中心地位。有鉴于此，我们秉持徐光启的精神遗产，继承和发扬其经世致用、开放交流的学术理念，创设“光启文景丛书”，立足中国、借鉴国外，挖掘历史、把握当代，关怀人类、面向未来。努力构筑优秀学术人才集聚的高地，思想自由交流碰撞的平台，展示当代学术研究所取得的成果；同时，大力引介高质量的世界学术精品，既在自身文化中汲取活力，又积极把自身文明带到世界前沿，以高水准的国际性成果丰富中华文化的内涵。

丛书推重“经世致用”，即是注重文化的学术性和实用性，既促进学术价值的彰显，又推动现实关怀的呈现。本丛书以学术为第一要义，所选著作务求思想深刻、视角新颖、学养深厚。同时也注重实用，收录学术性与普及性皆佳、研究性与教学性兼顾、传承性与创新性俱备的优秀著作。以此，关注并回应重要时代议题与思想命题，推动中华文化的创造性转化与创新性发展，在与世界学术的交流对话中，努力打造和呈现具有中国特色的价值观念、思想文化及其话语体系，为夯实文化软实力的根基贡献绵薄之力。

丛书推动“东西交流”，即是注重文化的引入与输出，促进双向的碰撞与沟通，既借鉴西方文化，也传播中国声音，并希冀在交流中催生更绚烂的精神成果。丛书着力收录西方古今智慧经典和学术前沿成果，推动其在国内的译介与出版；同时也致力收录国内优秀专著，促进其影响力的提升，发挥更大的文化效用；此外，还将留意海内外学者具有学术性、思想性的随笔、讲演、访谈等的整理汇编，结集出版，建构思想操练和精神对话的空间。

我们深知，无论是推动文化的经世致用，还是促进思想的东西交流，本丛书所能贡献的仅为涓埃之力。但若能成为一脉细流，汇入中华文化发展与复兴的时代潮流，便正是秉承光启精神，不负历史使命之职。

丛书创建伊始，事务千头万绪，未来也任重道远。本丛书涵盖文学、历史、哲学、艺术、宗教、民俗诸多人文学科，需要不同学科背景的学者通力合作。本丛书综合译、著、编于一体，也需要多方助力协调。总之，丛书的顺利推进绝非仅靠一己之力所能达成，实需相关机构、学者的鼎力襄助。谨此就教于大方之家，并预致诚挚的谢意。

清代学者阮元曾高度评价徐光启的贡献，“自利玛窦东来，得其天文数学之传者，光启为最深。……近今言甄明西学者，必称光启。”追慕先贤，知往鉴今，希望通过“光启丛书”的工作，搭建起东西文化会通的坚实平台，打造上海乃至当代中国学术高原的瞩目高峰，以学术的方式理解和阐释中国，阅读与走向世界。

“光启文景丛书”编委会

2017 年 8 月 1 日

此传尽可能根据信函、有关斯多葛宗教的一些叙述和有关马可·奥勒留时期罗马政府尝试镇压基督教之事的阐述写成。

纪　念

（那）几个人，生时功德圆满，
终能上登天国，而摸着了黄金钥，
打开天国之门，进入不朽的宫阙，
我此番下来，就为了扶助这等人。

《科马斯》(COMUS) [1]

1　即弥尔顿（John Milton，1608—1674 年）诗歌《科马斯，假面具》(Comus，a Mask)，此处译文对应原诗第 12—15 行。译文出自弥尔顿著:《科马斯》，杨熙龄译，上海：新文艺出版社 1958 年版，第 3—4 页。此处对译文进行了繁简转换处理。——译者注

序

对有些人来说，马可·奥勒留（Marcus Aurelius）的《沉思录》(*Meditations*）有很深的宗教意蕴。我的这本小书，就在于为他们提供一种导论性信息，这些信息关乎马可·奥勒留、他的性格和他的宗教信仰与生活。根据我个人的亲身经历，我想他们是需要这样一部书的。所以，我从对斯多葛派哲学的阐发入手，把它展示成一种宗教，因为我相信哲学主要就是宗教。古代和现代作家对马可有各式各样的批评，对此我要为他辩护。在辩护中，我将用空前的篇幅展示各作家对马可的最厉害的指摘——他迫害基督徒。之所以如此，是因为我认为没有什么指控会比这更让他感到惊讶，或者对他而言，没有什么指控会比这更加无理。

我不想因为注释而伤了正文。所以，我把用来支持文中说法的大多数权威参考资料都放在了附录里。文中以外语形式引证而没有翻译出来的材料，在附录中可找到译文。针对信函中出现的希腊语短语，我用法语表述。

亨利·德怀特·塞奇威克（H. D. S.）

麻省剑桥

1920 年 10 月

目　录

"光启文景丛书"出版前言　*1*
序　*1*
导　论　*1*

第一章　斯多葛主义的创立者　*1*
第二章　帝国治下的斯多葛派伦理　*15*
第三章　孩提时期与青年时代　*26*
第四章　罗马的文学社团　*41*
第五章　修辞之学　*55*
第六章　友人间的书信　*76*
第七章　成年之初　*91*
第八章　从修辞学到哲学　*113*
第九章　怀疑论的影响　*125*
第十章　其他动机　*138*
第十一章　卢修斯·维鲁斯与帕提亚战争　*150*
第十二章　皇帝马可在罗马　*165*
第十三章　瘟疫与蛮族人战争　*182*
第十四章　奥维狄乌斯·卡西乌斯的反叛　*195*
第十五章　晚　年　*208*
第十六章　来自异教的两种批评　*220*
第十七章　罗马对基督教的态度　*230*

第十八章　罗马政府的政策　*244*
第十九章　法律的实施　*260*
第二十章　尾　声　*274*
附录 A　*288*
附录 B　*304*
附录 C　*311*
附录 D　*321*

索　引　*358*
译后记　*385*

导 论

“战栗是人性中最好的部分”，歌德的这句话并不需要仰仗 11
他的威名，话本身就具有权威的力量。在构成人的性格的各种特质中，敏于敬畏或保持一种灵敏的敬畏感，是一个人过上一种更高层次生活的最确定的标志。和其他各种感性或精神方面的敏感性相比，敬畏所处的位置更深。爱情、名誉或真理能让人更加目眩，能赋予人以克服困难的更大能力，然而敬畏却给人以一种更为持久的满意度；它使一个人和众人相区分，使之升华，使他和自己眼中的至高无上者共融，使之更加高尚。这种敬畏感是宗教虔信生活之树结出的果实，不管这种生活是在修道院、图书馆或树林里的孤独境域中度过，还是在那些甘为理想而奉献的人群中度过，又或是在世界的喧嚣中度过。不过，宗教的酵母并非总能发挥作用，即便是在那些过着宗教生活的人当中也是如此。精神之风在它想吹拂的时候和想吹拂的地方吹拂。有时候，引导人们走向宗教的情由近在咫尺，比如丧亲、失望和罪孽。有时候，群体性灾难使整个共同体转而探询如此这般重大且具有根本性意义的人生问题：上帝存在吗？而有时候，则有某位宗教天才来到，用他那富于治愈功能的唇口，唤醒众人，逐个与集体唤醒并用，使人感受到某一宇宙的美，而在这样一种宇宙当中，就有上帝。他还使众人感受到别个宇宙的苍凉，而在这样一种宇宙当中，就没有上帝存在。不过，宗教并不在于呼之即来。

> 当我们想要点燃蛰伏于心中的火时，
> 我们不能这么做。

12 有那么些时候，灵魂的圣殿里一片空茫。借助我们的智识，我们可以认识到那种压倒性敬畏感的无上高贵，这种敬畏感使一个人转向自己的内心，并使之意识到自己的存在。我们可以如自己所愿，去解释这种意识或存在。然而，我们不能把它招来。敬畏超越了人类意志的界限。正是在这些空茫的时段里，在这些贫瘠的情绪中，我们需要某种教义或教理，也即需要某种行为规则，用它来做替代，去填补本应由敬畏感来填补的空当或空缺。这样一种替代物就是斯多葛哲学（the Stoic philosophy）。

在基督教教义的长期支配下，被拣选的灵魂已然经受了一种**战栗**，其程度要么更为剧烈，要么更显迟钝。这种敬畏的战栗感来自他们的一种意识：他们相信那神圣的存在已经显现。但是，基督教信仰已经失去其古代权威。尽管有许多的呼声——“看，这里！”“看，那里！”但迄今还是没有新的宗教来布施有关未然状态的福音。并非不可能的是，蕴含在斯多葛哲学深处的那些原则，或许对今天依然有用，它们可以教导朝圣的灵魂找到位居自身内部而无法在自身之外找见的扶助性力量。

古代的斯多葛派和今天那些已不再是基督徒的追寻者们一样无知。他们没有权威的启示，也没有上帝的话语，如此，他

们也就无法用这些来告诉自己，他们所生活于其中的那个世界
的本质是什么；同样，他们也没有神圣的法典，从而告诉自己
要做什么。他们四下张望，看见了悲伤、疾病、年老、各种失
衡、国家间战争、内乱、邻里间争端、地震和狂风暴雨。这就
是那个时候的世界，如今也没有太大的不同。那么，在这样一
个世界里，一个人应该做些什么才能使自己相信：这是一个有
序而非混乱的世界；在其中，除了虚荣，还有其他；假若人心
长有一双灵性的眼睛，那么人心就会声明，什么东西是有意义
的，而这种有意义的东西就在这个世界里？斯多葛派是一群 13
诚实的人，他们不会脱离感官的证据；他们转身脱离柏拉图的
那个“从身体中获得解放的灵魂可以看见神圣的美”的梦，同
时也脱离了苏格拉底的那个“和英雄式逝者共融”的希望。他
们创立了自己的哲学，不过，我们把它叫作宗教可能会更准确
些。他们的哲学出自这个世界；通过人类的各种感知，他们认
识这个世界。我们把它叫作宗教，一种朴素、冰冷但却理智、
高尚、富有英雄气质的宗教。我不敢说我们能够和他们一路同
行，因为他们的物理学是幼稚的，而且他们的形而上学也好不
到哪里去。但我的确认为，我们可以走得够远，从中获取帮助
和慰藉，不管这种帮助和慰藉同基督教所提供的那种帮助和慰
藉比起来，显得多么微薄和贫乏。

斯多葛派是一元论者（monists）。他们相信整个宇宙由一种物质构成，构成了一个统一体，相信人是这个强大整体中的不可分割的一部分；在自身的生活生命中，人帮助实现这个整体的意志。从这些预设出发，他们获得了一种持久不变的意识：人类生命有其严肃性，有其尊严。他们推断，就像真实情形那样，一个人穿着宇宙的制服，必须运用智慧、坚忍意志、

清醒头脑和公平正义来放弃自身。如今，有许多人虽然可能代表不了全部，但假如他们考虑到星空和大地充满了无数各色各样的事物——有些本能地活着，而有些则被赋予了心灵思维的话，那么，他们也许会有这么一种感觉：这个宇宙值得用“**神圣**”（*divine*）来形容，不管这一术语在多大程度上偏离了原来的涵义；他自己就是所有存在物中的一员，这些物既有无限大的，也有无限小的；正因为是其中的一员，所以他必须履行效忠的约定，这一约定早在他获得生命之初就已订下了；这一约定是神圣的，就像罗马士兵的**圣事**（*sacramentum*）一样；他，仅仅因为他是一个人，就必须确保自己的生命能够奉献出去。

在所有斯多葛派人士中，马可·奥勒留是最为纯粹也最具同情心的一个。事实上，他是那些最为宽厚仁慈的历史人物中
14 的一个。在对不幸周遭满怀困惑的过程中，他竭力追求一种宇宙理论，这种理论会激起他的崇敬之情，燃起他的敬畏之心。他还竭力追求一种实践，这种实践会使他成为神圣意志（a divine will）的忠顺仆从。和我们一样，他也曾陷入过各种疑惑。和我们一样，他面前也曾呈现过另外一个宇宙，这个宇宙受理性推动，向着理性的目标进发，又或者呈现过一个非理性的宇宙，这个宇宙受自身的盲目特性驱使，漫无目的。正如他所说：“要么存在混合、混乱和分散，要么存在统一、秩序和天意。如果是前者，那么为何要认真生活在这样一种无意义的动荡与混乱状态中呢？为何只有在某个时候当我‘变成尘土’时，我才不关心一切呢？为何我要自寻烦恼呢？不管我做什么，‘分散’情形都会在我身上发生。但如果后者是真的，那么我就会保持虔敬和坚定，并且会信赖我的统治者。”（M. A. VI，10.）从这段话中，我们能够汲取一种力量，以用来应对

类似的情形，从而有助于我们自身。

有些时候，在每个人的生命中，都会出现一种渴念或热望，这种渴念或热望会使他和宇宙结成一种正当关系，会使他的精神与宇宙的法则保持一致，会使他的个体意志与宇宙的意志保持统一。当悲伤来临或生命接近黄昏时，人类或人性的诸大问题便会叩响我们的心门。正因为马可·奥勒留身边一直有这些问题在萦绕，而且他也找到了问题的解决方案，继而至少对他来说可以保持思想的纯洁、对邻人的友善和继续履行自己对国家的义务，所以，他依然是许多人的指南和向导。不管自己的学术成果已经凋零多少，消亡多少，欧内斯特·勒南（Ernest Renan）依然是第一批对人类需求抱有同情心的学者。在对人类心灵的了解中，他有这么一番灼见：

“马可·奥勒留的书，没有教条式基础，永远保持着活力。每一个无神论者或具有无神论思维的人，甚至每个特定宗教信仰领域的最为虔信的人，都可从中获得启迪与陶冶的果实。 15
它是最为纯粹的人的书……这部无可匹敌的书，……这部知天命人生的指导手册，这部属于不信仰超自然力量的人的福音书……科学能破坏上帝与灵魂，然而思想之书依然年轻，并成为活的真理。马可·奥勒留的宗教，……是绝对的宗教，它源自如次这一唯一的事实：一种摆在宇宙面前的、崇高的道德良心。它既不属于某个种族，也不属于某个国家。不管是革命、进步，还是探索发现，都改变不了它。”

勒南所说的正是许多人所感觉到的。他们用各自的方式感觉到了它：先有梵蒂冈手稿中那位用诗歌表达感谢之情的不知名的古代注解者，后有腓特烈大帝（Frederick the Great），腓特烈大帝说：“在所有人中，马可·奥勒留或许是那个达到了至高德性的人”，而且在自己遭到假朋友背叛时，他诉诸《沉思录》，为的是寻求力量和安慰；再到孟德斯鸠，而孟德斯鸠笔下有言：“在使人感受到德性之甜美与存在之尊严这方面，哲学家做得绝不比马可·奥勒留要好，而马可·奥勒留所做的，是击中人心，拓展灵魂，让精神飞升。”再到戈登将军（General Gordon）、马修·阿诺德（Matthew Arnold）、弗雷德里克·W.H. 迈尔斯（Frederic W. H. Myers）和其他许多不甚知名的人士。由于在那么多种人当中，有那么多个人都十分重视这部罗马“福音书”，而且对行为的深思可以从得知这位作家完全按照自己的理想来生活这一点中汲取兴趣，所以我认为，即便已经有很多著作都写到了马可·奥勒留，但还是有再写一部相关作品的空间或余地。根据材料情况，我会试着向人表明，他并不具有那种高冷的宗教哲学中的形象，而是与自己的同时代人——青年时代、成年时代和晚年时期的同时代人所见的形象相符。而且，我会试着展示斯多葛哲学，而我所展示的并不和现代哲学家所解释的相同，而是和马可自己对它的看
16 法与接受态度相符。此外，我也感觉到，为马可·奥勒留治下所实施的反基督徒土地法案做一番辩护，也是合乎正义的。我们回望过去，所携带的是我们对最优状态的基督教的认识，而基督教注定会占据主流，而且，我们过于轻易地假设异教的反抗就是错误的。或许，理性和信仰可以为它的坚定支持者们辩护。马可·奥勒留“正如上帝让他看见正义”那样做着正义的事情；通过这么做，他为人的悲剧史和生命的讽刺史增添了新的篇章。

亨利·德怀特·塞奇威克（H. D. S.）

第一章　斯多葛主义的创立者

至公元前4世纪末，塞浦路斯商人马西斯（Mnaseas，a Cypriote merchant）的儿子芝诺（Zeno）来到了雅典，并在此定居，同时投身于哲学研究。自苏格拉底以来，已经过去三代人的时间了。苏格拉底“把哲学从天庭带到了人间，把它引入了各城各家，并要求人们审视自己的生活，审视善恶的本质”，而发生在那些间隔岁月中的诸次事件，则使人们日益倾向于接受他的教导。当芝诺访问诸大学派时，他发现哲学家们正在争论何为正当的生活方式，就像他们争论物理学或形而上学一样。芝诺探究各种问题，但他的性情使他转向了伦理学，因为尽管他在希腊文化中长大（自他能够落地走路那一刻起，他就从书摊上拿起了色诺芬的《回忆苏格拉底》[*Memorabilia*]），不过他仍然是一名闪族人，这不仅仅因为他的思维模式，还因为他的血统。至少在人们看来，有一点几乎是没什么疑问的：他所属的民族是腓尼基人（Phoenicians），这一人群定居在塞浦路斯岛上一个名叫基蒂翁（Citium）的市镇里，该市镇与提尔（Tyre）和西顿（Sidon）有密切商贸往来。他的这种希伯来人性情为他奠定了一种思维框架，而在这种框架中，他得以构建起自己的整个哲学。芝诺属于闪族人先知类型。他面色黝黑，外观阴郁，既高且瘦，衣着极简，饮食节制。他情愿吃不需要煮的食物，而通常情况下，他则以面包和蜂蜜外加一点馨香的酒为食。

在所有这些学派中，他发现自己和犬儒派（the Cynics）最合得来，而犬儒派则很有可能信从《弥迦书》（Micah）或
18 《哈巴谷书》（Habakkuk）。他们是比较教条的人，不关心文明习惯，这种不关心甚至到了粗鲁傲慢的地步。然而，他们又满怀热情，意在使人们按照他们的良善观念让自己变得良善起来。怀疑论者和大众都大肆嘲笑他们的生活方式，并把有关他们的诙谐轶事加以传播。但是，这些批评者都被自己的偏见蒙住了双眼。不过爱比克泰德（Epictetus）对他们投去同情的目光，在爱比克泰德面前，他们的形象很不一样。他的解说使我们能够理解，为何怀有希伯来性情的芝诺在寻求生活行为中的实践智慧时，会转向他们而不是转向其他教派。爱比克泰德说，犬儒派就像一位父亲，因为所有男人都是他的儿子，所有女人都是他的女儿；他必须将自己的光照耀于人前，告诉他们，即便没有任何值得重视的东西，一个人也可以有德性；此外，简单和节俭对身体和灵魂都有利；他的良心必须纯洁，他的生活也是如此；他必须替人类留意着，也必须为人类劳动着；他的思想一定得让他成为众神的朋友，成为宙斯仆从的朋友，成为享有神圣力量的存在者的朋友。他必须随时准备说："啊，宙斯，你来引领我。"他不得责怪上帝或人；他不得动怒、嫉妒或者怨恨；他必须摆脱一切欲望。其他人可能希望掩盖自己的所作所为，由此置身家中，关闭家门，叫来门房以守卫门户，然而犬儒之家却是用谦虚筑成的，谦虚是他的门，也是他的门房，由谦虚来看护他的家门。（Discourses，III，22）

这些教导与芝诺所在族群留给他的遗产相符合，而且他也

把它们吸收进了自己的信条。他还吸收了他们的另外一则著名信条。他们声称，人并不是他所在出生地市镇的公民，而是全世界的公民，人应该忠于整个世界。犬儒派从苏格拉底那里学 19
到了这一点。然而，在苏格拉底时代，这一观念还只是一种学院理论，不过等到亚历山大大帝除去诸个城市与国家的独立地位，并把一大片土地纳入自己的庞大帝国后，这一观念便有了新的、现实的意义。至马可·奥勒留时期，当整个西方世界还处于罗马人支配下的时候，该观念已经成为有教养的罗马人的常识。如此，这一理论也就自然而然地容易被一名生在塞浦路斯、长在雅典的腓尼基人接受。

如果芝诺生活在朱迪亚（Judaea），那么他就会成为一名耶和华的先知。但是，命运让他生活在了一个希腊人的贸易城市里，一个有着各种人群和不同观念竞相交汇的地方。在各色观念中，他汲取了早期爱奥尼亚哲学家的唯物主义理论。他并没有构想出一种神圣的人格，也没有变成一名一神论者，而只是接受了宇宙的一统观念；他也没有上升到一种对现实的灵性认知，而只是认为宇宙中的物质具有极度的脆弱性。倘若他考虑这些观念，他就会拒绝它们。只要适合他的观念，他都加以采纳，不管他是在哪里发现这些观念的，不论这些观念是来自赫拉克利特（Heraclitus）、苏格拉底、柏拉图、亚里士多德，还是来自第欧根尼（Diogenes）。通过自己的热忱性情，他把这些观念融汇到了一起，从而创建出了一套新的哲学。或许，他过于放任自己的性情，同时比其他人更强调一种自我否定的态度，为的是使如次这一对比更加鲜明生动：一边是他的那个位于画廊中的清教徒式团队，在绘饰着图画艺术的画廊的墙上，宣示着英雄主义；另一边，则是那个地处城门之外的怡人花园，在这里，在各种应季成熟的果实当中，伊壁鸠鲁（Epicurus）嘲笑着“理性宇宙”信念（the belief in a rational universe），并教导他的学徒如何使生命免于忧虑牵挂（care）。至于芝诺的信条，我则让它们自己来说话。芝诺的这些话有时候在人们看来充满激情，一如《以赛亚书》（Isaiah）中所说的那样，而有时候则追随《箴言》（the Book of Proverbs）的方式，充满了朴素的智慧：

你们不可制造任何偶像，
也不可为诸神建造庙宇，
因为任何建造的东西都配不上诸神；
艺匠和木匠的手艺
几无价值，也不神圣。

你们不可美化城市，
要保存那些居于城中的人们的义（righteousness）。
也不可拥有法庭。
爱是友好和自由之神，
爱是神圣的，他有助于保持城市的安宁，
是他为人们谋得和谐。

你们不可分城、分镇而居，
也不可因相悖的法律而分离；
但你们要视所有人为同胞市民。
共守一法，共循一俗，
如羊群，共受一根曲柄杖驱使，共在一处进食。

宇宙的本质是双重的，
一者是那制造其他物的，一者是那被制造的。
那被制造的物，既无状亦无形；
而那用来制造它的
是那言，那言即上帝。

上帝是永恒的
祂渗入一切物质，
由此创造出每一样东西；
由这种物质发展出一切造物。
宇宙通体都是物质，
物质再分成物质，
宇宙通体既不变大亦不变小，
然而每样东西却会变大或变小；
因为几个组成部分并不总是保持原样，
它们会分离，而后又复归为一。

上帝是身体，至纯的身体，
万物之源，
祂的圣意贯穿一切。
上帝是以太，上帝是空气，
上帝是超凡之火的精神；
祂弥漫于整个创世过程
就像蜂蜜弥漫于整个蜂巢；
上帝在万物中来去，

上帝是心灵，上帝是灵魂，上帝是自然（本性）
是上帝，使宇宙统一。

21 宇宙的发明者和安排者
是那言，那言即理性；
他就是命运。
他是万物的决定性因素，
他是宙斯。

万物之中皆有神圣的存在；
大自然的法则神圣。
世界和天堂都是上帝的物，
神圣力量在星宇中运行，
年年，月月，季季。

宙斯、赫拉和维斯塔，
以及一切男神和女神
皆非神，而只是一些名称
这些名称给了那些缺乏生命与言语的物；
因为宙斯是天空，赫拉是空气，
波塞冬是海，赫菲斯托斯是火。

瞧，生命之泉是品质。
自它始，依照秩序，流淌出我们的各种行为。
看呐，快乐幸福在于生命之流畅通。

一个人的生命之实现
在于生命与本性合一；
因此，生命就是身居于义，
因为本性导向正义，
生命的归宿就是与德性合一。
追随众神。

人生来只为义，
因为义将人们的灵魂引向自身
不靠诱惑，不无中生有，
而只凭它自己的光辉。
德性本身足以带来快乐幸福；
义是唯一的善，
没有什么是恶的，除了那些肮脏和可耻的东西。

在存在物中，有些东西
是善的，而有些则是恶的，
而另外一些则既不善亦不恶。
善的则有这些：
智慧、节制、正义和坚韧。
而恶的则有这些：

愚蠢、放任、非正义和怯懦。 22
既不善亦不恶的则是无关紧要的。
无关紧要的则有这些：
生与死、良誉与恶名，

痛与乐，富与贫，
病与健，诸如此类。

人有两种，
正义之士与邪恶之徒；
正义之士终其一生
都会践行正义，
而邪恶之徒的手法行径都是邪恶的。

智慧之士是有福的，智慧之士是富足的；
唯有智慧之士，不管多么拮据，都是富足的；
唯有智慧之士，不管多么窘迫，都是美丽的；
因为灵魂的轮廓
比身体的轮廓更加美丽。

一切良善之士都互为朋友。

而且，正如我所言，他的一些格言中的智慧具有《箴言》的朴素味道。

智慧之士会把一切事情做好，
他会安排好自己的粥食。

不要让你的耳朵靠近好听的东西；
从阿谀奉承者那里要回他的言语自由。

尽管你们能从自己的劳动中得美食，
你们所得的，也还是来自那炊具。

他的谈话式说法具有同样的个性和活力：“行胜于言。”“我们需要时间，胜过需要一切。”此外，他经常援引一位音乐教师讲给一名年轻奏笛者听的话，这位奏笛者当时正在用笛子吹出很大的噪音：“大声并不能使事物优美，而优美则能使事物伟大。”当一些挥霍者正在为自己的行为寻找借口，说他们已经消耗了一大笔资材时，他回答说：“所以，你们同意厨师，让他在菜里放上过多的盐，并且说他还有很多盐没有放。”和亚里士多德一样，他把朋友定义为“另一个自我” 23
（“a second self”），并声称声音应是“美之花”（“the flower of beauty”）。自苏格拉底死后，有过更伟大的哲学家，然而却不曾有过拥有如此锋芒个性的人。

说芝诺是一位哲学家，远不如说他是一位先知。在雅典，他是个陌生人，身上流着异族人的血。尽管不受任何一种民族神信仰的束缚，也不受任何一种类似患难时期抚慰犹太人的传统的支持与鼓励，然而他还是投身于这样一种先知式使命：向人们宣示，人类生命拥有尊严；对人们来说，“**义务**”（*duty*）一词拥有它的涵义；除了义，任何东西都没有价值，除了可耻，任何东西都谈不上恶。他的哲学没有什么新意。他的信条——“人应该按照本性（nature，*κατὰ φύσιν*）来生活，人的灵魂应该与万物的灵魂同奏”，这种信条是一种观念，它存在于一切宗教的深处；通过使人类意志服从于神圣意志，它在人们的有神论思想中得到了表达；而通过“你们的事会做成”这一祈祷，它也在基督教中得到了表达。芝诺也许已经向宇宙表达了自己的那些言语。其教导所产生的深刻影响并非源自新的观念，而是源自他将之融入其间的激情。他的布道也把另一位伟大的犹太人教师的教导带给了听众，这位教师也去过雅典：“创造这个世界和世间万物的上帝……并非栖身于人用双手建造和用双手崇拜的庙宇，好像祂需要任何东西一样；祂缔造一切生灵、气息和万物；祂在一种血脉中创造了所有民族的人，让他们居于这块大地的任何一个地方……在祂之中，我们生活、行走并获得存在；也正如你们自己的诗人所说的，因为我们也是祂的后代。”

芝诺撰写了《论人性》(*On the Nature of Man*)、《论希腊教育》(*On Hellenic Education*)、《论赫西俄德的神谱》(*On the Theogony of Hesiod*)、《论逻各斯》(*On the Logos*)、《论宇宙》(*On the Universe*)、《论物质》(*On Substance*)、《论市民政体》(*On Civil Polity*)等诸部专论以及其他许多著述，为的是完成其论说体系，以应对那些富于急智的听众们所提出的一切问题
24 与批评。然而，除了一些散落残篇之外，他再也没有什么流传下来。人们对这些残篇做了细心搜集与整理，而我的引文正是来源于此。芝诺相对于他那一代人来说就像卡莱尔（Carlyle）相对于我们父辈这代人一样。在他们的言语中，有一种相似的男性气概和力量，有着一种同样充满阳刚之气的、几乎有些霸道的生活态度。那些出自《衣裳哲学》(*Sartor Resartus*)和《英雄崇拜》(*Hero Worship*)的箴言警句，就像那些出自“画廊”的回声一样在耳边回响：“人们曾经勇敢面对的邪恶，不再是邪恶；让慷慨战斗的希望取代死亡与被迫的哀伤；邪恶本身变成了一种善和高尚……这里，在这种可怜、悲惨、受阻和可鄙的现实中，在其间，你至今挺立；你的理想舍此无他——

就此面对并解决它，付诸行动，相信，生活，获得自由。蠢货！你的理想就在你自己身上，当然障碍也在你身上；你的情况就是，你要从这种东西中形塑出前面所说的那种理想来，不管这种东西是何种材料做成的，你所赋予它的外形都会是充满英雄色彩的。”

芝诺怀有一种凛然与苦修的价值观，这种价值观会激起人们的英雄主义，但他还是缺乏其他一些特质，这些特质同样重要。当一位先知希望把一种哲学转化成一种宗教时，那么温情与诗意想象这两种特质就显得同样有必要了。这些特质是由克利安西（Cleanthes）带来的，他来自小亚的阿索斯（Assos），是芝诺的继承者和斯多葛派的负责人。在克利安西留下来的作品中，最著名的要数他的诗句。

宙斯颂

不朽神灵中的最辉煌者，噢，你，
诸多名字中的、永恒的大能，
噢，宙斯；噢，大自然之主，你用法则统领一切；
为你喝彩！
这是为了尘世之人可以呼唤你；
因为我们是你的孩子，所有尘世之物
在大地上生活行走；在它们之中，只有我们是
按你的形象所造。所以，我向你献上
我的颂歌和赞扬：你的力量无域无疆。
围绕大地旋转的宇宙之框
依循你的规章；朝着它，有你做导向
而且，你也意在于此。

没有你的意志，大地之上一事无成，噢，上主，
不在空灵神圣的天宇中，亦不在海洋上——
除非邪恶力量愚蠢为之。

你知道该如何用契约防止过分或失当，
以及从无序中引出秩序；在你这里
缺爱者找见爱；因为你
将善和恶一起注入万物，如此，有了万物的永恒的理由
万物皆合为一统。

恶人逃逸，孤守，
命运多舛，因为他们永远渴望拥有
善人之所有，然而并不需要
上帝的宇宙法则；他们不从。
但，他们应该要表示出明智的服从，
如此，他们才能生活幸福。然而，在
趋之若骛式的愚蠢中，每个人都犯下了某种罪孽——
有的永远渴求声名，
有的怀着不法的激情，
而其他的，则屈从于肆意和肉欲。
他们虽怀热望，却到头来适得其反
有悖于心愿。

而你，躲在乌云之中，
躲在闪电之中，施与一切的宙斯，

拯救人们于恶意的无知，噢，天父，
将它从灵魂处驱走，授予我们
智慧；向着智慧的方向
你引领万物的正途，如此，我们便可
获得荣誉，继而将荣誉回馈于你
此外，颂赞你的事工
不曾歇止。由于人生来必死，
由于并非为凡人亦非为诸神
在永恒的正义中，
存在着一种比颂赞宇宙之法
还要宏大的回馈。

我相信，克利安西也是最先在有关决定论的教导中引入某 26
种区分情形的人。在承认命运受绝对的控制这一点时，他同时也试图守护一种意志上的精神自由。正如他在触动自身情感的事情上的习惯做法一样，他用一些简单的诗句表达了自己的观念：

引领我，噢，宙斯；还有你，噢，命运，
无论你们在何方叮嘱我，要我的地方，
我都将遵循，无所畏惧。
虽然我露出胆怯，意志软弱，
然而我还是会遵循。

在马可所处的时代，表示情愿的意志和表示不情愿的意志之间的区分，已经被人们当作一种教导加以接受了。“只有对于那些带有理性禀赋的活着的造物来说，这种区分才需要接受命运进程的安排；在此进程中，人们心怀一种服从意志，因为**遵循**（*to follow*）乃万物之必需”（M. A. X，28）。塞涅卡（Seneca）说过：“命运引领着情愿之人，拽拖着不情愿者。”（“*Ducunt volentem fata nolentem trahunt*，Him that is willing the Fates lead on，him that is unwilling they drag.”）克利安西之后，有克吕西波（Chrysippus），克吕西波来自西里西亚（Cilicia）的一个小镇，该镇离塔尔苏斯（Tarsus）不远（塔尔苏斯也是诗人亚拉图［Aratus］的出生地；在关于“马尔斯之山”［Mars' Hill］主题的演说中，圣保罗就引用了他的作品）。就个性的坚毅程度而言，克吕西波要逊于芝诺，然而就温情与诗意气质来说，他则要逊于克利安西。但是，克吕西波有不知疲倦的热情和勤勤勉勉的干劲。他写下了不计其数的专论，他在斯多葛体系中裁弯取直，填补鸿沟，并使该体系更为自洽，更加稳固。对罗马时期的斯多葛派人士来说，他似乎要比芝诺更加有名。至少，马可·奥勒留没有提到芝诺，但却将克吕西波与苏格拉底和伊壁鸠鲁归在一起，而尤文纳尔（Juvenal）则说，克吕西波的那些石膏铸件装饰了那些自称是他的仰慕者的房子，使之更加美观引人。不过，在此之外的许多东西和我们并不相关。这三位，共同创建了斯多葛学派（the Stoic School）。

第二章　帝国治下的斯多葛派伦理

在克吕西波时代和马可·奥勒留在位时期之间的那个时段 27
里，斯多葛哲学虽然没有在我已经阐述的那些细节详情上发生理论性变动，但却在重心上经历了一场转变：它越来越脱离形而上学，而且几乎全部投入到了当下迫切的行为要务之中。如果读者拿起一本有关希腊哲学的书，翻到那些讨论斯多葛派的章节，那他几乎肯定会发现，斯多葛主义被当成了一种哲学，或者被当成了一套有关普遍知识的系统。就人们所谓的“希腊时期的斯多葛主义”而言，这或许是准确的，但在我看来，各位讨论哲学、已经考虑并且仍在考虑柏拉图对话录与亚里士多德的专论的作家，并非没有可能因为太容易受诱导而在斯多葛主义中看到希腊思想的另一种形式，而非像我所谨慎认为的那样，他们应该在希腊哲学的外衣下，看到一种希伯来式福音（a Hebraic gospel clothed in the garments of Greek philosophy）。不过，不管斯多葛主义在自己的家园即雅典会是一个什么样子，当它转至罗马时，它已经历了一场显著的变化。它被斯多葛学派中的一位很有成就的人带到了罗马，这个人就是哲学家帕奈提乌斯（Panaetius），而帕奈提乌斯是罗德岛（the island of Rhodes）本地人。此外，它还被传授给了小西庇阿·阿非利加努斯（Scipio Africanus the younger）；在极尽荣耀之时，小西庇阿·阿非利加努斯被人称作“迦太基的毁灭者”（the destroyer of Carthage）。后来，它又被传授给了他身边的杰出人士。在接下来的一代人时间里，在西塞罗年轻之时，另一位非常出色的哲学家、同为罗德岛人的波西多尼乌斯（Posidonius），为斯多葛派教理的传播和权威奠定做出了自己
28 的贡献。从西塞罗那里我们了解到，包含在“帕奈提乌斯的高贵之书”（“noble books of Panaetius”）（贺拉斯这么称呼它们）中的都是些什么东西，当然，我们借以获取这番了解的方式也并不算完美。而从其他各种材料中，我们还了解到波西多尼乌斯的哲学（Posidonius’s philosophy）的大体意涵是什么，虽然我们获取这番了解的方式更加地不完美。西塞罗和与他同时代的罗马人都从这些师长们手里获取了自己的伦理学，在这之外，就几乎没有其他什么东西了。之所以如此，原因并不在于那些哲学家所教授的东西范围有限，虽然他们可能为了适应自己的听众，把自己的教导加以改编了。真正的原因在于，罗马的特质和罗马的诸种德性传统促成了前述这一结果。

雅典人需要为他们的伦理信条寻找一个形而上学基础，因为从本性上讲，他们以抽象思维和学术论争为乐。而在另一方面，罗马人又是一群务实的人，他们对形而上学和科学漠不关心，不过，他们对行为方面的事却深感兴趣。他们聆听并接受斯多葛派的教导，不过这里的教导仅指和他们的习性需要相投契的内容。对于他们这种借鉴，至少对于其中一些非常重要的内容，我们有必要说上一两句，因为他们创造了一种智识氛围，这种氛围滋养了马可·奥勒留。另外，他们还构建起了那些博学之士的特定教理，这些博学之士成为了马可·奥勒留的导师。首先，抛开世界主义学说和有关人性之城中公民身份的

学说（由于罗马帝国境内加以统一的各民族的性格多样，该种学说容易被人们接受）暂且不论，让我们先花片刻时间来讨论一下各种基本德性的本质问题，这几种基本德性就是：审慎（*φρόνησις*，prudentia）、节制（*σωφροσύνη*，temperantia）、勇敢（*ἀνδρεία*，fortitudo）和正义（*δικαιοσύνη*，justitia）。这些英雄般的品质尽管在名称上相互区分，然而彼此间并没有截然分明的界限，而是相互混融在一起，代表着罗马人的诸种最高贵理想，这和那些根据既有传统体现在加图（Cato）、老小两位西庇阿（the Scipios）和其他人身上的理想一样。可以说，这些理想共同构成了他们的民族宗教的道德教义。马 29
可·奥勒留在谈及它们时，所怀有的那种尊重之情和共和国时期的罗马人在谈及它们时所怀有的那种尊重之情是一样的。不过，他是在用一种全新的、意在顺应并真心服从普遍意志（the universal will）的精神来解释它们。如此，它也就向我们表明了发生在罗马人宗教理想中的那一深刻变化。他说："假如你在人类生活中发现了任何比正义、真理、节制和勇敢还要好的东西，或简言之比你心智的自我满意状态（在有些事情中，它让你按照十足的理性来行事）还要好的东西，又或者比对命运安排给你的、一切未经你选择的事情感到满意这一状态还要好的东西——我说的是，假如你看到了任何比这还要好的东西，那么，就用你的整个灵魂去拥抱它，并且享受你所能发现的最为高尚的东西吧"（M. A. III，6）。再有："假如一个人认为某些东西确实是好的，例如审慎、节制、正义和勇敢，那么当有了这样一些原则在脑海中时，他就无法再在听到人们把财富称作善的东西时，对之表示宽容了"（M. A. V，12）。我之所以还要在这些基本的德性上停留，是因为我前面所附的那些沿袭自拉丁语的常见英文翻译——“prudence”、“temperance”、“fortitude”和“justice”，看起来并不令人满意。“*Φρόνησις*”并不是“审慎”（prudence），而是“智慧”（wisdom），这在犹太人的《智慧书》（the Semitic books of *Wisdom*）所包含的那些颇具诗性的观念里，并不是没有涉及：“她的真正发端，是对纪律的渴望，而对纪律的关切就是爱，而爱就是守护她的法，而对她的法的关切就是保证没有败坏，而没有败坏使得我们接近上帝。因此，对智慧的欲念或渴望，把人们领向一个王国。”（*Wisdom of Solomon*，vi，17—20.）“*Δικαιοσύνη*”是“义”（righteousness），其意要远远盖过“**正义**”（*justice*），在我们的英语圣经（《马太福音》第三章第15节［St. Matt. iii，15］；《罗马书》第十章第3、4、5、6、10节［Romans x，3，4，5，6，10］；《哥林多前书》第一章第30节［I Cor. i，30］）中，就是这么翻译的。“*ἀνδρεία*”尽管被翻译成了“勇敢”（fortitude），然而它准确的对应语是拉丁语“*virtus*”，表示“男子气概”（manliness）、“勇气”（courage）、“雅量”（magnanimity）和“对荣誉的爱”（love of honor）。对于“*Σσωφροσύνη*”，我们若只用一个单独的英语词来表示的话，那就只能给出一个糟糕的翻译了。它意味着“一种良好的心智状态”，而“清醒”或“自我驾驭”，则也许是最接近它的词了。我们的词“*temperance*”还有另外一个功能，即它对应希腊语“*ἐγκράτεια*”，而圣经当中就是这么用的。第四种德性的涵义和罗马人所用的“*decorum*”一词在意思上对应，我们把它解作“propriety”，意为“使人变成绅士的行为”。它是诸种德性中最为微妙也最为复杂的一种。它表示适当（fitness）、思量（consideration）、细致（carefulness）、合理

（reasonableness）和愿意让每个人都得其所应得的意愿。事实上，它大概从其他德性那里也有所借鉴，因为如果没有智慧、勇气或义的话，要想拥有一种完美的得体状态就是无法想象的了。它意味着有序（orderliness），意味着在正确的时间说着、做着正确的事情的艺术。它使日常生活中的一切事务都能受益。在某个时刻，它表现为和谐（harmony），而在其他时刻，它又表现为均衡（proportion）；又或者，它表示"灵巧圆通"或"有好的品位"。它激发人们的良善意愿（good will）。简言之，就如同西塞罗所描述的，它表示"节制"（*σωφροσύνη*）（*De Officiis*，Book I，27—28），它引导人们按本性行事。（就好像我所认为的那样，）它是皇帝马可意念中的那种德性，正如下面这些段落所表明的："一个人爱他的邻人，爱真理和谦逊，并且只让精神的理智状态（reasonableness of spirit）获得荣耀，这是理智的精神（a reasonable spirit）所具有的特性"（M. A. XI，1）。"当你已对一个人做了一件好事时，你还想要什么？难道你按照自己的本性做了事情还不够？你在为自己的所作所为寻求报酬吗？难道这就像眼睛要求为自己的'看'或双脚要求为自己的'走'提供报酬一样？如果说双眼和双脚是为了发挥它们特定的作用而被创造出来，且通过发挥这种作用成为了真正的自己，那么一个人在本质上也是这样，也是为了行善而被创造出来的。当他做了一件善事，或者通过做某件事情为公共的善做出了自己的贡献，那么他也就做了一件合乎自己本性的事情，如此，他也就成为了真正的自己"（M. A. IX，42，§5）。

这就是罗马世界所接受的斯多葛派伦理。毫无疑问，即便到了马可·奥勒留时代，斯多葛派学说的内涵依然没有发生什

么变化。不过，从整个时间进程来看，这一信条的内容还是
31 一直在起变化。由于共和国时代已经起了变化，所以罗马特质的那种基调和整个道德氛围都已不再相同了。罗马夏日的那种完满时节已经过去了，已然到来的是一种秋天的氛味。不过，在某些方面，这种秋日特质却仅仅彰显出自身所有的那种更为成熟的特性。不管在帝国宫廷里有多少腐败之事发生，在其他地方却总是存在日益增长的温情、同情和人与人之间的公义。拉丁文学向我们展示出一种令人遗憾的衰落气象，然而罗马法却向我们展示出一种颇为可观的收获。文明已然赢得了某些德性，这些德性都以“基督教的”(Christian)名义到来。马可·奥勒留并不是天赋异禀的人，他并没有先见之明；相反，他是那种在斯多葛哲学或后来形成的斯多葛宗教中，自我彰显出来的精神运动所孕育的成熟果实。因为我们即便承认西塞罗时代的罗马斯多葛主义仍属于智识上的事情，然而在几代人的时间里，它还是得以在情感领域增光添彩，在精神上获得意义，这一光彩和意义促使一种哲学转变成了一种宗教。早期斯多葛主义的那种简朴气质因它和这个世界的大都市生活的接触而变得软化柔和。它已在其他哲学尤其是伊壁鸠鲁主义(Epicureanism)那里得到了磨炼。它和芝诺的希伯来式教理之间的关系也已经缓和，继而走向的是一种成熟的状态，它变得清醇，而这只需要马可·奥勒留的那种圣徒式气质赋予它一种宗教精神就可以了。这种宗教精神就如同人们在那个时候只能从基督教的其他地方所能找见的那样。

我所说的这种成熟状态在塞涅卡的作品中可以找到，不过由于各种原因，他并没有走近塞涅卡。他可能认为塞涅卡和人们有关尼禄(Nero)的臭名昭著的记忆过于紧密地联系在一

起了，又或者，他可能感觉到塞涅卡的奢侈生活、财富、别墅
和花园、他对名声的爱与斯多葛式职业有关联。另外，可以确
定的是，从很小的时候起，他就接受了教育，以探察塞涅卡
的那些习惯性表述中所包含的特定修辞。此外，在马可的手 32
边有一本书。在这本书中，我们发现了一种可以和塞涅卡的最
为出色的东西相媲美的精神勉励；除此之外，还有一种超越了
怀疑或不信任范畴的真挚与诚意。皇帝马可从来没有忘记对斯
多葛派人士鲁斯提库斯（Rusticus）表示谢意，正是这位斯多
葛派人士给了他这本书（M. A. I. 7）。这本书似乎成了他最喜
欢的书，该书以独有的方式为他服务，这就像在那些顿挫颓丧
或悲苦不幸的岁月里，《圣经》为基督徒们服务并给他们以力
量和安慰一样。他经常引用这本书，一次又一次，他的思想
成了这本书中所教导内容的回响。皇帝马可称这本书为“对
爱比克泰德的纪念”（the “memorabilia of Epictetus”）。然而，
爱比克泰德的这些教导流传到了我们手中，它由一系列“话
语”（discourses）组成，由一位学生写出，成了一部“手册”
（a “manual”），这部手册也是一部话语纲要（a compendium of
the discourses）。毫无疑问，这些“话语”至少成了皇帝马可
所参询资料的一部分。我从爱比克泰德那里征引了各种摘要
式内容，放在附录里，以证明此时期斯多葛哲学中包含宗教
特质。

这是些简单的诫命，同时也是一种简单的哲学。事实上很明显的是，与其说它是一种哲学，还不如说它是一种旨在用宗教情感来阐发行为的努力，它向人们提供某种稳固的东西，用来安放人们的眼睛，而不是让它们追随生命中的那些流光幻影。爱比克泰德所展现的那种思维习惯是人性中永恒的东西；

它类似于佛陀弟子们所展示的东西，亦类似于希伯来先知们所展示的东西。他为自己设定的伟大目标就是让灵魂能得宁静。佛陀众弟子在东方文明中长大，因此对我们来说他们是陌生的一族，而对于西方的孩童们来说，他们比自身可能做到的情形还要彻底很多。按照他们的理解，悲苦与生命相伴而不可分离，人无法摆脱它，除非人摒弃一切欲望。意识到这种真理的人，一定会摆脱不纯的希望，摆脱无知，摆脱错误的信念，摆
33 脱一切无爱之心。塞涅卡等罗马斯多葛派和那些属于征服者一族的人，以及世界上的各位主宰者，几乎都不能摆脱生命价值意识，尤其是快乐幸福生活的价值意识。不过，爱比克泰德并不是罗马人。他所拥有的情感与体验，不是一位征服者所拥有的，而是一位被征服者所拥有的。正因如此，同时也因为他的天性和卑微的出生背景，他比塞涅卡或任何一位属于统治者一族的人，都要更容易接近那种“完全摒弃”的理念。对于爱比克泰德来说，生命**本身**并不悲苦，悲苦的是生命和神圣的理性不相谐和；要想让一个人免于这种悲苦，就得让他的各种欲望只和受自己控制的东西相联。如此一来，他就会冲破一切虚妄思想的牢笼，而这种虚妄思想正是把不好的东西错当成了好的东西。如此，那个得到了自由的灵魂就能像鸽子归巢一样，飞回自己的所在，与神圣理性共居。这种谐和关系会给灵魂带来宁静。然而，要让我们的欲望从万千俗世享乐中撤离出来，而这些享乐又在人的想象力的烘托下熠熠生辉，并不是一件容易的事。同样，要在一些严苛而无所回旋的原则中为我们的灵魂找到拯救之道，也绝非易事。

对于斯多葛派来说，谜题的答案或者说解开虚荣衣领之纽扣的方法，还在于对意志进行制约。生活之路上有岔道。生活

中有愉悦之道，亦有制约之道。生命的意义要么在于最大程度地生活在转瞬即逝的时间中，（只要愉悦没有建立在必须用来满足明日欲望的条件的基础上，）把我们交给那出我们在其中扮演男女英雄的精彩剧目，并且让“心、魂与感觉”得到满足，而这些满足感会来来去去。此外，也要对那些来来去去的东西感到满足。生命的意义或许还在于让精神完全遵从那一神圣的存在，而不管我们对它的期待是否能够实现。斯多葛派极力要求我们把目光放在这种精神领域的合作上，而在希伯来人眼里，这种精神领域的合作就是“和上帝一道行走”（walking with God）。他们所有的规则都是为了帮助我们摆脱那些网状 34
束缚，而正是那些受想象力误导的（正如他们所声称的）感觉，给我们留下了这些网状的东西。其他那些身在不同学派和信条系统中的老师，也都教授着同样的教理。不过，这些身处其他学派和信条系统中的老师所试图教给我们的，是借助精神的增速和激情、神秘热情与教条式希望的刺激，我们能够获得逃避的力量。他们努力让精神插上翅膀。与此相反，斯多葛派人士则让自己的双脚扎根于大地。他以冷峻严苛的简约特质，树立起那种“轻视普通人性中的享乐、诱惑和软弱”的生活理想。斯多葛派人士所诉诸的是个体之人的尊严，这种个体之人的尊严是从上帝的神圣尊严那里分享而来的。或许，正是这种对个体尊严感的诉求，引出了斯多葛主义的不朽价值。对于斯多葛派来说，一个人的内在和常在自我，就像神殿中的帕拉斯·雅典娜的形象（the image of Pallas Athene in her temple）一样。人们必须把它保存在一种不可侵犯的状态之中，使之高于生命的淆乱躁动，使之不被仇恨、报复、痛苦或欲望这些相互交织的激情所触碰。人们必须带着一种只有在面对这位女神时才有的敬仰之情，走近它，侍奉它，即使是在私密的情况下，也要如此。它是一种类似于骑士荣誉理想的情感。“生活既不是享乐，也不是受苦，它是我们所要面对的一件严肃的事情，我们必须用荣誉来引导它，完成它。”通过一种虔诚的服从关系，斯多葛派的荣誉感把斯多葛派人士和他的主人亦即普遍的理性联系起来。如果说这种灵魂姿态一方面展示了荣耀的一个面向，那么另一方面它则展示了信仰的一个面向，这种信仰面向要比纯粹的基督教信仰更有内涵；如此，普遍理性的这番作为也就配得上人们的真正服从。爱比克泰德推崇这种简单的信仰，也推崇这种值得信赖的信心，他的推崇程度要胜过塞涅卡，也要胜过这个派别中的任何一个人。他的推崇超出了皇帝马可所能追随的限度。

如果说我们在自己身上没有找到那种服务于理性之领导地位的力量，那么有可能的是，再也不可能有哪种伦理理想要比斯多葛派人士的这种理想更为高贵的了。此外，也没有哪个人
35 能够比试图让自己的生命遵循这种伦理的做法更好的了。然而，除了哲学上的所有缺陷外，它还要面临人们的公开质疑。在努力使自己接受这种伦理的过程中，一个人可能会摒弃或不顾普通人的各种欲望对象，一个一个地摒弃，摒弃那些被斯多葛派视为邪恶之物的东西。或者，最好摒弃冷漠，而非仅仅摒弃那种放松的状态，摒弃奢侈、声名、激情与健康、美誉与情感，向着无罪孽的高峰不断登攀，使自己和自己所认为的那一永恒理性（Eternal Reason）的进程相和谐。但如果真的这么做了，那么他除了自己的灵魂处于无尽的孤独之中外，还会得到什么呢？另外，当他接近那冰冷的完美之境，而此时他的心面对这一切已经生出了沮丧之意时，那么对他来说，想要回

头，想要追溯自己的脚步，想要接受那更低一等的普通人的标
准，以及想要再次用生命之火温暖自己的双手时，是不是显得
太迟了？人们不可能去阅读马可·奥勒留的《沉思录》，也不
可能带着一颗低迷的心去揣测“绝对服从普遍理性”这顶王冠
会不会和那种最平庸且转瞬即逝的享乐一样虚荣无益。然而，
这是一种由大地尘土混合而成的人性所具有的怀疑主义。还有
另外一种人性。那些对自己的对象进行规划、模型构建、更
变、沉思、触碰和加工的雕塑家，会对自己眼前的诸个翼面和
表面，会对优雅、平衡、比例与和谐度进行精心处理，会在毫
不怯懦的争论中让自己所雕塑像的每一个轮廓都具有力量和精
致感，而这种力量和精致感正是他们通过自己的心灵之眼看到
的。雕塑家的这种情形可供我们做一类比。所以，斯多葛派人
士把目光投向了自己负责的领域，带着艺术家的无限耐心和深
度激情，去创造一种没有瑕疵的灵魂。那么，有没有一种神圣
的或世间的智识能够注意到他们所做的事情，或者这种事情
本身是否能在无尽的黑暗中绽放自己高贵而美丽的光芒呢？以
及，当这一刻还没有到来的时候，会不会有人以摒弃一切次等
之物的姿态来花高价买下它呢？当然，不管是哪种情况，只要
不是马可·奥勒留，就没有人能够攀爬到那样的高度，能够触
及斯多葛派所设定的目标。对于我们这些缺乏远见，看不到一 36
位人格化了的上帝伸出双手的普通人来说，他们的教导如同提
供了一根标杆。当我们沿着生命的崎岖之路旅行前进时，这根
标杆会帮助我们。

第三章　孩提时期与青年时代

37 皇帝图密善（Domitian）臭名昭著，包括爱比克泰德在内的所有哲学家都被他放逐出了罗马。这位皇帝在公元 96 年去世。在他之后，有一连串品质高洁的能人继位，被人们誉为“好皇帝”（the good emperors）。他们还从那位最伟大的现代历史学家那里赢得了这样一种赞誉：“如果有谁想在世界历史中找出一个阶段，而在这一阶段中人类正处于非常快乐和繁荣的状态，那么他将毫不犹豫地把它定位于自图密善去世到科莫德斯（Commodus）继位这段时间。罗马帝国的广袤疆域都处在一种绝对权威的统摄之下，都接受着德性与智慧的引领。帝国军队受四位相继登位的皇帝的制约，这种制约既稳固又不失温和；皇帝们的品质与权威要求人们对之表示自然而然的尊崇。这些君王都做出了努力，不过他们的努力都不足以换来那么大的奖赏，要知道，这种奖赏只能是在他们获得成功时才可获得。他们的努力也不足以换来一种发自内心的、因德性而自豪的感觉。同样，他们的努力也不足以换来那种在看到大家快乐时心中所涌起的强烈喜悦感；要想拥有这种喜悦感，他们需要充当大众快乐的源泉。”（《罗马帝国衰亡史》，第三章［*Decline and Fall*，etc.，Chap.III.］）

温和的涅尔瓦（Nerva）在位只有一到两年时间（96—

98 年）。他最伟大的成就就在于选图拉真作他的共事者与继承人。图拉真（Trajan，98—117 年）是一个正直的人，一位优秀的管理者。作为一名战士，他能力出众。在位时，他把很多时间都用在了发动战争上，他把达西亚（Dacia）、亚美尼亚（Armenia）、美索不达米亚（Mesopotamia）、亚述（Assyria）和阿拉伯（Arabia）都并入了帝国的版图，并把它们一个个都变成了帝国的行省。在他之后，哈德良（Hadrian，117—138 38
年）继位。哈德良也许是罗马史上最具魅力的人物了，因为关于他人们只需要知道这么一点就足够了：罗马人据以登上统治者之位的那些民族特质，他身上有；而他所具有的那些多样才干与才能，其他罗马人则没有。他向大家证明了他自己就是一位出色的长官，意志坚定，手法稳健，纪律严明，敏于奖赏，善于领军；他颇有常识和预见性；他制定军事政策，以巩固帝国安全；他实施必要的法规，以确保前述政策得到执行。然而，除了从一名出色战士身上看到的所有这些特质外，他作为皇帝还做了另外一件事情：他放弃了幼发拉底河以外东部地域的各个行省，需知这些行省都是图拉真在近期征服得来的。另外，他还把罗马帝国的边界撤回至幼发拉底河。对于帝国各地的种种需求，他没怎么在意，也没怎么了解。为了了解帝国各地的需求，他东南西北各地奔走，纵横整个罗马疆界。在他这种政策的背后，似乎很可能隐含着一种漫游性质的求知欲；和尤利西斯（Ulysses）一样，他变成了“一个名字，总带着一颗饥饿的心在四处漫游。”他渴望熟悉人们的一切情况，熟悉所有类型的事物。他热爱艺术、音乐、绘画和雕塑。他是一个行家，又是一名业余爱好者。他是一位伟大的缔造者。他也是一位学者，熟悉希腊文学，热爱雅典和雅典的荣光。他还写诗。他对哲学和宗教孜孜以求。根据德尔图良（Tertullian）的说法，他是一个“探索一切令人好奇之物的人”（curiositatum omnium explorator）。不过，关于他这种对生活满怀兴致的情况，我们并没有发现多少蛛丝马迹。马可·奥勒留说道：“过去那些备受人们赞誉的英雄的名字，如今都需要给它们加个注解……很快，就会轮到哈德良和安东尼的名字了。人的荣光如此迅速地沦为传说，又是如此迅速地被人遗忘。”（M. A. IV，33.）不过，掌管历史的缪斯（the Muse of history）也许
39 会对哈德良更温柔些。哈德良位处蒂沃利（Tivoli）的公园和庙宇，以及他对那位长相俊美却溺亡在尼罗河中的青年安提诺乌斯（the handsome youth Antinous）的爱慕，都成了他生命中最为人所熟知的事情。对于这位年轻人的美貌和向帝国效忠一事，人们脑海中有着一种难以抹去的记忆。所以，在哈德良死后很长一段时间内，各位祭司依然在献给这位圣安提诺乌斯（Divine Antinous）的神殿里举行各种圣事。除了这些事实，人们再也不知道其他确切信息了。多年以后，我们在一部信息少得可怜的传记里获知了一鳞半爪，不过这些碎片式信息令人生疑，不足采信。至于其他方面，人们则需要在钱币、碑铭、建筑遗迹和诸如此类的事物的基础上，编织出一幅充满猜测色彩的图景。不过有一点是肯定的，那就是在罗马历史上，哈德良在维护和平与秩序方面所达到的程度世所罕见。在生命的最后几年中，他的健康状况游移不定，为此他没少受痛苦。据报道说，他后来变得阴郁而残忍。对于撰写罗马帝王史的作家们来说，这样的故事再让人满意不过了。它们也许是真实的。不管怎样，到了最后，他的那种旧日的怀疑式俏皮幽默又闪现了，他用带着微笑的诗句，向死亡致意：

小小灵魂，流浪者，谄媚者，
我身体的友伴和客人，
你现在要去哪，
苍白的，僵硬的，一丝不挂的；
不再说笑了，就像你从前？

马可·奥勒留出生在哈德良登位第四年，即公元 121 年 4 月 26 日。在这一天，他降生于父亲位于西立欧山（Mons Caelius）的一幢房子里。这里其实连一座山岗也算不上，也就是一片隆起的地表而已。它地处罗马的南端，今天的观光者前往此地，可以欣赏到圣保罗和圣约翰教堂的迷人后殿，此外还有那古老的圣斯特凡诺·洛东多教堂（church of San Stefano Rotondo）。他的祖上虽为意大利血统，但却来自西班牙，就像塞涅卡家族、哈德良家族和图拉真自己所显示的那样。他的祖 40
父和曾祖父都官至最高阶。他的父亲在他看来是具有勇气的，而且为人谦逊，因此显得与众不同（M. A. I，2）。他的父亲在他出生后不久就早亡了，而这时候，他还没来得及当上一个比保民官更高一点的官。他父亲的妹妹福斯蒂娜（Faustina）嫁给了一个声誉不错而且言而有信的人，这个人就是提图斯·奥勒留·安东尼努斯（Titus Aurelius Antoninus）。他是哈德良的朋友，也是他的顾问。

父亲死后，马可便住到了祖父的房子里，这个房子就在附近，靠近今天的圣约翰·拉特兰教堂（church of St. John Lateran）。后来，他似乎在祖父很年迈的时候，又住进了母亲的房子。（M. A. IX，21.）马可与母亲的关系很亲密。“她教导我，”马可在自己的笔记本里写道，“要敬畏上帝，要博爱，不要去想邪恶之事，而不止是不去做邪恶之事；要保持一种简单的生活方式，要远离奢靡。”（M. A. I，3.）马可的母亲叫多米媞雅·露琪拉（Domitia Lucilla）。她接受过当时的高雅文化教育，至少，她熟知希腊语。除此之外，她一定还在自己父亲的房子里，听到过有人讲希腊语。当然也正是在这个时候，那位年轻的雅典人、后来成为杰出文士并担任她儿子的老师的赫罗德斯·阿提库斯（Herodes Atticus），已经感受到了她父亲的好客之情，并致力于了解罗马风俗。

马可在贵族家庭里长大，他所享受的培养教育方式依然遵循贵族家庭培养男孩的方式来进行，这种方式坚守早期的简朴传统。他没有上过学，但他在家里跟随自己的家庭教师学习。在被印成第一卷内容（Book I）的那部分笔记中，他记下了对人们的感激之情，这些人在他眼里都是最值得感谢的对象。带着敬意和感情，他在这里还提到了自己的各位家庭教师。正如人们所猜测的，他们中的每一位或大部分人都是斯多葛派人士。他们向马可传授斯多葛派伦理，教他有意识地避免决斗表演、比赛、斗鹌鹑和诸如此类的娱乐活动，教他清心寡欲，教他主动承担艰辛的工作，教他宽忍别人的平淡无奇的讲话，总
41 之，教他那些常见的斯多葛派信条。马可沉浸在这些有关简易生活的观念中，他如饥似渴，等到 11 岁时，他便穿上了哲学家们的斗篷，睡上了草垫床，带上了所有符合犬儒派传统的行头装备，只是出于健康方面的考虑，他母亲才干涉他这种做法。通常情况下，他自然不忽略那些为年轻人准备的额外学习内容，比如语法、修辞和数学。他用希腊语撰写自己的私人沉思录，这成了用来证明他非常熟悉希腊语的最好证据，虽然德

国学者在他的语言材料中发现，希腊语并不是他的母语。

马可的大理石塑像如今存放在卡皮托利博物馆（the Capitoline Museum），这尊塑像的制作年代在马可孩提时期与成年时代之间，具体时间不定。从这尊塑像上看，马可的外表十分迷人。他坦诚、诚实，有着男孩般的面孔，有着漂亮的前额和卷发，这一切都在向人表明，它刻画的是一位真诚又纯真的少年。像这样忠实再现马可本人形象的塑像，即使是在马可身为小男孩之时，也是非常有特色的，因为皇帝哈德良曾玩味过他的家族名——维鲁斯（Verus），并称他为“至诚之人/非常真诚的人”（Verissimus）。这个名字就这么叫开了。在钱币上，我们也能找到这个名字。皇帝哈德良还向我们提供了其他证据，这些证据表明，他对马可感兴趣，而且心怀善意。在马可 6 岁时，哈德良让他进入了骑士队。8 岁时，他又让马可进入萨利克祭司队伍（the college of Salic priests）。这些初期步骤，都是为以后的高职生涯做准备的。几年后，马可便获得了更大的荣誉。

在马可大约 15 岁时，年迈体弱、膝下无子无女的皇帝任命了一位继承人。按照帝国的习惯，他领养了一个最受自己喜爱的人为儿子，这个人就是卢修斯·克伊奥尼乌斯·科莫德斯·维鲁斯（Lucius Ceionius Commodus Verus）。皇帝授予他“储君”头衔（the title of Caesar），以作为继承人的正式名称。卢修斯·维鲁斯是一个相当前卫的人，他英朗异常，谈锋甚健，饱读文学，出口成诗，颇得生活之乐。他极其迷人又可爱，称得上是一位让人称心如意的伙伴，他的这种表现，让人觉得他真像是皇帝的儿子，而且随着时间的流逝，越来越像皇
帝的儿子。有人为他写了一部简要的传记，把它和哈德良的 42

传记放在了一起，一同收入一部小集子，这部小集子所搜集的是二三世纪皇帝们的传记，名为《罗马皇帝传》(*Scriptores Historiae Augustae*)。撰写这部书的各位作者生活在哈德良在位时期之后的大约两个世纪里。虽然这些作者保存了一些源自早期史书的有用信息，但他们还是用上了那些由自己弄来的清一色庸俗丑闻，把它们填入自己的作品。在这些丑闻中，有大多数内容都是怪异而且明显有误的。这些庸俗的作者（不管他们对自身时代的历史与文学的退化情状有多么可信的见证）都无法相信，在皇帝的宫殿里还有这么体面的事情发生。但是，正如马可·奥勒留所说的，在宫殿里也是可以过上一种好的生活的（M. A. V，16）。如果说在哈德良时代还存在着迟废怠惰的情况的话，那么到了由安东尼努斯充当大人物的宫廷里，情况就不至于那么粗俗不堪了，因为整个古代世界都一致认为，他具备一切德性。卢修斯·维鲁斯并不是一个清教徒，他很有可能是按照那种既奢侈放纵又糜烂浪荡的罗马贵族风尚来生活的。不过，哈德良深深关心着帝国，他不会让一个十足的享乐者来继承自己的帝位。卢修斯·维鲁斯有一个儿子，也就是卢修斯，此时还只是一个很小的小男孩。另外，卢修斯·维鲁斯还有一个女儿。遵照皇帝的意愿，他的女儿和马可·奥勒留订了婚。不难理解，皇帝为马可预先铺就了一条职业大道，然而同时又让人难以置信的是，他会把一个纯粹的浪荡子和马可这个纯洁少年连在一起。不过，卢修斯·维鲁斯几年之内便去世了，去世的时间在公元 138 年 1 月 1 日。就在接下来的一个月里，哈德良又领养了安东尼努斯作为自己的儿子和继承人。为了确保帝国的继承权，他在领养条款中加了这么一条：安东尼努斯既应领养他妹妹的儿子、此时差不多已 17 岁的马可，也应领养此时才 7 岁的小男孩卢修斯·维鲁斯（young Lucius Verus）。这是皇帝首次试着任命自己的继承人的继承人，不过 43
此时的帝国法律既没有成文也尚未明确。毫无疑问，哈德良是在按照自己所认为的对国家最有利的方式行事。对马可的选择容易让人理解，同样，对卢修斯·维鲁斯的选择也并不费人思量，虽然二者背后的原因很不相同。哈德良深深怀念卢修斯·维鲁斯，因此在他去世后，把尚为小男孩的维鲁斯安置在了自己的宫廷里，以对待皇室家族成员的方式养育他。哈德良可能渐渐喜欢上了这个小男孩；与此同时，他也可能意识到，年幼的维鲁斯自己或那些打着维鲁斯名号的人，可能会觉得一位父亲给他的儿子指定“储君”之名，意味着同时也就给儿子留下了某项继承帝位的权利，而在将来，这种情形即便不引发内战，也会带来彼此间的妒忌。在解决皇位继承一事上，接下来便有了更进一步的条款：安东尼努斯应让他的女儿福斯蒂娜（Faustina）和卢修斯订婚。之所以会有这一计划，是为了确保皇室婚姻能给帝国管理带来一切可能有的稳定因素。哈德良在同年夏天便去世了。此后，安东尼努斯继位。

由于领养的关系，马可便成了安东尼努斯的儿子和哈德良的孙子。正因如此，马可很快就和自己的帝王祖父哈德良生活在一起。据说，帝国以前承受过重负，而这种重负给帝国蒙上了一层阴影。还听说，马可离开了自己位于西立欧山的房子，从此也就告别了一个主体的人所享有的自由，他是真心带着遗憾离开的。在哈德良死的时候，马可已是这个帝王家庭中的一员了，并且还在帕拉丁山（the Palatine Hill）北坡的提比略大殿里生活过。除了好像曾在台伯河畔住过一段时间外，这里就是他的家了，当然，这是在城里。他的母亲与他同行。在这

里，事情就这样开始了，或者说从此延续着，因为在成为父子
之前，他们可能已经是很要好的朋友了，而且彼此间又是舅甥
关系，他们的友谊在历史记载中，称得上是人与人之间最美好
的友谊之一了。安东尼努斯乐于享受乡村生活。有暇度假时，
或者在能够离开罗马去办理国事时，他就会带着自己的家人一
44 道离开。他最喜欢两个地方，一个是洛里乌姆（Lorium），这
是一个乡村，位于奥勒留大道（Via Aurelia）上，地处罗马城
以西大约十几英里处。也正是在这里，他度过了自己的孩提
时光。另一个是拉努维乌姆（Lanuvium），这是一个山镇，而
他正是在这里降生。他在洛里乌姆建了一个庄园，或许正是在
这里，他找到了某种别样的林中之乐、田野之趣或者诸如阿罗
内河（the river Arrone）的伸展与蜿蜒所带来的韵味，因为他
喜欢垂钓、猎捕和漫步。不过，在早期历史中就已闻名的拉努
维乌姆有着比洛里乌姆更具特色的地方，它坐落于阿尔班山
（the Alban Hills）西脉，近阿庇安大道（the Via Appia），地处
罗马城南大约二十英里处。阿里恰镇（the town of Aricia）就
在它附近，另外离它较近的还有内米湖（the Lago di Nemi）。
拉努维乌姆是一个虔诚之地，处处有庙宇，其中有一座庙宇最
为重要，是献给“拯救之神”朱诺（Juno Sospita）的。而最
新近的一座，则可能是献给圣安提诺乌斯的。这些庙宇用壁画
装饰，而这些壁画的名声已经超出了它所在的地方。对于这些
壁画，马可这位年轻的储君可能会感兴趣，因为在他的那些额
外课业中就有研习绘画的内容。拉努维乌姆这个地方还因它的
各种传统和传说而闻名。在这里的山坡上有一个山洞，洞里有
一条神蛇在躺着睡觉。每年，都会有一群女孩拿着一小篮一小
篮的大麦饼前去喂它。如果在这群女孩中有哪一个不是处子之

身，这条神蛇就会拒吃送来的麦饼。接下来，当地当年的收成就会不好。除了收成不好，还会有更糟糕的事情发生。在美丽的内米湖边，在一个半山谷地带，有一片神圣的树林，树林里建有一座献给戴安娜的庙宇，从这里到拉努维乌姆，步行即可轻易到达。很久很久以前，就像故事中所说的那样，伊菲革涅亚（Iphigenia）和她的兄弟俄瑞斯忒斯（Orestes）逃离了陶里斯（Tauris），他们在杀死国王托阿斯（King Thoas）并盗走戴安娜的塑像之后，在内米湖边找到了避难场所。如此，这个地方也就建起了一座庙宇。在这个神圣的空间里，住着一位孤独的祭司，这位祭司原本是一个逃避司法审判的人。除了孤身一人带来的危险，他在这里仍然是安全的。在这里，任何时候都有可能出现另一个逃避司法审判的奴隶，来到这里，先杀了他，然后占领这个神圣的空间，独享其中的安全。因此，在他 45
的预想中总会出现一个前来占领的人，他手里还拿着一把剑。或许，在尚为小男孩的马可的意识中，这样的黑暗传统和传说所唤起的是一种可怕的焦虑情绪，因为他记得自己曾经感谢过家庭教师戴奥格奈特斯（Diognetus），正是他“教他不要相信那些术士和巫师说的话，因为他们的话都是关于咒语、驱除恶灵和诸如此类的内容的”（M. A. I，6）。也许，过了很长一段时间之后，这些关于邪恶之谜的记忆又和其他故事混到了一起。这些故事的主题包括：一些新近的迷信行为；一个正在兴起的、遍布帝国上下的东方教派的神秘活动。这种混合情形促使马可记下了这件非比寻常的事情，因为他要感谢那位老师对他的教导，感谢自己的心灵没有被眼前的迷信思想进一步恶化的情形损伤。

马可享受着乡村之乐，虽然他可能并不具有安东尼努斯那样的热情。作为一个男孩，他充分享受到了年轻罗马贵族参加运动和户外活动所带来的乐趣。他喜欢拳击、摔角、跑步、捕鸟和掷标枪，不过他最喜爱的还是骑马、玩球和猎捕野猪。和安东尼努斯一样，他也喜欢和附近的农民及园户保持友好关系，并很乐意和他们一起在葡萄成熟季节里采摘葡萄。他本质上还是一个学生，一个爱书的人。他总喜欢一个人独处，在独处中与自己的思想为伴。不过，正像他的《沉思录》所表明的，他并不是一个很难相处的人。他与奥菲狄乌斯·维克托利努斯（Aufidius Victorinus）和赛尤斯·福斯齐亚努斯（Seius Fuscianus）这两个年轻贵族以及其他人的关系都很亲近，好像终其一生都是朋友。不论是朋友还是纯粹的熟人，他都没有刻意回避。据说他在这段时间里表现得很有品性，但却并不认为自己在德性上高人一等。他谦虚而不虚伪，严肃而不低沉，虽然职位上升很快，却总能与亲友们一如既往地保持自然、亲和
46 而又友善的关系。他总能按时上课。过去，他还常常探望病人。

马可的那些最出色的老师很可能是在他被领养继而成为当然的继承人之后，才来到马可身边的。在这些老师当中，有些人的情况似乎的确是这样。弗朗托（Fronto）(在马可·奥勒留之后，他就是这本小书的主要人物了）教他修辞学和拉丁文学。赫罗德斯·阿提库斯是马可家族的老朋友了，他出身高贵，颇有资财，声名显赫，教他希腊语。塞克斯图斯（Sextus）是普鲁塔克的孙子。尤尼乌斯·鲁斯提库斯（Junius Rusticus）在马可当上皇帝的那一天，坐上了市行政长官的位置。克劳迪乌斯·马克西姆斯（Claudius Maximus）教他的内容似乎被他们称作“伦理学”或“斯多葛哲学”，不过在我们看来，他教的可谓是“生活之学”（lessons upon life）或“智

慧之学”（lessons of wisdom）。马可都提到了他们。在提起他们时，他心中升起的是钦佩与温柔。他唯独没有提及赫罗德斯·阿提库斯，虽然这个人有各种优良品质，可他自视甚高，喜爱争吵。（M. A. I，7，9，11，15.）也许，他对克劳迪乌斯·马克西姆斯的敬意超过了对其他任何人的敬意。他称他为良善的典范，一个集亲切和严肃于一身的人。

马可把大部分时间都花在了学习“自由之艺”（the liberal arts）上，不过他用力最大的地方还在于实际的政府管理。17岁时，他当上了财务官（quaestor）。18岁时，他被擢升为执政官，并接受正式的“储君”头衔。他在这些职位上学到的东西加上他在帝国宫廷里的生活经历，使他能够和皇帝保持一种非常亲密的关系，也正是这种亲密关系，构成了他所受教育中的主要元素，这些都是他从书本和家庭教师那里学不到的。历 47
史上有几段非常著名的友谊，如大卫和约拿单之间的、蒙田和拉博埃西（La Boétie）之间的、菲利普·悉尼爵士（Sir Philip Sidney）和格雷维尔（Fulke Greville）之间的、歌德和席勒之间的，以及其他人之间的。在这些友谊中，一方或双方都曾留下脍炙人口的回忆篇章，然而在它们中间，我还从来没见过像马可·奥勒留献给他父亲的悼词那样深思熟虑、完满而又不受失控情绪影响的东西。马可的悼词在多年以后写成，而那个时候，他正在多瑙河畔的森林和沼泽中与蛮族人对抗。

吾父予我的教益

在尽可能深思熟虑之后，我们做出抉择，在抉择时，我们的心志坚定，虽温和却不可动摇。在人们所说的荣誉当中，虚荣是没有地位的。热爱艰苦的工作，保持持恒韧性，随时倾听那些为了众人福祉而献计献策的人们的声音。坚决处罚每一个有罪的人。通过经验，了解什么时候应该坚持，什么时候应该放弃。替他人着想，要考虑如何才能让自己的朋友非常自如地决定是否和自己一道用餐，要知道置身在外的朋友并没有拜访自己的义务。要考虑人们在受各种条件制约的情况下，如何一如既往地意识到父亲的表现是持恒不变的：他在委员会上彻底探究的习惯；他的恒心；他拒绝停止探索和不满足于似是而非印象的做事风格；他对朋友一如既往，不善变，也不停留于愚蠢的喜欢；无论在什么场合，他都依靠自己，从中获取快乐；他高瞻远瞩，所做规定细致入微，却又不小题大做、无病呻吟；对于人们的欢呼、掌声和种种阿谀奉承，他都有自己的思考；对于帝国的利益，他都精心守护，他管理着帝国的资源，他有耐心，他承受着别人的谴责所带来的影响；他对诸神的态度不受迷信左右，他对众人的态度并不在于博取名声，他的努力不在于取悦众人，也不在于博大家开心，他总能保持清醒和稳健；他绝不庸俗，也不渴求新的事物。

48 至于那些有助于安抚生活、跟随命运脚步接踵而来的东西，他则谦虚而又无所歉疚地接受。这样，当这些东西降临身边时，他只管享用，却又不去炫耀；如果这些东西没来，他也不去索取。没有人可以把他当成智术师和老学究或充满奴性的廷臣；他成熟，做事有始有终，不为他人的赞扬所迷惑，能处理好自己的事情，也能处理好别人的事情。

他很敬重真正的哲学家，（他甚至对骗子以礼相待。）

当然，他不会那么容易就受骗子的摆布。还有，他和蔼亲切，不失分寸。他能把自己的身体照顾好，（尽管还没有发展到热爱自己那副物理身躯的程度，）他对自己的俊朗仪表既不过分关注，也不过分忽视，而是维持在恰到好处的水平。就这样，他通过自己照顾自己，很少求医问药，也很少因为受伤而需要绑缠绷带。

最重要的是，他对那些取得特殊成就的人心怀敬意，不嫉妒，这些特殊成就来自如下领域：演说、法律知识、伦理学或其他任何方面。他依靠自己的特殊才能在这些领域全力探索，为的是自己的每一项成就都能赢得人们的充分认可。他总是沿袭传统的用法，为的是保存这些用法，而非为了展示。

另外，他也不优柔寡断，不过他喜欢去同样的地方，做同样的事情。如果在一阵剧烈的头痛过后能恢复清爽和重获精力，那么他就会重新回到自己的日常事务中去。他很少有秘密，即便有，也是关于国事方面的。在管理公共演出、建设公共事务和分配赏金方面，他都表现得审慎有度，就像一个对事情有严格要求的人所做的那样。他做事不图名声。

他没有成天流连于洗浴场所，他对建造东西没有特别 49
的兴趣。他对自己吃的东西并不特别讲究，对自己所穿衣物的质料或颜色也不特别在意。他对自家奴隶的外表是否好看也不特别关注。他的睡袍是在洛里乌姆或滨海庄园里做成的，不过他的大多数衣物都是在拉努维乌姆制作的。他不苛刻，也不专横。他不粗暴，甚至（就像人们常说的）“连汗都没有出过一身”。不过，他认真考虑每一件事情，（就好像他很有空闲似的）他做事不乱，一切井然有序，有活力，而且有始有终。人们可能会把那句用来评价苏格拉底的话放到他的身上：面对愉乐，大多数人要么无力抵抗，要么过于沉溺，然而他却能做到既有克制，又能享受。他是一个自强、有恒心而且不走极端的人，他有着完满而不可战胜的灵魂。（M. A. I，16.）

23 年来，他们一直保持着和谐亲密的关系。在这种关系中，有一方对另一方之善意的感激，也有另一方对其中一方的深深影响。在多瑙河畔，在那些简陋粗糙的罗马营帐里，一颗敏锐的心已然感受到了一种带着伤感的孤独。或许，这种感激、影响或孤独，会给此处这幅画面增添一抹更亮的颜色。然而，它的确符合卡皮托利博物馆里那个安东尼努斯的形象，祥和而又高贵，同样，它也符合历史本身的不约而同的证词。

第四章　罗马的文学社团

在此时期的罗马，已经有了一个人人都钟情于文学与哲 50
学的社团。这个社团的成员聪慧而有教养，当然，更具体说来，他们钟情的是修辞和语法，而这时候，马可还是一个学生。在这个社团里，人们对聚会问学的事情（The art of the *conférencier*）十分认真，就像在今天的巴黎大家对聚众问学的事情很认真一样。比如，听说过M. 让·里歇班（M. Jean Richepin）的人就能理解，为何在安东尼努斯·庇乌斯（Antoninus Pius）治下，那些有文学品味的人会对具有这两方面特点的一切话题都满怀热情：一是，这种话题给人们以展开想象、展示风趣妙语或博学才智的空间，二是，大家围绕这种话题所展开的论述，在艺术手法上都配有“绪论”和“结语”、“高潮”和“语词的愉快转换”这类设计，其间有完整优雅的句子，也有各种窍门和明喻展示。有时候，相聚问学的人们（the *conférencier*）说拉丁语，而有时候则说希腊语。文人雅士们（Men of letters）全身心投入这门艺术，他们前往帝国的各大城市，从安条克（Antioch）和以弗所（Ephesus），到雅典、亚历山大里亚和罗马，更远则到达里昂。他们在这些地方开坛讲学。在他们当中，多才多艺的萨莫萨塔的琉善（Lucian of Samosata）技艺远胜他人。萨莫萨塔城位于幼发拉底河畔。至少在我们看来，琉善好像就是这么优秀。他留给我们的印象是，他的文学功底十分扎实。另外，他可能还过于苛责过那些只满足同时代人口味的有才之士。琉善打算举行一场讨论会，会议的主题就是《诽谤》(*Slander*）和《待雇的伙伴》(*Companions for Hire*)，用来赞扬《蝇》(*The Fly*)，并替《僭主》(*The Tyrant*）辩护，或者就某位狂热的哲学家抑或大众所欢迎的江湖术士，发表一番不失幽默感的讽刺话语，其间夹带着真理、夸张、不实的陈述和想象的花式，还夹带着一些故事，这些故事和那位喜好吹嘘的敏豪森男爵（Baron Munchausen）的故事很相配。除了这些，里边还夹带着一种
51 情感，这种情感旨在把生动的混合性内容展示成真实的叙事。人们可能也相信《格列弗游记》(Gulliver's travels)。琉善是个叙利亚人，又或者是个希腊人。他随时准备取笑整个世界。在人们眼里，他就没个正行。而像波乐蒙（Polemon）或埃利乌斯·阿里斯提德斯（Aelius Aristides）这些人，则可能因为缺乏琉善那样的风趣妙语和生动文风，显得相当地严肃。在罗马，充当征服者的民族的传统尊严依然在保持着。

在被吸引到罗马来的聪颖文士中，有一个名叫里昂的法沃里努斯（Favorinus of Lyons）的人。他可能在青年时期就已是马可所熟悉的文士中的一员了。法沃里努斯既是哲学家，也是学者，他熟读希腊语，同时对拉丁文学也非常了解。他很雄辩，训练有素，能够变换警句，有着惊人的记忆力。此外，他还是一个很好相处的伙伴。在他另外撰写的那些书中，有一本是关于怀疑哲学的，不过，他也并非不重视那些不那么严肃的问题。按照当时的流行做法，他喜欢先提出一个悖论（a paradox）供人考虑，例如先提出一个赞扬忒耳西忒

斯（Thersites）的论据，或者提出一个关于瘴疠热（a quartan fever）的观点。

当他把客人们邀到家中一起用餐时，他的一个习惯性做法就是：让某个奴隶大声朗读一位拉丁或希腊作家的作品，从朗读的内容中，选取一个话题供大家交谈讨论。这个话题有可能是苏格拉底（Socrates），有可能是维吉尔（Virgil）、卢克莱修（Lucretius）、品达（Pindar）或欧里庇德斯（Euripides）的一行诗句，有可能是出自某个抒情诗人的一个诗节（段）（a stanza），有可能是历史上的某个时刻（some point of history），也有可能是一个伦理问题（a question of ethics），比如撒路斯特关于“贪婪”的公开谴责。在其他时候，他会和志趣相投的朋友如学者阿波利纳里斯·苏尔皮奇乌斯（Apollinaris Sulpicius）、著名律师塞克斯图斯·凯奇利乌斯（Sextus Caecilius）以及其他人一道，在图拉真广场上相会，在浴室里碰头，又或在某个公共图书馆里见面，还有可能在等待皇帝出现时于帝国宫廷的前庭里晤面，为的是讨论修辞学上的问题。如果天气寒冷，他们这群朋友就会来来回回漫步于某些高墙建筑的向阳边上。如果是夏季，他们则会走出市镇，前往某个朋友的庄园别墅里相晤。他们去过的庄园别墅都依水傍海，要么在阿尔西乌姆（Alsium），要么在奥斯提亚（Ostia），要么在安提乌姆（Antium，今安齐奥港［Porto d’Anzio］）。在年轻 52
辈文士当中，有一个叫奥鲁斯·格里乌斯（Aulus Gellius）的人。他很钦佩法沃里努斯，对他心怀敬意，这不由让人想起博斯维尔（Boswell），而正是这位博斯维尔，在自己的笔记本里记下了他那位名人朋友的种种奇闻轶事，让人觉得他是个有见识的人，同时也让人看到，人们所说的这个文学俱乐部也并非完全索然无味，脱离现实生活，成了一个纯讲修辞的地方。曾有一位年轻的道学先生加入他们的队伍，发表了一番哗众取宠、场面盛大的陈词滥调。在把它们写进书本时，他对自己的这一行为做了一番辩护，而在辩护时，他心中装着的是对古代、古代正义、古代节制和自我控制品格的深深敬意。法沃里努斯说："那好，就按照古代的方式来塑造你的行为吧，不过，你得说你自己这代人的语言。"他对罗马人的奢侈宴请、金银卧榻、紫色长袍和精美菜肴，都表现出一种很严厉的态度："如果奢侈排场还这样讲究下去，那么到最后将什么也不会剩下；我们只要请人把自己从吃吃喝喝的麻烦事中解救出来就可以了。"他是爱比克泰德的读者，而且非常欣赏"承受并克制"（Bear and forbear）这一著名警句。然而，人们往往把交谈讨论引向了细枝末节的表述问题或有关文学批评的其他点上。"你要是在柏拉图那里改一个字，"他说，"你就会破坏他的语言的优雅；你要是在莱西阿斯（Lysias）那里换一个词，你就会伤了他要表达的涵义。"因为普劳图斯（Plautus）的喜剧《束缚》（*Nervolaria*）中的一行句子，他感到快慰，这行句子描述了镇上的几个妇女，是这样的：她们是一群"拙劣、无所顾忌、难缠、肮脏、**丑陋、步履蹒跚、可鄙的妓女**"（"scrattae，scrupipedae，strittivilae，sordidae，*hideous，hobbling，hangdog harlots*"）。他断言，通过这行句子，你可以知晓普劳图斯已经写了这部戏剧。有一次，当讨论进行到一句熟悉的谚语——"娶一个太丑或太美的女人都是危险的"（it is dangerous to marry a woman too ugly or too beautiful）时，法沃里努斯论道，这两个极端彼此相距甚远，中间也许会有一个折中的选择。有人援引恩纽斯（Ennius）作为权威，说道：

用"**中间的**"（*stata*，[middling]）一词来描述那个居中的位置很恰当。不过，法沃里努斯给出的建议则是另一个词——"**如妻般的**"（*uxoria*，[wifely]）。 53

然而，这个团体中最为杰出的成员是马可·康内留·弗朗托（Marcus Cornelius Fronto），他是一个多才多艺的人。他离开自己的出生地城市北非的锡尔塔（Cirta，in northern Africa）前往罗马寻求好运，并取得了罕见的成功。他在律师行业度过了自己辉煌的职业生涯，并经常当着元老院成员的面为一些非常重要的案子做辩护。作为一名演说家，他出名了。他被人们视为文学世界里的头把交椅、风格大师和令人钦佩的文论家。和同时代人一样，他沉浸于那种悖论式主题的撰文风尚，并写出了《论睡眠》（*On Sleep*）、《论烟》（*On Smoke*）、《论尘》（*On Dust*）和其他一些类似主题的文字。他是法沃里努斯的密友，而且好像已成为那个知识人小圈子里的核心人物。他说起话来用语纯正，信息广泛而且精确，很是出名。有一天，法沃里努斯在弗朗托的家中向人引介年轻的奥鲁斯·格里乌斯。他们像平素见面一样，接下来便讨论起语言问题来。法沃里努斯说道，在希腊语当中，用来表示颜色深浅的词要比拉丁语中的多。这时，代表拉丁语一方的弗朗托接过话头道："我们不否认，在表达上希腊语要比我们自己的语言更加多变而且丰富，要知道，对于希腊语，你可是献上了棕榈奖章的；不过，就你提到的那些颜色而言，比如红色，我们的语言的贫乏程度并不像你假设的那样，因为就像你提到的那两个词——'**微红**'（*rufus*）和'**深红**'（*ruber*），都不是拉丁语中唯一用来表示红颜色的词；在此之外，我们还有其他词，其数量要比你从希腊语中援引的还要多。'**深黄**'（*Fulvus*）、'**金黄**'（*flavus*）、

‘**红**’(*rubidus*)、‘**猩红**’(*phoeniceus*)、‘**黄红**’(*rutilus*)、‘**橙红**’(*luteus*)和‘**栗褐**’(*spadix*)这些词，都是用来描述红颜色的，就好像用火来提升它的光辉，用绿将之加以调和，用黑使之色泽变暗，用白让它更加明亮一样”。他还援引了恩纽斯、巴库维乌斯(Pacuvius)和维吉尔的作品，用以作为他的论
54 据。当他讲完的时候，法沃里努斯用南方人的坦率和礼貌，对他的成熟智识和精彩语言表示赞许：“要不是你，我亲爱的弗朗托，就不会有人怀疑‘希腊语远胜于我们自己的语言’这一说法了；多亏了你的工作，就像荷马的诗里所表达的：

你胜利了，否则胜利仍然悬而未决。”

又一天，来的客人中有一人大声朗读罗马史学家克劳迪乌斯·夸德里加里乌斯(Claudius Quadrigarius)的一段话：“在大家散后，梅特路斯(Metellus)**在攘攘大众的陪伴下**(*cum multis mortalibus*, [in the company of many mortals])，来到了卡皮托利山(the Capitol)；从这里到他家，一路上都有全城民众相伴。”有人说，用前面的这个表述“**在攘攘大众的陪伴下**”(*cum multis mortalibus*)而非用“**在许多人的陪伴下**”(*cum multis hominibus*)来描写一段历史，显得有些荒谬而且死板，它保留了太多的诗歌成分。弗朗托转向发言人：“像你这样在其他事物上讲求精致品位的人，会觉得‘**在攘攘大众的陪伴下**’(*cum multis mortalibus*)这一表述荒谬而死板吗？难道你是在假设，风格非常纯净而且用语通俗的夸德里加里乌斯不想说‘**攘攘大众**’(*mortalibus*)，而是想说‘**许多人**’(*hominibus*)？在我看来，如今‘**攘攘大众**’(*mortales*)一

词在描绘整个城市的人们汇聚一处的情形时，要远比‘**人**’（*homines*）来得宽泛而且富有综合意蕴。除非我对这位作者的喜欢和敬重、大家对古代语言的喜欢和敬重让我做出了可能盲目的判断，要不然，我是不会改变自己的看法的。也许，‘**许多人**’（*multi homines*）这一表述所表示的人的数量比较适中，不过在某种特定的意义上，也即在我无法对之做出准确解释的意义上，‘**攘攘大众**’（*multi mortales*）这一表述所指涉的对象不仅涵盖了城中人的各种类型和阶层，而且还涵盖了他们的各个年龄段和不同性别。当夸德里加里乌斯想描述（正如实际情形那样）大批人群混合一处的情形时，他是在说‘梅特路斯**在攘攘大众的陪伴下**，来到了卡皮托利山。’他在描述这一事件时**做了很多强调**，其强调要比他在用‘**在许多人的陪伴下**’（*cum multis hominibus*）这一表述时多得多。”全体人都佩服弗朗托为这位作者所做的辩护，而奥鲁斯·格里乌斯则记下了“他在语词间所做的精确而又微妙的区分”。 55

又有一天，一群身份地位、财富或学问都很出众的人在弗朗托家中相聚。弗朗托躺在一张希腊式长榻上，他把患有痛风的腿向外伸出，正考虑着各项新浴室建设的方案。他从中挑出一项，问大家如果执行这项方案的话，要花多少钱。建筑师回答：要花300000赛斯特斯（sesterces）（15000美元）。某位懂得建筑门道的人提议：“你可以再加50000赛斯特斯，或者大致这个数目。”人群中有一位语法学家按捺住对建筑师的挖苦，对“大致”一说提出了自己的反对意见，他认为，像这样一个粗糙用语，只有机械工才说得出来。然而，弗朗托却表示支持，他援引恩纽斯的一段话，需知在这段话里就有“大致”一语。如此一来，讨论也就继续进行了。当尤里乌斯·恺撒（Julius Caesar）坚持认为“***arena***”（sand，“**沙**”）而非“***arenae***”（sands，“**沙滩**”）才是正确的表述时，他的看法正确吗？“***pumiliones***”（**侏儒**）或“***nani***”（**侏儒**）是“侏儒”一词的更好的拉丁语对应词吗？至少，这就是奥鲁斯·格里乌斯感兴趣的问题。也正是这些问题，最终出现在了他的笔记本里。

这些人都是学者，或者，他们至少都具有学者的品位。他们享受到了最好的博雅教育（liberal education），而这种教育在一个对博雅之学（liberal studies）感兴趣的时代，是不可或缺的。提供博雅教育的地方首先在于行省级大学（the provincial university），比如在迦太基，然后才是在雅典或罗马。他们熟悉人们在哲学、修辞、历史、文学和语文学方面展开的“最杰出的思考和写作”。然而，他们缺乏创造力。他们从生活本身当中感受不到动力，不觉得有必要通过把急躁之人的思想付诸语言，且不管这种言语是诗歌还是散文，从而让人们的丰富想象得到释放。他们在精神上已不再年轻。他们从未陶醉在智识、道德或精神灵性的事业之中。他们重新走在了老路上。很明显，他们生活在一个狭隘的世界里，带着一种僵化
56 的钦羡，回望那种存在于往昔中的更大程度的自由。据书中记载，这是一个批评的时代、归类的时代、分析的时代和比较的时代。它们当中的衰败迹象清晰可见，这种迹象确定无疑地预示着一个时代已经终结。不过，在它们当中还有着一些美丽与魅力的痕迹，此外还有一种轻浮与感官上精致化的印记，它们和一种过度成熟了的情形相并存，一起走着下坡路。他们所写的东西很少流传到我们这个时代，所以这些痕迹即便到处显现，也依然显得寥寥无几。这些痕迹就是弗朗托的寓言《睡眠》（*Sleep*）、阿普列乌斯（Apuleius）作品中的故事《丘

比特与波西卡》（*Cupid and Psyche*）和诗歌《维纳斯的守望》（*Pervigilium Veneris*）。

尽管如此，这些人还是有目标，并且竭力实现自己的目标。作者、演说家、学者和语法学家都试图对文学中的拉丁语做一点改变。他们毅然决然地开启自己的工作。对我们来说，他们此番努力的徒劳性质可以和马可·奥勒留试图通过斯多葛主义的诫命来治疗这个世界的病患相提并论。它们彼此都有着可悲的一面。然而，他们还是勇敢地进行下去。他们的口号是“回到古老的经典”。他们承认西塞罗和维吉尔的权威，但是拒绝承认这些语言大师在风格上对后世几代享有绝对的权威，并且通过回溯过去，或许从中还可借助理性的力量，回到更早时期的恩纽斯和普劳图斯、老加图（old Cato）和格拉古兄弟（the Gracchi）的拉丁经典风格中去。他们会谈论卢齐利乌斯（Lucilius）、奈维乌斯（Naevius）、巴库维乌斯、阿奇乌斯（Accius）、特伦斯（Terence）和克劳迪乌斯·夸德里加里乌斯，但他们绝口不提塔西佗（Tacitus）、佩特洛尼乌斯（Petronius）、马提尔（Martial）、小普林尼（Pliny the Younger）或斯塔提乌斯（Statius）。他们提到了塞涅卡，不过这只是为了用轻蔑的语气把他谴责为一个产生了败坏影响的作家而已。至于卢坎（Lucan），他们很少提起。在这些古代作家中，他们找到了一种新鲜的东西，一种能量，一种自然的东西；在高度文明化了的黄金时代的风尚中，这些东西都已经逝去了。在这样一种情感中，热爱伊丽莎白时代的往昔的人们，或许有像查尔斯·兰姆（Charles Lamb）这样的人，可能会打算回到莎士比亚和霍克（Hooker）那里去。这一文学领 57
域的运动并不限于文士小圈子，它不仅仅是一种智识上的花式

（intellectual foppery）。在罗马贵族中间，总是有一种保持语言纯净的传统。西庇阿和恺撒就是纯洁派。在罗马的律师行业中，似乎也存在一种眷顾古旧用语的传统，至少在这类用语已经过时而且语义模糊的时候，它们的倡导者还在使用它们。聪明而有教养的哈德良皇帝喜欢加图胜过喜欢西塞罗，喜欢恩纽斯胜过喜欢维吉尔。这一运动还影响了行省中的诸位作家如阿普列乌斯。它不仅影响了拉丁语作家，还影响了希腊语作家。而这，就是马可·奥勒留生长于其间的智识氛围。有时候，他肯定是参加了这一团体，而这个团体的成员在帝国宫廷的前庭里，等待着安东尼努斯·庇乌斯的出现，听取弗朗托、法沃里努斯和他们的同伴们讲述着自己所钦佩的事情。

弗朗托让我们感兴趣的地方在于，他和马可·奥勒留以及此时期其他杰出人士之间有书信往来。他的演讲材料没有留存下来，他的文学作品除了一些简短的随笔和悼词残篇外，也几乎没有什么留存下来。我们可以把这些东西当作参照指数，来考察他和他的匠人朋友们试图创造的那种新式风格，不过除此之外，它们也就没有什么阅读价值了。他们的品位和我们的品位相差甚远。弗朗托是他那个时代的产物，这一时代在华丽辞藻之修饰、古风语词、带有艺术感的简单风格和构成奇特的并排反差效果上，都有着自己的偏好，而且这个时代的人们还喜欢把街头巷尾的语言融入到文学语言当中。不过我们的口味与此不同。另外，如果说现代学者对弗朗托的评价不高的话，那么他所生活的那个世界则对他真心推崇。他的名声如妙音绕梁，持续数百年不绝，直到古代世界延续至蛮族人征服的那个
58 夜晚，情况才起了变化。人们对他的赞扬回环往复：“弗朗托有着罗马人的雄辩，不逊于［西塞罗］，享受着和西塞罗一样

的荣光”；“若要使吾皇感到光荣，那么我希望效仿弗朗托”；“若要寻找雄辩的楷模，那我就去找普劳图斯；若要追求严肃和厚重，那我就去找加图；若要进行一番辛辣的谩骂，那我就去找格拉古；若要拥有一副滔滔不绝的口才，那我就去找西塞罗；若要展现一派盛况，那我就去找弗朗托”；“伟大的演说家”和“最高贵的演说家”。

在罗马人当中，演说的地位一直都被看得很高。在没有报纸的地方，演说就成了一种有力的管理工具。在共和国治下，不管是在元老院还是在法庭中，抑或在投票人集会的时候，一位娴熟高明的演说家就是一位举足轻重的人物。在莎士比亚的戏剧《尤里乌斯·恺撒》(*Julius Caesar*)中，因布鲁图斯(Brutus)和马可·安东尼的演说而造成的那种影响，就是罗马人生活中相当真实的情景。同样，在帝国治下，一个人在元老院所说的话，或者对禁卫军所做的长篇大论，都有可能成为一件极富政治意义的事情。演说总是被人们评价得很高，被看成是一项社会成就。在奥鲁斯·格里乌斯所报道的那些谈话内容中，演讲者强调演说的琐细层面，原因就在于他们认为严肃对待演说是一件再自然不过的事情。人们把对演说家的教育看得很重，这从西塞罗的专论和昆体良(Quintillian)的《指南》(*Institutes*)中就可清晰看出来。从最初时候起，人们就意识到演说是一门说服艺术(the art of persuasion)；要想成功，最基本的要求就是要有品质(character)。一位演说家首先必须是一位正直且高尚的人。他首先必须具备“义”的基础，然后才构建起他的历史、诗歌、哲学和其他学问这一上层建筑。加图对演说家的定义被人们当作了公理：**演说家就是一个精于说话艺术而又良善的人**(*Orator est vir bonus dicendi peritus*, an orator is a good man skilled in the art of speaking)。

修辞学是一门真正的皇家学问。作为自身时代的最出色演说家，弗朗托自然被人们视作最适合在这一领域教导未来君王
59 的人。正因如此，他成了马可的修辞学老师。他的教学性质在他们二人的通信中已经有说明了。在阅读他们之间的早期通信时，我们一定会记得，这是一些师生间的书信，我们也一定会记得，这些书信在某种程度上都是一些修辞学方面的课业练习。之所以如此，部分原因即在于他们的本意就是如此，而另一部分原因，则在于他们之间的关系使得彼此的通信有了这种特征，而双方都选择沿循这一做法。毫无疑问，弗朗托建议他的学生按照修辞学规则来写信，认为那是一种好的做法。事实上，它们中间的许多文段听起来就像是双方在信件中展开一场类似于发生在演说室里的交谈讨论，但又还没有结束。在我们看来，那些看起来有些强制、不自然、夸张又或奇异的东西，都因为具有修辞学上的价值而被双方接受了；即便在那些最富情感的书信中，彼此也都乐于保持一种带修辞色彩的文风。有时候，他们会对通篇的原则做一规定，并加以执行，不过从总体上来看，他们事先都预设了演说的诸种元素和基本命题。

在“镇定”和“自我克制”这类英国传统中成长起来的评论家，会认为在对待自己最亲爱的朋友时，表现出一副漠不关心的样子会很不错。故而，在提及弗朗托和马可之间的炽热情感表达时，他们持反对的态度。例如，J.W. 麦凯尔（J. W. Mackail）就把他们那些用来表达彼此间喜爱之情的热情用语，比作“女学生的情感泛滥”(“the effusiveness of schoolgirls”)。说句冒昧一点的话，他这种批评等于无视那个时代的一大标志。作为口头语言，拉丁语已经开始解体了，并开始呈现出一

种新的形式，这种形式最终注定会发展成意大利语。弗朗托和马可·奥勒留相互运用的一些形容词，就是这一情势的最初迹象，它表明书面语言也经历了一个相同的过程。英国人可能会局限于使用“亲爱的史密斯”和“您真诚的”这两种表达，但意大利人却有另外一个习惯，他们在信的开头使用“最令人尊敬的、最尊贵的、最让人爱戴的”这类表述，而在结尾处则使用“来自最卑微者的问候”、“您最忠实的仆从”和诸如此类的用语。弗朗托和马可这对朋友所使用的华丽形容词——“（我） 60
最认真的”（disertissime）、“（我）最博学的”（doctissime）、“我最亲爱的”（mihi carissime）、“我最可爱、最钟情的老师”（dulcissime Magister optatissime）和“我不可或缺的朋友”（amice desideratissime）（此为它们的拉丁语形式），都是一些坦率且表达钟爱之情的意大利用语。除此之外，别无其他。这种情形就好像给普通意大利人之间的通信增添了一抹温情感，这对弗朗托这些相信语词不仅应该表达思想，还应该传递情感同时又保持极高精确度的人来说，是一种很好的辩护。礼仪有它自己的洛可可时代（their age of rococo），也有它的多利安式简约（Doric simplicity）时代。“洛可可”并不是没有人工制作方面的魅力。弗朗托的信函只是运用了当时的文学形式，它们具备（援用18世纪的一种说法）“正确—优雅的书信风格”（a “correctly-elegant epistolary style”）。埃利乌斯·阿里斯提德斯撰起文来就非常铺陈和冷淡。法沃里努斯给身为罗马执政官的赫罗德斯·阿提库斯及其前代执政官们写道：“我何时才能见你，吻遍你的两个唇角？”而本身冠有“雅典的喉舌”（“the tongue of Athens”）之名的赫罗德斯，则把下面这些诗句刻在了一尊雕像上，这尊雕像立在阿庇安大道（the Appian

Way）上，以示纪念他逝去的妻子：

致莱吉拉（REGILLA）

到这里来，到这个圣殿来，你们，台伯河的女儿们，
　　在莱吉拉的圣坛上进香；
她出自埃涅阿斯的子孙，
　　她出身于安奇塞斯（Anchises）和艾达里安·阿芙洛狄忒（Idalian Aphrodite）一族，该族声名远播。
在马拉松赛上，她完了婚；天上诸女神
　　给她荣誉——新德墨忒尔（Demeter the new）和老德墨忒尔（Demeter the old）两位女神。
因为这位身缠腰带的淑女的神圣雕像，是为了献给她们；
　　但是她住在那快乐岛上
那是克罗诺斯（Kronos）统治的地方，是女英雄们所在的
　　地方。
　　宙斯乘着泽菲鲁斯（Zephyrus）的天堂柔风
把这位淑女送到了海洋，等等。

如果说这些诗句是在指涉皇后福斯蒂娜（the Empress Faustina），那么我们就有很好的理由假设，这些诗句首先是题献给她的，并且得到了她的同意。弗朗托有所冒失的地方就在于，他未能跳出或克服他那一代人的标准条框。

第五章　修辞之学

在所有老师当中，马可与弗朗托的关系最为亲密，虽然在后来的几年里，他并不欣赏这位老师，而是喜欢马克西姆斯和鲁斯提库斯。这或许是因为弗朗托反对一切哲学，特别是反对斯多葛哲学。不过，马可终其一生都特别喜欢他这位热心、雄辩而又善良的朋友，虽然这位朋友比他要年长许多。很明显，弗朗托是一位热心而又可爱的人。他的善良之心显而易见，凭着自己的善心，他把人们吸引到了自己的身边。卢修斯·维鲁斯也是他的学生，和马可一样，卢修斯·维鲁斯也全身心待他。弗朗托对朋友的钦佩之情显然能够说明，他和朋友之间都能以情相待，都能尊重对方。对于自己的朋友，弗朗托是这么说的：其中有一位以优质的学术成果赢得了人们的关注；而另一位，则拥有一种能够感受微妙之处的语感，是一位好伙伴，不过**不是一位哲学家**；第三位学问出众，拥有非凡的演讲天赋；第四位在遣词造句方面很出色；第五位博学又雄辩；第六位“很让他喜欢，因为他获得了各项成就，并且拥有一种严谨认真的高尚品质”；再另外一位，则“配得上任何一个职位”。对于其中一位，他写道：“当我记起我亲爱的朋友安然无恙时，我就没那么容易受悲伤、痛苦和生命中种种邪恶之物的摆布了”。而对于其他朋友，他是这么写的：“有些人，虽然老早就是我的朋友了，可我们之间的友谊还是不那么确定，这或许是因为其中有什么纯粹偶然的事情发生，又或者我们彼此的性格都很柔弱，再就是我们彼此都有了新的朋友。不过，**我们**都不是那种人。”

62 我还想象，弗朗托具有一种无时不刻都同情他人的禀赋，不管自己是快乐还是悲伤，皆能如此。此外，他还有着一种本能的冲动，那就是向人展示这种同情心，连同这种同情心一起被展示的，还有他那随时准备就绪的表达的力量。这种同情心表现在了他的言语和神情之中，也表现在了他的姿势和动作之中，就像南方人通常表现出来的那样。在严肃的场合，其同情心意义重大，而在轻松休闲的时候，它还会使人与人之间的交往变得非常愉悦、怡人。关于马可心中所怀有的对弗朗托的特殊感情，人们也许会有进一步的解释。在职位任命和礼仪操办事情上，帝王家族都表现得质朴无华，一切都按照皇帝的节制和自制品格来有序安排。不过即便如此，提比略大殿仍然是世界主宰者的宫殿，所以在这里，正式的礼节和皇家一贯的尊严不能省却。马可本人被指定为继承人。不管愿不愿意，他都有义务维持一种和他的生活理想不相适应的生活方式。他喜欢自己舅舅所在的社团，不过想来即便他能够参加这个社团并从中获得乐趣，比如至少当他们住在罗马时就能实现这一愿望，但像这样的享受，即便有也必定是十分短暂的。皇帝被国事缠身，而马可身边还有礼仪上的义务要尽：要发挥祭司的职能，要担任官职。这些都是在他学习之余进行的。生活中一定有许多令人烦恼却又不得不照例去做的公事。在愉乐方面，有角斗表演、赛跑和舞台节目，虽然马克不得不经常坐上观众席，但他还是会反对这种表演。这既是他的本性使然，也是他早期的

训练所致。他对盛宴或狂饮寻欢之类没有兴趣。他需要心怀求
知欲和文学热情的同伴。在情势翻涌的青少年时代，一个年轻
人迫切需要获得来自家庭之外的同情心。安东尼努斯具备一切
德性，但无论是他本人还是他的妻子福斯蒂娜，好像都没有智
识方面的爱好。多米媞雅·露琪拉是一位可亲又可爱的母亲，
不过这种母亲般的温柔并没有囊括一个卓越儿子所需要的全部
东西。至于他的表姊妹小福斯蒂娜（Faustina the younger），则
不管是在他们订婚期间还是在结婚之后，都没有任何证据表明
她在家庭情感之外，还对其他方面的东西感兴趣。马可其他那 63
些家庭教师都属于斯多葛派人士，是一群守纪律的人，不带个
人感情，或许还一直保持着那种清醒而不虚妄的状态。他们会
抑制情感和想象力的恣意迸发，而这些东西都是弗朗托鼓励提
倡的。马可是一个严肃的人，但他还年轻，特别是他有学识，
而且充满想象力。他所要达到的状态是在自我克制和满足一切
愿望之间选择自我克制，如此一来，他就能自然而然地通向一
种更加自由的状态。在这种状态中，存在一个很大的想象、自
我表达和纯粹智识漫游的空间。所以，弗朗托的到来就像是
一个自由灵魂的到来，他打开了一扇通往另一世界的窗户。此
外，它还意味着，他以自己的温暖而带有感情冲动的非洲人行
为方式，给了马可太多且无所保留的关爱和欣赏之情，而这种
东西正是各位罗马人家庭教师都不同意给予的，甚至有时候
是干脆不让给予的。当人们发现马可在为一位朋友的离去而哭
泣时，他的斯多葛派家庭教师斥责了他，不过心地善良的安
东尼努斯倒是叮嘱他们，让他一个人待会儿，并且说道："无
论是哲学的力量还是帝王的权威，都不能破坏这种感情。"然
而，如果人们要从性格品质上来加以评断的话，安东尼努斯是

不会加以干预继而跨越自由界限的。但是，弗朗托把马可的能力捧上了天。他夸赞马可的成就，夸赞他的品味，而且把他这个与众不同的年轻人从一大堆忧惧情形中解脱出来，这种忧惧情形就是：他将来所要承担的责任，会给他的生活投下一道巨大的阴影。此外，弗朗托还有满腹的文学知识和文学价值观念，再者，他还有满怀的艺术热情。严格地说，他对拉丁文学的热情不限于拉丁文学，还铸就了拉丁民族的一项伟大成就。他本人热切地爱着这个国家。当他想要极力赞扬并推荐某个朋友时，他会称对方为“一位伟大的爱国者”（a great lover of his country，*patriae amantissimus*）。他和皇帝两人对罗马的往昔都持一种虔敬心态，之所以如此，原因在于他们想以此缅怀先祖所奠定的各项传统。他们都相信，忠于罗马的过去以及同时
64 期的各项传统，仍然会使帝国保持健康和强盛之势。此外，他还让自己的这位皇家门生尽快培养起一种敬佩和赞赏古代英雄的情感，因为正是这些古代英雄使人们感觉到拥有“罗马”之名就会无比地自豪。这种情形所带来的一个自然而然的结果，或者说伴随热爱罗马之心而来的一种东西就是，弗朗托接受了此时期的一种非常前卫的崇拜模式——对文学中的“古代”表示崇拜（cult for antiquity in literature）。另外，他还教导人们要对那些古代作家和共和国英雄时代的诸般事物报以虔诚和忠诚的态度。三十多年过去后，他的帝王学生依然记得那些古老的语词和英雄，而在这种记忆当中，两者都是并相存在的（M. A. IV，33）。最重要的是，弗朗托这个人真诚、单纯而又率真。很明显，他从一开始就对这位吸引人的、满怀渴望的年轻人怀着一种深深的、热烈的情感。

弗朗托已经结婚了。他的房子所处的位置，以前是米西

奈斯花园（the gardens of Maecenas），坐落在埃斯奎利诺山（the Esquiline Hill）上，靠近塞尔维乌斯·图里乌斯老墙（the old wall of Servius Tullius），可能略偏今圣玛利亚大教堂（S. Maria Maggiore）东南方向。他的妻子名叫格瑞丝（Grace）。他膝下有一女，也叫格瑞丝（Grace）。他们一家三口都和马可以及马可的母亲感情投契。我接下来将要引用的弗朗托和马可的通信，就覆盖或大致覆盖了自公元 139 年到公元 143 年这个时间段，而这个阶段正好是马可 18 到 22 岁的时候。这里，我们不想编出一个有精确时间的年表。我们所知道的是，弗朗托似乎在罗马生活，而马可则通常在乡间的某个地方给他写信，这个地方要么在洛里乌姆，要么在拉努维乌姆，有时要么又在那不勒斯或巴亚（Baiae）。正如我们接下来将要看到的，有些信件和前述信件有关，而有些则没有。对于希腊语用语，我都用法语来表示。

弗朗托致马可 65

我亲爱的殿下：

当我到家时，我已收到您从罗马寄来的信了。在此之前，信已经送到了罗马。今天，信已从罗马到达这里，并在一会儿工夫之前到达我手上。在信中，您用大量简明精彩的论据驳斥了我在写《为了睡眠》（*On behalf of Sleep*）时用到的那些不足称道的东西。您驳斥得那么机智，那么入微，那么妥当。如果说无眠能使您如此智慧和优雅，那么我情愿您无眠。

但是，您说您在晚上写作，一直写到入睡之时，正是睡眠来临并让您俯首用力，才使您得以写下一封这么优美的书信，因为睡眠就像番红花，即使是在很远的地方，也能够香自远处来，虽远离，却迷人。……

您把拉丁文引语置于希腊语诗歌之间，精于转换，就像在皮洛士舞（the Pyrrhic dance）中，有不同颜色来来回回，快速转换，有的舞者身着猩红色，有的身着金黄色，而有的则依然身着紫色。他们里里外外，周匝舞动，手手相挽。

随后，您把话题从尤利西斯转到了阿伽门农（Agamemnon），这让人钦佩。接着，您灵机一动，又挖苦了一下恩纽斯。在这里，您说如果恩纽斯没从睡眠中醒来的话，那么他也就绝不能讲述他的梦了。我亲爱的马可殿下，如果您可以的话，就发掘一下比这更有智慧的东西吧！没有什么比这更灵巧的玩笑技法了，同样，正如莱维乌斯（Laevius）所说的，也没有什么比这更巧妙的陷阱设置了。不过我请求您来做的，不是醒来，而是继续入睡。

再讲一个谚语：看着一个人，和他一道，您能在黑暗中安全地掷骰子！难道不是我，一个知道您是多么聪明和诚实的人，最有福气来接受您赐予的“老师”这一伟大头衔（the great title of “Master”）吗？作为**您的**老师，我怎
66 么样？尤其是，当我想要教导您做一件事情即教您如何入睡时，我并没有做好。

追随您自己的愉悦之境去吧。愿诸神为了我而来保护您，不管您是在入睡之时，还是在清醒时分。再见，我的快乐之源，再见。

弗朗托

马可致弗朗托

我亲爱的老师：

我整天都没事情可做。如果你过去关爱我，那今天也关爱我吧，给我布置一个好话题，这个话题内容要丰富。我乞求你，我恳求你，**我求求你了，我求求你了，我求你了**。因为在“百人团”（the Centumvirs）这一话题上，我没有任何发现，只知道那些用作结束语的多变用语（*des phrases vibrantes pour terminer le discours*）。再见，我最好的老师。我母亲要我问候你，这是她的心意。我一直想就某件事情写个东西，我觉得在这些事情上胡言谵语一番（to rant and rave）是有必要的。你就乐意接受吧，给我带一个好的谵语**话题**来。

马可

弗朗托致马可

我亲爱的殿下：

我已为您准备了一个话题，这个话题很严肃。一位罗马执政官在密涅瓦节（the festival of Minerva）上脱下了他的官袍，戴上手套，在角斗士人群中，当着罗马人的面，杀死了一头狮子。人们要求惩罚这种行为，并把要求呈递给了审查员。他们要做的是，**首先让事情见光，然后必须查出所有细节**。再见，我可爱的殿下。请您代我问候夫人——您的母亲。

弗朗托

马可致弗朗托

亲爱的弗朗托：

这是什么时候的事？是在罗马发生的吗？难道你说的不是那件在图密善治下，在阿尔巴诺（Albano）发生的
67 事情？我可以说，在这个话题上，有很多的工作值得去做，目的就在于让它看起来可信，或者不如说，要激起人们对它的一切形式的愤慨。对我来说，**这样的话题有点儿太不可思议了**……如果它真地发生了，就请你立即写信给我吧。

马可

马可致弗朗托

我亲爱的老师：

我已经把我那个话题全部写出来了（给我另外再捎一个话题来吧），不过，我的秘书不在身边，无法再把它抄录一份。尽管如此，我还是没有依着自己的喜好来写作，原因在于一来我很匆忙，二来我为你的病痛已经耗费了一番心力。不过，我明天还是会向你道歉的。而明天，正是我要你给我捎话题来的时间。再见，我最可爱的老师。夫人——我的母亲给你带来好心的问候……

马可

弗朗托致马可

亲爱的殿下：

格瑞丝昨晚回家了。您又干了一件很漂亮的事情，因为您用一种让人无比钦佩的方式转换了那些谚语。的确，我今天收到的这篇文字几近完美，简直可以收入撒路斯特（Sallust）的文集了，让人感觉不到它有任何缺憾或不和谐的地方。在您取得这样的进步时，我是非常快乐的，我觉得自己既健康又年轻。

我正想要让您去做一件不那么容易做的事情。当我想起这样做对我来说是多么有益时，我就情不自禁地想让您去做。那就是，一遍又一遍地反复转换同一则谚语，至少转换两到三遍，就像您当初转换那则小谚语一样。然后接着转换那些更长的谚语，两到三遍。转换时，既要努力，也要大胆。如果您想大胆触碰任何一样东西，那就运用您的聪明大脑，出色地完成吧……

当您在诸神眷顾之下回到罗马时，我会让您再做一些
日常的诗歌练习。请转达我对夫人——您母亲的敬意。 68

弗朗托

马可致弗朗托

最尊贵的执政官：

我很幸运，就像恩纽斯所说的：

全体人员所提出的劝诫建议都是空洞虚伪的，
它鼓励我们一直享乐。

在这个问题上，普劳图斯在他的《谄媚者》(*Colax*)中，也有过一番令人钦佩的说明：

> 尽管他们以自己的荣誉作担保，可他们还是欺骗了他，
> 要他相信他们，相信他们这群暗自谄媚者，
> 这群簇拥在国王身边的人；他们嘴上
> 说着一套，心里想着另外一套。

曾经有那么个时候，这种祸害只关系到各位国王；可是现在，国王的儿子们身边有着同样的廷臣，正如奈维乌斯所说的：

> （这些廷臣）听取逢迎者的话语，躲躲闪闪，扮演着走狗们的角色。

亲爱的老师，难道我一次**只设立一个目标**有什么不对吗？难道我在提笔时，心中只想着一个人也有错？

你在问我诗作问题时，话语之中带着对我的百倍夸奖。倘若我手边有诗作的话，我会马上给你的。不过我的秘书（你知道的，我指的是阿尼切图斯［Anicetus］）在我开始动笔时，并没有把我的诗作包好。他知道我在作诗方面有过失败的经历，所以担心我一旦得到那些诗作，会像往常一样把它们付之一炬。可是，我没有烧掉那些诗作，因为就像我接下来要对老师你真心倾诉的，我喜欢这些

作品。

在这里，我晚上学习，因为我把白天的时间都花在了舞台上。我没有完成多少东西，晚上有些疲倦。早上起床，我也是半睡半醒。不过即便如此，我还是做了60**部书的阅读摘记**，并把这些内容写成了5本书！不过，当你阅读这60部书时，请你记得它们包括了诺维乌斯
（Novius）的东西、一些荒诞剧和西庇阿的短篇演说。我 69
担心这个数字会吓着你……

再见，我非常可爱又最亲切的朋友。再见，我最尊贵的执政官、我最可爱的老师……

马可

弗朗托致马可

我亲爱的殿下：

您可能会认为我昨晚睡了整整一夜，可是在大部分时间里，我是醒着躺在床上的。我就想知道，我是否因为对您过度的爱而在要求上太过宽松，对您的错误之处是否过于宽纵，您是否应该在修辞上再有推进，以及您是否应该运用一种更加雄辩的自我表达方式，如果说您没有因为自己的怠惰和疏忽而浪费自己的才华的话。当此事在我焦虑的大脑中翻腾时，我开始意识到，您已经取得了巨大的进步，这种进步远远超过了您这个年龄段的人的进步，也远远超过了人们对您的期望，要知道，这种期望是人们根据您研习各种主题时所花费的时间长度来要求的，是一种合理的期待。您的进步甚至远远超过了我对您的期待，虽然

这种期待已经有些过分了……让我们约束自己并努力践行吧。我会去做担保，去作抵押，押上一切东西，好让我能够迅速把您推向辩才的巅峰。诸神会有所行动的，他们会保佑我们的。再见，我的殿下。**等待吧，胸中装下足够的勇气；相信您正逢其时，而且已具有经验**。请代我向夫人——您的母亲致以谦卑的问候。在有关波斯人纪律的那段话中，您就**“任务”或“负荷”问题所做**的表述是不错的。

弗朗托

马可致弗朗托

亲爱的老师：

我已收到你的来信了，一次两封。在其中一封里，你指出了我的错误，并责备我书写文段时粗心大意。而在另一封里，你则注意到了我的努力，并夸赞了我，在你的夸赞
70 下，我写起东西来更加容易了。尽管如此，我还是以我的生命、我母亲的生命和你的生命发誓，你的第一封信让我更加愉悦。当我读信时，我惊叹连连：我多么幸运！有人可能会问，你幸运是因为你有一位老师教你如何**阐述一个主题**，使之富有原创性、清晰度、简明性和优雅特质吗？不，我说自己幸运，不是因为这个。那又是因为什么呢？那是因为，我从你这里学到了如何说出事实真相。直截了当地说出事实真相对于诸神和众人来说都不是件容易的事情。没有哪道神谕有这么契合，事实上，它内部包含了部分怀疑、部分不确定和部分复杂的东西。所以，鲁莽不慎之人会因为它而落入陷阱……所以，我得感谢你，因为你教会了我如何说出并听取

事实真相，你教得那么好……

马可

当身为执政官的马可在元老院初次发表自己的演讲时（公元 140 年），弗朗托看起来比他的学生还要紧张。

我的殿下：

假如您还爱我的话，那就在这几个晚上好好睡觉吧。这样，当您进入元老院时，您就会容光焕发了。当您说话时，您也就会精力充沛、力量十足了。

弗朗托

亲爱的老师：

我对你的爱再怎么样也不为过。我去睡觉了。

马可

我的殿下：

对不起，请您从演说词里去掉一个词吧。我请求您，千万不要因为**演说而注意文辞**。再见，我的陛下，您是我永远的骄傲。请代我问候夫人——您的母亲。

弗朗托

71 亲爱的老师：

如果明天你想就前述那个词提醒一下我的话，我会跟你说明我的理由的。

马可

公元 143 年，皇帝任命弗朗托为执政官，任期短暂，只有 2 个月。此项任命是根据这个时期的习惯做法做出的。这很可能是皇帝对弗朗托身为马可的家庭教师的一种奖赏，因为同样的荣誉在早些时候也授给了赫罗德斯·阿提库斯。这一职务在很大程度上是荣誉性质的，而弗朗托的主要任务就是要发表关于皇帝的颂词。发表这种颂词的场合具有很强的社会意义。为了使演说既配得上皇帝的身份又配得上演说者自己的名声，弗朗托不惜花费时间，百般辛劳。在演说之前，他把某些文段发给马可看，这也许是他想弄清楚文段的风格和内容是否能够满足他的帝王恩主的需要。

弗朗托致马可

公元 143 年 7 月，罗马

我亲爱的殿下：

在您上一封信里，您问起我为何没有在元老院发表演讲。我的演讲将在 8 月 15 日举行。您或许想知道，我为何要把时间安排得这么晚。这是因为，无论如何，我从来都不会匆匆忙忙完成一件带有仪礼性质的事情。另外，就像我有义务要毫不掩饰、清清楚楚地对待您一样，我会让您知道我内心深处的想法是什么。我在元老院经常赞扬您的祖父——神圣的哈德良。我不吝赞美，也乐意赞美。人们手里有很多这样的演说词，人手一份。我对哈德良的态度（如果得到了您这番孝心和善意的准许的话）是，我想让他乐意，并温柔起来，就好像他是马尔斯·格拉迪乌斯（Mars Gradivus）或天父朱庇特（Father Jupiter）一
样；我对他没有什么情感。为什么是这样呢？因为要想 72
有情感，人们就需要有某种确信的东西和彼此之间的熟悉度，而我没有这种确信的东西。所以，即使我对他怀有莫大的敬意，我也还是无法做到带着足够的勇气去取悦他。不过，我爱安东尼努斯，很爱他，就像我爱太阳，爱每一天，爱生命和爱灵魂一样。我感觉他也爱我。除非我就这样赞美他，让我的赞美之词出现在人们的手上，出现在大家的眼前，而非湮没在元老院的各项记录里，否则，我是无法表达对您的感激之情的。据说，外逃的奴隶说过这么一句话："为了我的主人，我的跑速总能达到60这个数，然而现在，为了让自己能够逃脱，我的跑速能上100。"所以，当我过去常常赞美哈德良时，我是在为我的主人而跑；而现在，我是在为自己，为完成自己的目标而跑。况且，我把全部精力都投入到了这次演说当中。这样，为了自己能得方便，我会放慢前行的速度，悠然、舒适地前行。如果您很忙，那就在同一时间找点娱乐来消遣吧。吻吻您的父亲，拥抱他，亲自赞美他。当然，您可以期待在8月15日这天听到一些合乎自己口味的东西。再见，我的殿下。尽可能让自己配得上自己的父亲吧。如果您想要

写点什么，那就慢慢写。

弗朗托

这些信函之间并没有什么时间顺序。也许，我忽略了它们和某个历史时段相关联这一事实，如果这样的话，我就犯了一个明显的错误。只是我们无法确定的是，到底是弗朗托的哪封信，从马可这位储君口中引出了下面这番充满修辞色彩的回复呢？

马可致弗朗托

公元 143 年 7 月（？）日，那不勒斯

我亲爱的弗朗托、最杰出的执政官：

我认输了，你赢了。毫无疑问，你在爱别人方面胜过
73 了所有人。戴上胜利者的花冠吧；还有，让信使在你的裁决席前大声报道你的这一胜利消息——**执政官马可·康内留·弗朗托获胜；他在这场伟大的友谊之战中勇夺桂冠。**另外，虽然胜利了，可我还是不会撤退，也不会舍弃我的愉悦。这样，你就会爱我胜过其他任何人之间的爱，而我也的确在爱别人方面逊人一筹。不过即便如此，我还是会爱你胜过爱任何人，爱你胜过你爱自己。现在，我会和格瑞丝一同跻身于那个名录，但我担心自己无法超越她。因为正如普劳图斯所说的，爱的沐浴不仅用它的饱露浸润了她的衣裳，而且还透过她的肌肤，渗入每一处骨髓。

你知道你给我写了一封什么样的信吗？大胆说一句，那个生我养我的她，从来都没有给我写过这么让人愉悦和甜蜜的东西。这种东西不是来自你的雄辩之口和演讲天赋，因为要是那样的话，不光我母亲，就连所有活着的人都会（像他们实际所做的那样）立马折服的。不过，你给我的信虽然既不精致也不饱含学识，却也流溢出很深的良善用心和朋友之情，其间有深深情谊在熠熠生辉。所以，我无法充分表达它如何使我的灵魂得到提升，让我去接受喜悦，如何用一种极火热的感情去激励我的心灵，如何在最后像奈维乌斯所说的那样，让爱的情意充溢我的灵魂，至死方休。

而在你的另一封信中，你向我解释了为何你打算把自己在元老院的演说推迟一天，而这封信是用来表扬我的王权统治的。你这封信让我非常快乐，快乐到我都无法控制自己（你认为我这是鲁莽吗？）要去把它大声念给父亲听了。我不必告诉你在知道这封信后我父亲有多么高兴，因为你已经充分意识到，我父亲有一颗善良的心。与此同时，你也意识到你这封信写得有多么优美。不过，自从你这封信起，我们也就展开了一场有关你这个话题的漫长讨论，噢，讨论的长度远远胜过了你和你那位财务官朋友（your friend the quaestor）关于我的谈话。所以，我毫不怀疑，在每一次广场讨论中，你的两只耳朵都会经受人们长时间话语的灼烧。至于你不想讲了的原因，我是很愿意 74
听你解释的，并会爽快答应你的要求的。

马可

弗朗托致马可

我亲爱的殿下：

我的殿下，我想当然认为，您在书写散文方面花了些时间，因为即便一名骑手要考验他的马的速度，看它是飞奔还是慢走，他也还是需要知道，更有效的步法有赖于更勤快、更频繁的锻炼。

您知道，我在心里没有把您当成一个22岁的人。在22岁这个年纪，我几乎没读什么经典。不过，承蒙诸神眷顾，加上您自己的德性，您得以精通演说，光这一点，您就可以成为一个成熟而有好名声的人了。另外，（您还取得了一项很难得的成就，那就是）您在所有类型的写作中，都表现得非常出色。之所以这样说，是因为您孜孜不倦写出来的信函清楚地告诉我，按照西塞罗的风格，您也是可以写好不那么正式的书信的。

您寄给我的那些诗篇，我已通过奥菲狄乌斯・维克托利努斯寄回来了。我是这么做的：我用线把纸张认真地缝合好，缝线被我拉得紧紧的，就连小老鼠也没办法偷窥里边到底有什么东西。他从来没有跟我分享过您的任何一篇六音步诗（hexameters），他是多么阴险狡猾。他借故说您在朗诵自己的六音步诗时，故意朗诵得很快，从而让他没法把诗歌记下来。不过，他的行为遭到了报应。他怎么对别人，别人也是怎么对他的。他原本就不应该听到别人的诗句，哪怕一行而已。另外，我记得您经常告诫我，要我别把您的诗歌拿给任何人看。

殿下，您现在怎么样？您的精神状态无疑是好的，

您的身体也好，无论哪一方面，您无疑都是安好的。再 75
见，我的快乐之源，我的安宁之所系，您让我有了欢歌笑语，我以您为荣。再见，另外我也恳求您，您要全身心地爱我，不管是在开玩笑的时候，还是在严肃交流的场合。

我用希腊语给您母亲写了一封信（这是我预先计划好了的）。我把这封信装进了给您的信中。先读读它，如果发现其中有什么重大错误，就把它纠正过来，因为您在希腊语文学方面表现更加活跃，不拘泥呆板。然后，再把它交给您的母亲，因为我不想让她觉得我是一个粗人。再见，我的殿下。当您把这封信交给您的母亲时，请给她一个吻。这样，她会更加愿意看这封信的。

执政官康内留·弗朗托

马可致弗朗托

公元143年8月15日（？），那不勒斯

我亲爱的执政官、老师：

如果在古希腊人中间有任何一个人像你这么写作，那就让学者们来评判评判吧。恕我斗胆直言，我在加图的作品里还从来没有找到这样一段文字，其痛斥的效果和你赞颂的效果一样好。如果我们的君王值得赞美，而我们也可以赞美他的话，那毫无疑问就由你来赞美他，要知道，你一个人赞美他就足够了。**不过，这项工作还没有完成。**

和你的工作相比，模仿菲迪亚斯（Phidias）或阿佩利斯（Apelles）要容易些，而模仿德摩斯梯尼（Demosthenes）本人甚至加图也都要容易些，因为你的工作蕴含了太多精巧细致和完满优良的地方。我从来没有读过这么有文化，这么有古老经典味道和这么精细推敲、纯粹干净的拉丁语。噢，能有这样的老师来教导我，我是何等地幸福！**你文中的论据何其有力！何其有序**，又何其出色！何其聪明！何其优美！**又何其夺目**！噢，文中的每一行都是如此！愿我死去，而你得权杖在手，皇冠附额，裁判席位为你而设。如此一来，信使便会召唤我们。当我说“**我们**”
76 时，我指的是全体文士和演说家。借助你的权杖的力量，他们个个得以成长，并拥有智慧。

我这次给你写信，仓促至极，因为当我想要从这里给你写一封言辞恳切的信时，我需要做的其实是给你写一封更长的信。再见，罗马演说界的荣耀、身边朋友们的骄傲、**珍贵无价的人**（***homme impayable***）、最让人快乐的人、最杰出的执政官、最亲切和蔼的老师。

以后，请你意识到，这些关于我的言辞都很虚假和夸张吧，尤其是元老院的那些。你的演说真是精彩！噢，冲着其中每一个标题，我都要吻一下你的头。**你的魅力迷住了全场**。读了你的演说词之后，我感觉自己再怎么拼搏和努力，再怎么绷紧身上的每一根神经，都是徒劳无益的。再见，我最亲爱的老师。

马可

下面是皇帝的一封来信，后附有一段话，其余内容都佚失了：

大力士！你在这样一个大家都熟悉、老旧的话题上还能有一些新的发现，真是彰显出了你的能力。不过，你希望做自己擅长的事这一想法本身，就足以让你获得自己想要的结果了。没有什么想法比你自己的想法更好，没有什么表达方式比你自己的表达方式更彬彬有礼（而且它们还有自己的合理性和可靠性）。如果我因为担心自己表扬自己的赞词而带来什么不好的后果，从而抹煞了你应得的奖励，那我就是做了不利于你的事情了。所以，你正式接受了它，你是靠自己的展演获得的，你的展演实至名归；（除去主题）你的每一项荣誉都所得非虚。另外，在了解你对我的看法这一点上，我觉得没有什么要做的了，因为我清楚地知道，我的所作所为都会得到你的欣然同意。再见，弗朗托，我亲爱的朋友。

皇帝安东尼努斯

附： 77

你把你献给我的福斯蒂娜的那篇颂词纳入了你的演说词，你做得很漂亮。我觉得，它雄辩有力，不过它的真实性要更高一筹。你说的当然是真的。我对诸神发誓！我宁愿和她一起呆在加拉岛这个牢狱之地（the prison island of Gyara），也不愿一人孤守帕拉丁山。

第六章　友人间的书信

78 基于马可的沉思所做的那些笔记，看起来让人伤感，因为这样一部笔记出自一位痛失亲人的老人之手。它是一部关于古代勇毅之事的书，也是一部关于宗教欲望甚或宗教激情的书。因为有物理哲学的存在，这部书遭遇了阻遏的命运。对于马可在位时的情况，各种历史作品都言之寥寥，很少涉及他的个人信息。而那位为马可作传的人，也像乞丐一般顶着“尤里乌斯·卡皮托利努斯”（Julius Capitolinus）的名义开展工作，就像一个捡破烂的人，把时间都花在了探索历史的垃圾堆上。所以，在马可这位帝王学生和一位善良年迈的教师之间来回往复的书信，几乎就成了唯一具有自传价值的材料。既然如此，那么在这里多介绍一些他们二人之间的书信，也就没有什么不妥的了。在他们的通信中，不时会出现某个用语、某则轶事、某个请求、某次偶然提及、一些读书报告和情感表达，这些东西都在向我们展示，他们彼此之间有过什么样的联系。对于我们来说，这些联系都是有助于展示他的个人品质的。至少，通过评注《沉思录》一书，它们都充当了一种注解，用以解释并拓展我们已有的证据，而这里所说的已有的证据，就是指那尊刻画他年轻时模样的优雅雕像。而后来那些大理石质的、刻画他严肃而谨慎的成年时代的雕像，则犹如为这尊年轻时代雕像提供了一种回偿。

我打算从一封用希腊语写成的信函开始，这封信是由弗朗托写给马可的母亲的。之所以从这里开始，是因为马可的母亲在马可的教育生涯中发挥了极其重要的作用。在我看来，马克的母亲似乎是这样一种女性：她有资格和自己的杰出儿辈们共享荣光。

弗朗托致多米媞雅·露琪拉

公元 143 年 8 月

我的夫人：

我以诸神的名义向您保证，我真地很高兴很高兴，当
我打发我亲爱的格瑞丝来给您祝寿时，我是很渴望这么做
的。有可能的话，我原本是应该自己来的，可我实在抽不
开身，双脚都离不开办公室了。我还要忙几天的公务，还 79
有一大堆事情等着我去处理。如果有可能，我一定会飞快
地跑来您身边，我会跑得比那些赛跑运动员们还急切，而
且要急切很多，要知道，他们只是在有了自己的分数之
后，才在接下来的一两刻时间里接着再跑的，而我，此时
已经是从您身边返回后的第二个月了。

对女人们来说，在庆祝生日的这一天里，她们需要做的就是从四面八方赶来。首先，她们应该爱自己的丈夫，爱自己的孩子。另外，她们的行为举止也要端庄。其次，她们都应该真诚无欺。再者，她们都应该有爱心、和蔼、彬彬有礼、不高傲。像这样的女性，都应该前来参加这次

庆祝活动。此外，还有很多女性也应该来分享您的美誉和德性，因为您具备一切德性，而且您在迈向成功的各项事务上，都表现得很睿智，就像雅典娜身怀各种技艺，同时也很睿智一样。至于其他那些妇女，由于她们每个人都只具备一种德性，所以她们只能凭自己的特定德性获得表扬，就像众位缪斯把得来的表扬在内部加以分割，各取一份一样。

要是我来当值，为您开门迎接那些值得迎接的客人，那么我就会依循荷马的做法，把那些假装一片好意、“口是心非”而且在所有场合都装哭扮笑……的人拒之门外。

弗朗托

我把下面这些信函也拣出来，不管它们之间有无时间顺序，为的是可以从它们中间获取一些信息，以帮助我们了解马可的作为和生活方式。

80 **马可致弗朗托**

亲爱的老师：

当我父亲从葡萄园往家的方向走时，我也如往常一样，骑马上路了。当我骑了一段路后，我发现路中央出现了一大群绵羊，它们彼此挤作一团。这个地方真让人感觉孤独，除了四条狗和两位牧羊人，就再也没有其他东西了。在这之后，一位牧羊人发现有几个骑马人过来了，于是他冲着另一位牧羊人大喊：“注意那些马背上的家伙，他们通常都是些可怕的强盗。”听到牧羊人的叫喊，我脚蹬马刺策马疾入羊群。羊群一时惊慌，四处奔逃，有的往这儿，有的往那儿，伴随着羊叫到处乱窜。有位牧羊人猛地扔出手仗，手杖打在了我身后那个骑马人身上。我们飞奔过去。结果，那位担心丢羊的人丢失了自己的手杖。你认为我这是在夸夸其谈吗？不，这是真实的事情。在这之外，还有更多的内容。我想把其他内容也写下来，可是这时候我的仆人过来了，告诉我可以去洗澡了。再见，我最可爱的老师、极罕见而又对我最好的人。在追求愉悦、善良和快乐方面，你都是我的榜样。

马可

马可致弗朗托

我亲爱的老师：

自从我坐上马车和你告别后，我们一路上旅行得还不
错，唯一不美的是，我们淋了一点雨。不过，在抵达我们
的乡村住宅前，我们又向外走了大约一英里的路，为的是
参观一下阿纳尼（Anagni）。我们在这个古镇里看到了过
去一直想看的东西。阿纳尼是个小地方，但它有许多古物
和庙宇，另外，它还有很多跟宗教崇拜有关的东西，其数
量多得让你数不过来。这里有圣所、圣地或神殿，而并非
只有偏僻的角落。这里还有许多书籍，都是写在亚麻材料
上面的，这些书的内容都和宗教事务有关。最后，在这个 81
城镇的大门两边，一如我们所看到的，刻有这样一句话：
“Priest，put on the *sumentum*.”我问一位居民，这个词是
什么意思。他说，这是个赫尔尼奇亚语词（the Hernician
language），意为“从用来做牺牲的东西上面取下一块皮；

当祭司进入该城时，他要把这块皮戴在自己的帽顶上”。除了一些让我们喜闻乐见的事情，我们还了解到其他许多事物。不过即便如此，我们还是希望你能一起前来；没有你在，我们真遇到了一件大麻烦事。

你离开我们后去了哪里？你走的是奥勒留大道吗，或者去了坎帕尼亚（Campania）？请写信给我吧，说说你是否已经开始收获你的葡萄了，是否把大量的书籍都搬到你的乡村住宅了。另外，你也告诉我，你是否想念我。在我看来，这真是个愚蠢的问题，因为你总是向我表露你的心迹。现在，如果你想念我、关爱我的话，就常给我写信吧。这样，我的精神会很振奋的……

再见，我最善良、最绅士、最雄辩、最可爱的老师。当你看到坛子里的东西发酵时，你要记得，我已对你思念万分了。思念会冒气泡，会向上浮起，会泛出沫花。再见。

马可

马可致弗朗托

我最亲爱的老师：

向你致以最好的问候。我们一切都好。至于我应该什么时候用餐，我都做了很好的安排。从夜里三点到第二天早上8点，我一直都在学习。在8点到9点这段时间，我穿上凉鞋，自己一个人在卧室前来回走动，非常享受。接下来，我穿上了自己的靴子和战袍，这是我们展示自己的一贯做法。接着，我便去向皇帝道早安。随后，我们便去打猎。大家表现得都很英勇。我们抓到了野猪，这下人们

可有谈资了。我知道的就这些了，因为我没有机会亲自去看一看。我们登上了一座极为陡峭的山。下午，我们便回 82
家了。接下来，我便埋首读书。我脱掉靴子和衣服，在床上躺了两个小时。我阅读加图的演说——《论美的特质》（*On the property of Pulchra*），另外，我还读到了他的另一篇演说。在这后一篇演说里，他向一位保民官提出了自己的反对意见："嚯！（你会对你的仆从说）你能走多快就走多快，帮我从阿波罗的藏书馆里取来那些演说词。"但是，你这举动是徒劳的，因为你提到的那些书都已归我了。所以，你必须在提比略藏书馆的馆员面前使出你的浑身解数。为了做成这件事，有些东西你是不得不付出的。当我去市镇时，他能把一半的书给我。

在我读了那些演说词后，我写了点糟糕的东西，我应该把它们烧掉的，或者扔进水里。**实际上，我的作品至今都写得不成功**，它们和那些捕猎者及采葡萄的人很配。这些人在我的房间附近吵吵嚷嚷，让人害怕，喊叫声，唱歌声，混成一片。在一位**律师**的眼里，这些人真是够可憎又够无聊的了。我都在说些什么？我说的是很对的，因为我的老师是一位**演说家**。

我好像感冒了，我不知道这是否是因为我今天早上穿着凉鞋四处走动，还是因为我的东西写得太糟糕了。不管怎样，我总体上还算是有冷幽默的人，不过在今天这样的日子里，我发现自己的鼻子比以往忙碌多了。所以，我应该给自己的头脑积蓄积蓄能量（因为今天我不打算给油灯再添一滴油），然后上床睡上一觉。由于骑马时也打喷嚏，我累得都快要死了。我最亲爱、最可爱的老师，照顾好你自己，就当是为了我。说句不夸张的话，我想念你，胜过想念罗马这座城。

马可

马可致弗朗托

公元 143 年

亲爱的老师、最高贵的执政官：

我听说波乐蒙曾发表过演说，名字叫做《让我们来
83 谈谈这些绅士》。你想知道我是怎么看待他的吗？我这就讲给你听吧。在我看来，他好像就是个精明而有活力的农民，他种了一大片谷物和葡萄，除此以外，他再也没种其他东西了。毫无疑问，他这片地的收成很好，他从中得到了丰厚的回报。不过，他的地里没有种上一棵庞贝无花果树（Pompeian fig tree），没有种阿里奇亚蔬菜（Arician vegetables），也没有种他林敦玫瑰（rose of Tarentum），没有宜人的小树林，没有又厚又密的灌木丛，也没有成荫的梧桐树。一切都是为了有用，而不是为了让人愉悦。在这里，人们感受到的与其说是乐趣，还不如说是一种不得不恭维主人的义务。难道你不觉得，我这样评价一位像他这样的名人，观点和批评都很大胆吗？当然，当我意识到我这是在给你写信时，我相信我的做法是没有达到你的预期的。

此时此刻，我的怀疑如大海般起伏！而你这边，则有一首实实在在的六音步诗。因此，在开始写诗之前，我会

先把这封信写完的。再见，向你这位最好的朋友——我最高贵的执政官、最亲爱的老师致以最好的祝福。再见，我最可爱的灵魂。

马可

马可致弗朗托

我最可爱的老师：

向你致以最好的问候。我这边一切都好。因为得了一点感冒，我睡得有些晚。不过，感冒好像已经好了。所以，从今天早上5点到9点，我花了一部分时间来阅读加图的有关农业的书，另外，还花了一点时间来写作。谢天谢地，就像昨天那样，我的阅读和写作还不至于太糟糕。我向父亲道了早安。而后，我便关心起自己的嗓子来。我抿了一小口水和蜂蜜，待它们入喉后，又吐出来。我宁愿用这种方式表述，也不愿把它说成是**漱口**，虽然我也认为，在诺维乌斯和其他某些地方，人们已经有了“**漱口**”一说。在我用刚才所说的方法治疗嗓子后，我就去了父亲
所在的地方。当他献祭时，我就站在他身边。之后，我 84
们就去吃午饭。你猜我都吃了些什么？只有一小片面包而已。不过，我看见其他人都大口大口地吞吃豆子、洋葱和带鱼卵的沙丁鱼。随后，我们便摘起了葡萄。我们大汗淋漓，口中唱着歌。正像那位诗人所说的，“我们只留下了几串高高在挂的葡萄，让它们成为这葡萄园里的最后幸存者。”到了12点，我们便回家了。我做了一些事情，不过效果不好。然后，我就和我亲爱的母亲聊了很长一段

时间。聊的时候，她就坐在长榻上。接下来便是我说的话：“您认为我亲爱的弗朗托现在在做什么？”她答：“那你认为亲爱的格瑞丝现在在做什么？”我继续：“那么，我们的小麻雀女士（little lady-sparrow）——我们亲爱的小格瑞丝在做什么？”当我们正在讨论并说起我们当中谁更讨你喜欢时，锣声响了。这是在告诉我们：父亲已经沐浴去了。洗完澡后，我们就在带油压的房间里吃饭了。我不是说，我们是在带油压的房间里洗澡，而是说，待我们洗完澡后，我们在带油压的房间里用餐了。我们听着乡村民谣，乐在其中。这些民谣把大家都逗乐了。现在，我已经回来了。在进入翻身打鼾的状态之前，我一口气完成了自己的任务，把一天里的事情都叙述给你——我最亲爱的老师听。如果可以以超越既有状态的能力去想念老师你，我是会欣然去做的，会继续想念你的。为了我，你要照顾好自己。我亲爱的、亲爱的、亲爱的又让人愉快的弗朗托，不管你在哪里，都要照顾好自己。你对我的感情怎样？纵相隔遥远，我爱你不变。

马可

马可致弗朗托

公元 143 年

我亲爱的执政官、老师：

自上次给你写信以来，我这里没有发生什么值得一写的或有价值的事情。日子一天一天过。节目依旧，无趣的情形依旧，我对你的思念也依旧。那我为什么要说同样的事情呢？因为事实上，每一天都在更新，每一天的程度都在加深。关于爱，拉贝里乌斯（Laberius）说过这么一句话： 85

> “你的爱增长得很快，就像韭葱（leek）；你的爱日益稳固，就像棕榈树。”

我用这句话来表达对你的思念。我想给你写更多的东西，但提笔已忘言。

噢，我想到了一些东西。我之前听过那些有名的颂歌作家的言语，现在也正在听。他们当然是希腊人，不过他们确实优秀。也正因为这样，在我知道自己对希腊文学太缺乏了解，缺乏程度可以和我的西立欧山家乡与希腊本土的相隔距离相比时，我还是希望自己能够像他们那样，和特奥庞普斯（Theopompus）相比，因为我听说特奥庞普斯是希腊人中最雄辩的一个。所以，就像凯奇里乌斯所说的，这些“与无知无缘”的人一直在推促着我前进，推促着我这个几乎与粗汉莽夫无异的人用希腊语写作。

那不勒斯的气候非常宜人，但却多变得可怕。它一会儿很冷，一会儿很热，一会儿又变得相当恶劣。有时在午夜时分，天气温暖宜人，给人一种似乎身在劳伦图姆（Laurentum）的感觉；到了鸡鸣时分，天气又变得非常寒冷，就像在拉努维乌姆一样；自入夜、黎明、初晨一直到太阳升起之时，天气又寒冷起来，与阿尔吉杜斯（Algidus）的情形无异。随后，整个上午又是阳光普照，如同身在图斯库鲁姆（Tusculum）；中午时分，又像波佐利（Pozzuoli）那样热浪袭人；当太阳西沉入海时，气温又变得柔和，此时此刻，我们又拥有了蒂沃利那样的天气；等到晚间，待人们刚睡了一觉时，天气又恢复如初，就像加图所说的——“深夜依旧。”（“the dead of night goes headlong.”）我之前说只写一点点东西的，可现在为什么又要堆砌这么多无价值的东西呢？好了，不说了，再见，我最善良的老师、最高贵的执政官。你爱我多少，就
86 想我多少吧。

马可

马可致弗朗托

早安，我亲爱的老师：

我又要开始给你寄东西了。最终，我给你寄了我这三天里所写的东西。我没说什么。当我口授完将近三十封信时，我都快喘不上气了。我还没有告诉我父亲你是怎么看待那最后几封信的。不过当我们去市镇祈求诸神时，你要记得提醒我，提醒我告诉你一些相关的事情。不过，你我的心气都很高，所以你是不会提醒我的，我也不会告诉你，尽管这件事情值得我们考虑一下。再见，我的——我该说些什么呢？我说什么都不够。再见，我渴念的你、我的光明、我的快乐。

马可

马可致弗朗托

我最棒的老师：

你怎么样？我知道，在生日这天，各位友人向过生日的人送祝福已是历来的习惯了。不过即便如此，我还是要为**自己**祈祷，因为我爱你如同爱自己，虽然这是**你的**生日。也正因如此，我要祈求诸神，要他们把自己的力量当作即时的帮助赐予众人，不管众人身在何处；要他们在梦里、在私密的崇拜中、在以疗伤为目的的技艺或神谕中，赐予他们强有力的帮助——我在誓言中呼唤每一位神，并根据每一项誓言的特性，在各位各司其职的神最容易听到的地方，呼唤神。因此，首先，我爬上帕加马（Pergamum）的城堡，对着阿斯克勒庇俄斯（Aesculapius）祈祷，祈祷他保全并尽力守护老师你的健康。我从这里向雅典方向疾行，向密涅瓦跪地祈求，祈 87
求她如果我打算研习文学方面的内容的话，那么文学要从弗朗托的双唇（而非从其他任何地方）进入我的大脑。现在，我已回罗马了，而且我在祈祷中向保护水陆兼程的旅人们的诸神祈求，祈求他们陪伴我，不论我身在何处。另外，我也祈求他们，在没有他们陪伴的情况下，我不能遭受那么频繁、那么剧烈的折磨。最后，我乞求守护万民的诸神，乞求卡皮托利山上那随风悉悉作响的神圣树林，乞求它们准予我这一恩惠，这样，我就可以和你一道庆祝这一天，庆祝这个你出生的日子。另外，你自己也会既健康，又快乐。

再见，我最可爱、最亲爱的老师。你一定要，一定要照顾好你自己。这样，我来时便可见到你了。夫人——我的母亲给你捎来好心的问候。

马可

弗朗托致马可

我亲爱的殿下：

当你在为我祈祷时，我一切都好。没有人比你更值得从诸神那里得到乞求的东西。另外，当我在为你祈求时，也没有人比你更值得拥有我为之祈求的东西。

再见，我最可爱的殿下。请代我向夫人表达敬意。

弗朗托

要想做到心怀敬意而又不去苛评、酷评别人的作品，不批
评别人的作品缺乏现代人士的信札据以成名并赢得其文学地位
的那些特质，是一件很难的事情。我们生长于其间、受其滋养
的那一标准实在是太高了。我们在寻求一种智慧，一种美境，
一种难得的、保持简单的禀赋，或一种存在于稀有艺术中的简
单特质，就像使威廉·柯铂（William Cowper）的书信读起来
令人愉悦的那种东西一样；又或者像霍勒斯·沃波尔（Horace
Walpole）所具有的那种在嘲弄、轻度讽刺和讲故事时张口即
88 来的实践技艺；再或者像查尔斯·兰姆的那种捉摸不定的优雅
风度；又或者像塞维尼夫人（Madame de Sévigné）所拥有的
那种堪称“书信女王”的自发式雄辩特质。那些阅读经典的人
在书中寻找各种优点闪光之处，而这些优点闪光处都是他们事

先在西塞罗或普林尼的作品中已经领略过的。不过，这些特质在马可·奥勒留的书信中是找不到的。这些特质几乎都有点强迫的性质，而且都乐于玩味修辞。马克·奥勒留的书信缺少这种特质，这一情形也只是告诉我们，他生来不是一个写信的好手。一个人的写信天赋和写诗天赋是一样的，意即它们都源自一种没有定数的本性。我们期待得太多了。这些书信确实展示了他的诚实之处、他的一颗富于情感的心和他对自然天性的维持。我认为，马可的书信所缺乏的，主要还是一种既包含讽刺和聪明的自负，又包含反复无常的想象的特质，也就是说，他的书信里缺少一种调味品，就像色拉凉拌中少了那么一点洋葱，从而少了那么一种味道的活性一样。此外，我还认为，他的书中之所以没有这种东西，原因还在于他的书信里缺乏一种写信人的自爱之情。要想成为一名出色的书信写手，具备一点写信人的自我中心主义是有必要的。在马可之后的那一代人中，出了一位希腊评论家，他在文学环境中长大，他的家庭在智识方面取得了很大的成就；在他这一代，诞生了多位知名的修辞学家和智术师，而他既是这些修辞学家与智术师的勤奋好学的学生，也是以他们为研究对象的历史学家。所以，他有资格就这个时期的文化人的品位说上几句话。他对马可的书信评价很高。我所说的这个希腊评论家，就是雅典人菲罗斯特拉图斯（Philostratus the Athenian）。对于热爱英语诗歌的人来说，他的名字已经不陌生了，因为本·琼森（Ben Jonson）正是从那些被菲罗斯特拉图斯称作“情书”（love-letters）的小诗里采集到了那些诗句，并把它们改写成了散文的形式，继而又把它们转换成了诗歌体的英语韵文：

对着我饮吧，只让我看到你的眼睛，
我也会这样，只让你看到我的双眼。

菲罗斯特拉图斯说过："就哲学家的书信风格而论，我认为提亚那的阿波罗尼乌斯（Apollonius of Tyana）和迪奥（克里索斯托姆，Dio [Chrysostom]）的行文无比优美，并因此而获得了他们的名声。若就军人的书信风格而论，布鲁图斯或布
89 鲁图斯所雇用的任何一个替自己写信的人都有这种名声；若是论到皇帝，则要数神圣而高贵的马可（他自己所写的那些东西），因为除了在选词造句方面堪称精当外，他还具有坚毅的个性，这种个性在他的写作中亦有投射；而就修辞学家而言，赫罗德斯·阿提库斯就在其中了，虽然他对阿提卡风格的影响太大、太多，并因此落得个'风格缺陷'的毛病，不过这种风格倒是恰好符合书信的写作。"对于马可的这种赞扬，我可以再加上一条评论：虽然他努力撰写自己的书信，并且使其中一些书信看起来很有修辞方面的效果，可是他还是没有重视它们。他是在用一颗饱含感情的心在写信，写信时并没有想着要给谁看，除了自己那位年迈的老师。

第七章　成年之初

在早些年，也即在 18 到 25 岁这段时间里，马可的主要学 90
习科目似乎是修辞学。不过，他的学习是按照当时罗马贵族给年轻人定下的常规课程来进行的。另外，他在希腊语学习方面花了大量的时间。在《沉思录》中，他提到了荷马、欧里庇德斯、阿里斯托芬（Aristophanes）和柏拉图等人。在与弗朗托的通信中，他提到了色诺芬、修昔底德和德摩斯梯尼。此外，他还提到了新老两种阿提卡喜剧（Attic comedy，New and Old）。除了这些，他还很可能阅读了许多作家的作品。希腊语是哲学语言，是爱比克泰德、伊壁鸠鲁、芝诺和柏拉图的哲学的语言。各种各样的迹象表明，马可广泛阅读了希腊哲学。另外，他的后期生活情况还告诉我们，他参加了在雅典和士麦那（Smyrna）举行的演讲，并听取了希腊智术师们的发言和希腊因果论倡导者的论述。所以，在说希腊语这一点上，他或许能做到信手拈来。在帝国内部，这两种语言都得到了认可，而对于一位勤勤恳恳的帝王来说，掌握这两种语言也是分内之事。他的希腊语是在自己家中跟随家庭教师们学的。

人们只能为马可感到遗憾，因为他没有像在雅典时那样，远离公职与家事，享受大学生活中的那种无忧无虑的自由，没有在青年时代学习有关“美”和“义”的课程，没有沿着被萨说，就是**“我在罗马，身上戴着金质镣铐，与囚犯无异”**（*ego Romae hereo compedibus aureis vinctus*）。他待在罗马，在赫罗德斯·阿提库斯门下学习。

赫罗德斯并没有触及马可的内心，至少马可在笔记里没有提到过他。他是一个充满激情的人。当他的一位好友兼自己家族的成员去世时，赫罗德斯还像往常一样为这位朋友在桌边留了一个位置。至于马车，他则像往常一样为这位朋友预订好，然后供其来回驱使。赫罗德斯也树敌不少，因此常常陷入和别人的争吵之中，官司不断。作为律师团的领袖，弗朗托早在赫罗德斯和马可相识之初就被安排一桩针对赫罗德斯的案子。弗朗托为准备这个案子花了好一番心思。在听说此事后，马可致信弗朗托（这和他撰写修辞文章时的习惯很不一样），以求促成双方的和解。马可在信中用语朴素好懂，老练而不失权威性：

> 我亲爱的弗朗托：
>
> 我记得你经常对我说，你过去一直在寻找机会，想做
> 93 些事情好让我觉得十分快乐。这样的时刻已经到来。如今，你可以增进我对你的感情了，如果说我们可以增进感情的话。
>
> 属于你的时刻已经到来。我期待那些出席的人们不仅心怀善意、带着兴趣前来聆听，而且还带着挑衅的兴致密切注意其中任何一个表示愤怒的地方。我无法想象还有谁敢就此向你提出好的建议。那些不是你朋友的人都希望看到你越出合理的边界，而你真正的朋友则又担心当自己劝你离开、不等你检举揭发某人时，你会很容易把他们当作

敌人。如果你已经为这次的发言准备好了一些文段，那么他们就不应该阻止你发言，也不应该破坏你的演讲。你也许会觉得我是一个胆大妄为的建议者，或者是一个胆子不小的年轻伙伴，又或者我对你的敌人太过友善了。但如果不是因为这些，我是不会向你提那些我认为正确的建议的。我为什么要说它是“建议”呢？因为我要求你这么做，而且一直都这么要求。如果要我来做的话，我会以自己的名义向你保证：我会对你履行同样的责任和义务。

你可能会说：“怎么能这样，如果有人攻击我，我不也要以牙还牙吗？”可是，你会从下面这种做法中得到更大荣誉的：即便遭到了攻击，也不回应。是的，如果他开始攻击你，那不管你回答什么，他都会有话说。不过我给他的要求是：不要攻击。我相信这件事情会有进展的。因为我爱你们两个，你们两个都值得我爱。我记得赫罗德斯是在我母亲的父亲普布利乌斯·卡尔维西乌斯（Publius Calvisius）的家中长大的。从另一方面来说，我和你们两个都在一起学习过。所以，我在心底认为，这件事情令人
讨厌，一定要拿出一个妥善的解决方案来。我相信你们 94
两个会好好考虑我的建议的，因为你们一定能理解我的初衷。我宁愿把话说出来以致显得有失分寸，也不愿紧闭嘴巴从而伤了朋友间的感情，进而无法尽到我应尽的责任。

再见，我最亲爱的朋友。

马可

弗朗托给出了一个非常礼貌的答复。他恳求马可不要说那

样的话——“胆大妄为的建议者和胆子不小的年轻伙伴”，并说明自己并不知道赫罗德斯是他的朋友，要是知道的话，他是绝不会说这位朋友的坏话的。至于他在这件事情当中的做法，他向马可征求更为具体的建议，因为这件事不止牵涉到他一个人，还牵涉到其他律师。马可这样回复他：

我最亲爱的弗朗托：

向你致以最好的问候。谢谢你！你不仅没有拒绝我的建议，还同意了它，这让我非常感激。至于你在前次十分友善的来信中向我咨询的事情，我的看法是：只要和你支持维护的事情紧密相关，我都应该加以解释说明；但如果事情只涉及你的个人情感，那么它无论是什么，无论有多么充分的理由，无论你怎么要求，我们都只能让它悄悄地过去……我心里很在意的是，你不该说出任何一件（不一定和这里的事情有关）和你的个性不符、和听众的意愿似相违背的事情。

再见，我亲爱的、令人愉快的弗朗托。

马可

对于这个案子，我们目前还没有获得进一步的信息。不过可以确定的是，弗朗托和赫罗德斯已成了要好的朋友，而且一生当中都保持着这份友谊。

95 在这里引用一下弗朗托的另一封信也许是合适的，这封信谈到了马可这位年轻的储君能让自己的朋友相互之间也成为朋友的能力。这封信还提醒他：要想解决这个问题，需要扫除的主要障碍或者说存在于各位廷臣之间的、一直对朋友情谊构成威胁的因素就在于人与人之间有一种妒忌心。弗朗托从对俄耳甫斯（Orpheus）的富于想象力的描绘开始，从对俄耳甫斯的音乐促使狮子和羔羊能够和谐共处的情形的展示入手，引出了下面这番话：

> “如果有一位多才多智的人，能够以相互之间的爱来团结自己的朋友和随众，那么您做起这样的事情来就容易多了，因为大自然在安排您接受教育之前，就已经安排好了您的一切德性。在还未到受教育的年龄时，您的一切行为就已经完美无瑕了。在14岁之前，您就已经是‘一位贤人’（‘a good man’）了。在穿上成人拖袈（*toga virilis*）之前，您就已经‘在演说技艺方面训练有素了’。可以肯定的是，在您所有的德性中，最让人钦佩的是您能使所有的朋友都团结在一种相互友爱的关系之中。我斗胆说一句，和用竖琴驯化狮子的情形相比，您处理这件事情的难度要大多了。如果您克服了那个缺点，把它根除掉，那么您做起这件事情来就会更加容易。不要让您的朋友妒忌您，也不要让他们相互之间妒忌。又或者，不要让他们觉得您对其中某个人所做的事情或所授的东西，对他们而言是一场损失，又或者您所授的东西是从别人那里得来的。人与人之间的妒忌是一种罪恶，这种罪恶极具毁灭性，是一种致命的东西。对于那些有妒忌心和受妒忌心所害的人来说，妒忌的危害都是一样的。只要您尽力避免妒忌，您就能拥有善良而且彼此和谐共处的朋友，就像您现在这样。但如果妒忌以任何一种方式侵入到了您的朋友当中，

那么您要想战胜它，就得付出巨大的心力。

“还是让我们谈谈愉快的事情吧。我爱尤里安(Julian)(因为这封信一开始就是为他而写的)。我爱所有喜欢您的人。我爱庇佑着您的诸神。因为您，我爱上了生活。我喜欢用书信和您交流。因为您的爱，您的朋友和我都感到得意又自在。”

96 这个时候，马可已迎娶了他的表姊妹、安东尼努斯的女儿福斯蒂娜。至于马可迎娶福斯蒂娜的时间，历史学家之间并没有达成一致意见。有人说这件事情发生在145年。考虑到其中各种原因，事情在这个时间发生似乎是有可能的。马可和福斯蒂娜的婚姻并不是郎情妾意的结果，而是一场政治联姻(*mariage de convenance*)。最终决定这场婚姻的，是各种来自国家层面的理由。根据编年史家的记载，马可出于哲学上的考虑接受了这场婚姻。但几乎毋庸置疑的是，他们的婚姻既快乐又幸福。在此，我要说的是：那些一度流传的有关福斯蒂娜名声不好的故事，全都是假的。福斯蒂娜最初是要和年轻的卢修斯·维鲁斯订婚的，而马可则会和维鲁斯的妹妹订婚。可是，这一切都被搁置了。很明显，这些事情都是得到了所有相关人士的同意的。结果，卢修斯·维鲁斯最后迎娶了马可的女儿。而马可和福斯蒂娜总共生了13个孩子，但只有5个存活了下来。在那个时候，孩子的死亡率是很高的。例如，可怜的弗朗托就生了6个孩子，然而失去的就有5个。人们在卫生、饮食方面的表现看起来很无知，至少在著名的医生帕加马的盖伦(Galen of Pergamum)看来，罗马的内科医生都是很无能的。

失去孩子这件事情给马可带来了巨大的痛苦。他极力隐忍，然而这一切只会告诉人们，他遭受的痛苦有多么深。他在笔记本里记下了自己对哲学家阿波罗尼乌斯欠下的情，这位哲学家告诉他，要保持“状态不变”，不要因为失去孩子而受影响（M. A. I，8.）。根据这一证据来看，马可的脸上和举手投足间很少或完全没有留下悲伤的痕迹，而是保持着一贯的平静。不过，说他的内心没有受到悲伤的影响而且一如既往地保持着平静，这一点和他一再需要诉诸严苛的斯多葛式哲学沉思的情形是相矛盾的，需知这种斯多葛式沉思正是那些傲慢的哲学家希望用来克服人的一切弱点的。他在其中一页笔记中写道：“有人祈祷‘噢，我怎样才能拯救我的小男孩呢？’；你是否会祈祷‘我怎样才能做到不因失去他而感到害怕呢？’？”（M. A. IX，40.）在另一页里，他这么写着：“健康的眼睛应该去看所有可见的东西；我们不该说，我想看绿色的东西，这是因为只有患病的眼睛才想看绿色的……所以，一颗健康的心应该准备好去接受已然降临的一切。如果一颗心说‘噢，让我的孩子们安全 97
无虞吧’，那么这颗心就和那只想看绿色东西的眼睛没什么两样了。”（M. A. X，35.）再说一遍：“虽然我和我的两个儿子都被诸神忽视了，可我还是认为，这中间一定是有原因的。”（M. A. VII，41，引自欧里庇德斯）马可向自己的家庭教师卡图鲁斯（Catulus）表示感谢，后者教他如何明智地或者说**真正出于正当理由**（*truly according to right reason*）（此处即为 *“άληθινῶς”* 一词的含义）去爱自己的孩子。（M. A. I，13.）然而，尽管在这一番规劝之下他的勇气没有退减，而且他还常常成功地控制住了自己内心的痛苦，不让外人察觉，能够沉着冷静地面对这个世界，可是人们还是记下了这么一件事情：好像是在瘟疫期间，在失去一个孩子之后，当听到一位辩手为举证说出“为那些死于瘟疫的人们祈福吧”时，马可反应强烈，不禁潸然泪下。

一切证据都表明，马可拥有一颗非常温柔的心，内心怀着一种深深的情。他爱自己的孩子，爱自己的母亲。我认为我们有足够的理由相信，马可是真心爱着自己的妻子的。

他和弗朗托之间的许多通信都包含了对彼此家庭和健康问题的讨论，这类讨论都是在两颗温柔的心之间进行的，它们见证了两位友人的感情。我接下来将要引用的这些信函，都写于马可婚姻生活的初期，当然，有一些早在他结婚之前就已经写好了。

弗朗托致马可

[公元 143 年 8 月，罗马]

我亲爱的殿下：

我已经把我的妻子格瑞丝送去庆祝您母亲的寿辰了，我要她待在那儿，一直待到我去为止。只要我能卸掉自己肩上的执政官职务，我就会钻进马车，直奔您而来。另外，我也以自己的名誉向格瑞丝保证，她不会挨饿的，因为您母亲会和她这位皇室夫人一道分享您给她的那些小小
98 精致礼品的。格瑞丝胃口也不大，就和（据说）律师妻子们的胃口差不多。只要您母亲给她一个吻，她就会活得很快乐。而我呢？我在罗马，没有人吻我。我所有的幸运和快乐，都在那不勒斯。

弗朗托

弗朗托致马可

我亲爱的殿下：

我也加倍地爱您。我见到您的女儿了。我眼前好像同时出现了您和福斯蒂娜还有孩子们。你们两个人的脸凑在一起，是何等地幸福！我也加倍地爱您。再见，我最可爱的殿下。请代我向夫人表达敬意。

弗朗托

马可致弗朗托

亲爱的弗朗托：

我们也加倍地爱你的女儿格瑞丝，她看起来就像你。所以，我们也就很容易理解，为何你我的小女儿都分别像你我这件事，会让你爱上她。当然对我来说，你见到她这件事情本身就足以为乐了。再见，我最好的老师。

马可

马可致弗朗托

亲爱的弗朗托：

上天眷顾，我们好像有望康复。我的腹泻停止了，高烧也退了，不过人还是非常地消瘦，还伴有轻微的咳嗽。当然，你知道我正在写关于我们那可爱的小东西福斯蒂娜的事情。只要是她的事，我们都非常在意的。

亲爱的老师，你告诉我，你是否像我期待的那样，身体健康呢?

马可

弗朗托致马可

我最亲爱的殿下:

我的天!当我读到信的开头时,我吓了一跳。因为信里提到的事情非常严重,所以我还以为是您的身体出了问题。不过,我接下来明白过来了,您开头所说的危险情形,被我当成是在说您自己,其实是在说您的女儿福斯蒂娜。如此,我悬着的心也就放下来了,不仅如此,我的心还因为某种原因开始有些释然了。您也许会问我:“你认为我女儿的危险会比我自己的要小吗?你承认福斯蒂娜就像怡人的早晨和假日,就像触手可及的希望,就像人们的诗词,就像完满的快乐,就像高尚而又恒久的名声一样影响了你吗?你真地这么认为吗?”

我知道,当我读到您的信时,我心里会有什么感觉。但,我为什么会有那种感觉呢?这个,连我自己也说不清楚。我要再说一遍的是,我不知道为什么在听说您有危险时,我的心情会比听到您女儿有危险时更加沮丧。也许,只有当您听说了更为严重的不幸情形时,我的心情才会有所不同,虽然实际情况并没有坏到哪里去。通过分析,您会比我更加清楚是什么原因造成了这种情形,因为您对人性和人类情感这类东西有更多的了解和研究。通过研究,您所要达到的目标也比我的要高……不过即便如此,我还是认为我可以用一个譬喻来说明,为什么在事情发生转变时，我的担心仍没有那么严重。我的担心就像是一个肩挑重担的人，把担子从右肩换到了左肩，因而也就有了放松的感觉，虽然重量一点都没有减轻，可是给人的感觉是，换肩挑担，重量好像真地减轻了。

此刻，您在信的末尾跟我说福斯蒂娜感觉好点了，听 100
到这个消息，我心中的忧虑一下子全消了。所以，对我来说，此刻用稍微长一点的篇幅和比较轻松自如的口吻来谈谈我对您的情感，从时间上讲应该就没什么不妥的了。从极度危险和警惕的状态中脱身出来的人，大概都可以放纵一下自己，不过这样一来，他们也就有点愚蠢了。对于各种预示性的东西，我都有意识，这些东西不仅预示着一种持重沉稳的个性，还时常预示着一种轻浮不定的本性。我是何等地爱您，我会告诉您到底什么叫轻浮。

不管什么时候，情况都和那位诗人所说的相像："香甜又温柔的睡眠就像锁链，把我牢牢缚在其中。"我在梦里见到您，无论什么时候，我都吻您、抱您，而且（按照那梦的特性）我要么放声大哭，要么满心狂喜。最后面这个例子是我从恩纽斯的《年代记》(*Annals*）里借用过来的，它将证明我对您的爱，不过这个证明带有理想化的色彩，而且让人昏昏欲睡。这里再举另外一个例子，这个例子充满了争吵和责斥的味道：当我身边没有多少亲近的朋友，而您恰好又不在时，我就会用成套成套的话来责怪您，因为（这离现在已有些时日了）您会靠近那些较之于我关系要更为疏远的人，他们的举止表现虽严肃却并不礼貌；又或者，您过去常在舞台上看书，又或当着客人的面坐在桌边阅读。（这些天我常去舞台，并在外面用餐。）所以，我经常说您是个不好相处的人，做事不按章法。有时候（当您给我添了不少额外麻烦时）我甚至还说您这个人特别讨厌。不过，当我听到别人也这样贬低您时，我就没法保持冷静了。您知道，比起别人说您的坏话，我自己说您的坏话会更容易。这和我宁愿自己掌掴自己的女儿格瑞丝，也不愿意看到别人掌掴她的道理是一样的。

101 关于轻浮，我再给您举个例子。您知道，在每一个金钱交易者的桌子上，在每一个货摊上，在每一家客栈里，在每一条可用作庇护之地的门廊过道里，在每一扇窗户上，在每一个地方，都公开展示着您的画像。在这些画像中，有很多画得很差，而有的则在模铸或刻画方面做工粗糙。不管这些画像有多么不像您，总之在我外出时，我是从来不去注意它们的。然而，我还是对着它们噘起了自己的双唇，吻了上去，从而让自己进入了一曲梦幻般的音符。

好了，就让我们结束“轻浮”话题，接着讨论严肃事情吧。读了您的信，我有一种强烈的感觉，那就是，我觉得自己无比地爱您。这一点，只要想想我担心您的危险超过了我担心您女儿的危险就知道了。另外，也可以想想，我是何等地希望您比我长寿，就像我也希望您女儿比您长寿一样，因为事情本来就应该如此。当然，要非常小心，千万别走漏了风声，以免有人把我的话传到了您女儿那里，弄得好像我对您的爱真地超过了我对她的爱一样！我担心您女儿知道这个后会生气（就像一位严肃又守旧的夫人那样）。我还担心当我去向她告别，并亲吻她的手或脚时，她会很不情愿，不情愿伸出自己的手或脚。老天！我宁愿亲吻她那可爱的小手，她那丰满的小脚，也不愿亲吻您的脖颈，亲吻您的真诚、带着笑意的双唇。

弗朗托

马可致弗朗托

我亲爱的老师：

我希望你在摘葡萄时开心，也希望你的身体能够保持在最健康的状态。上天眷顾，我那位小女孩的情况好些了，知道这个消息后，我感到好一阵放松。再见，我最让人快乐的老师。

马可

弗朗托致马可

我亲爱的殿下：

您走后，我的膝盖就疼了，不过我肯定，情况还不至
于那么糟糕。我能跛着脚走路，也能坐马车。昨晚，膝盖 102
疼得很厉害，但如果躺着不动，我还是能忍受的，只要它
不再加重就行。

我听说王妃——您的妻子有恙。我祈求诸神照顾好她。再见，我最可爱的殿下。请代我问候夫人——您的母亲。

弗朗托

弗朗托致马可

我亲爱的殿下：

维克托利努斯刚刚告诉我，夫人的烧比昨天更厉害了。格瑞丝说，一切都会好起来的。我没有来看您，因为我也得重感冒了，躺着的。不过即使这样，我明天早上还是应该来宫里，来问候问候夫人，如果方便的话。

弗朗托

马可致弗朗托

亲爱的老师：

福斯蒂娜今天又发烧了……不过，感谢诸神，她本人让我更安心些了，因为她顺遂了我们的愿望，很顺遂。假如你能来的话，你就来吧，这事儿我有把握。另外，亲爱的老师，你现在能来，我感到高兴，你说过你会来的。

再见，我最令人愉快的老师。

马可

弗朗托致马可

我亲爱的殿下：

我正在自家花园的葡萄丛里。我很好，只不过我很难站立，因为左脚的脚趾感到疼痛。我每天早上都在诸神面前为福斯蒂娜祈祷。我知道，我这么做也是在为您的健康
103 祈福。再见，我非常可爱的殿下。请代我问候夫人。

弗朗托

马可致弗朗托

我亲爱的老师：

我听说你腹股沟处疼痛。当我想起你经常因为这个而遭受折磨时，我心里感到无比地焦虑。不过，当我看到事情有了下面这一转机时，我又欢欣鼓舞了：在你病痛的日子里，信使来报说只要采用敷治和药疗，你的病会痊愈的。

这边仍然是炎热的夏天，不过孩子们都挺好的。我们自己也感觉被十分宜人的温度抚慰着，就像在享受真正的春日。再见，我的好老师。

马可

弗朗托致马可

我亲爱的殿下：

新年快乐！我祈祷，只要您权威所向，一切希望都会成真，都会眷顾我们的陛下——您的父亲；都会眷顾您的母亲、您的妻子、您的小女孩儿，以及其他所有值得您爱的人。我现在已经离群索居了，因为我的身体很虚弱，担心被别人推推攘攘。只要诸神愿意，我后天就来看您，看看您元音发得如何了。再见，我无比可爱的殿下。请代我问候夫人。

弗朗托

马可致弗朗托

亲爱的老师：

愿你新的一年开年大吉。愿诸神把你所有的好愿望都留给你，我们期待它们都能实现。愿你继续为自己的朋友
104 祈祷，为每一个人祈福。我知道，你为我祈祷，都是发自你的内心。当你想到要避免公众喧闹时，你心里不仅有你自己，还考虑到了我的焦虑。祈求诸神，后天就不会这么吵闹了。你的格瑞丝做了她该做的，不过我不知道她是否考虑了自己的女士身份。再见，我非常可爱的老师。我的母亲向你问好。

马可

弗朗托致马可

我亲爱的殿下：

在您在为我祈祷之前，请先确保您自己身体健康。我健康，有力气，快乐，而且欣欣向上。您也身心健康，为人处世有口皆碑。您是您父母眼中的宝。在您妻子眼里，您是那么地纯粹而专注（*tam sanctus*）。在您兄弟眼里，您又是那么地优秀而善良。正因如此，我才在身体欠安的情况下，还希望自己能活下去。没有您，我什么都不需要了，这种不需要，胜过了其他任何一种不需要——不需要年龄，不需要劳动，不需要法律，也不需要名声。另外，说实在的，我甚至连悲伤和疾病也不需要了，真地不需要了，这种不需要，也胜过了其他任何一种不需要。

按照您的吩咐，我给了我女儿一个吻。她在我面前从

来没有这么可爱过，所以我想吻她。当然，我也从来没有这么甜蜜地吻过她。

再见，请代我亲吻我的小女主人。

弗朗托

马可致弗朗托

亲爱的老师：

愿你在给人贺生日之喜时，自己也身体健康。自此以后，你会身体强健，快乐幸福，一切愿望都会实现。我在做生日祈祷时也越来越虔心了，就好像我获得了前所未有的爱之力量一样，我感到我们所享受的快乐亲密时光都被延长。再见，我最令人愉快的老师。我母亲向你问好。也请代我问候格瑞丝。 105

马可

弗朗托致马可

我的殿下：

您将要给孩子们过生日了，以后会常年如此，会让每一件事都办得妥妥帖帖。大家都前来贺喜，这一切都会得到您父母亲的首肯，会得到大家的关心，也会得到朋友们的关爱。这些都会与您的运道、出生和所在地相配。为此，我会献上我的一生，不仅包括眼前这段仍有待我去经历的时光，还包括此前我已经历过的那段往昔。如果有可能，我会找回我所有的时光，并把它献给您和您的孩子

> 们，以求有益于你们的福祉，并求补偿我往日的亏欠。
>
> 要是我觉得一个人走路并不困难，我会很愿意在今天拥抱您。可是，我不得不当心我的双脚，因为我已经实在没办法走路了。至于要不要去做温泉疗养，我心里正在犹豫。如果有了明确的打算，我会告诉您的。再见，我最可爱的殿下。请带我问候您的福斯蒂娜，并向她表示祝贺。并请代我亲吻您的小女主人——用我一贯的方式，亲吻她们的脚底和双手。请代我问候夫人。
>
> 弗朗托

想要用心灵的眼睛来重建罗马的这一过去，并不是一件容易的事情。对于那些令人恐惧的尼禄式或图密善式罪恶，苏维托尼乌斯（Suetonius）是幸灾乐祸的。而身处马可·奥勒留与君士坦丁（Constantine）和提奥多西乌斯（Theodosius）之间时代的或名列《罗马皇帝传》的那些皇帝，他们的罪恶也轻不到哪里去。这前后两种人的罪恶，使我们对“邪恶”、“败坏”和“粗俗”有了大体的概念或意识。这种概念或意识就像一团厚厚的云，悬浮在了提比略大殿的上空。如果我们能成功拨开这团云，那么除了一些僵硬刻板的人物来回穿梭于真空中之外，再也不会有什么东西留存下来——不会有光，不会有影，
106 不会有颜色，不会有氛味，也不会有观看的视野。正是这种历史的真空，让马可和弗朗托之间的书信有了非一般的价值，同时也使得他们之间那些纯粹的消遣、家庭情感、牵挂生病小孩和体谅老人病痛之类的日常话题有了意义，使人们能够从它们当中获取这样或那样的启示。要知道，在其他历史时期，即

便有这样的信件，也不会有这样的价值。当然，除了能给我们提供一些难得的线索之外，这些话题还不能使我们意识到：马可这位更年轻的写信人是至高权力的当然继承者；他的妻子是当今皇上的女儿；他那些小宝贝的、长有酒窝状圆窝、摸着父亲胸膛的小手，总有一天会接受诸位臣服之王的亲吻。在他们的通信中，宫廷生活的阴影通常都不会留下多少痕迹，不会占去多少页面，因而很快就消失净尽了。这里不会有关于战争或军事野心的只言片语，不会有尔虞我诈、小集团、情妇或帝王至爱之类的事情。除了忠贞友谊，不会再有其他。对于这种友谊，马可这位储君和他的拥护者们都是热情歌颂的。从中，我们可以感受到马可作为一位年轻、被人爱且又爱人的写信人不只是一个私底下的绅士，他还住在帕拉丁山上，面对着和西塞罗一样的艰苦生活环境。不过，像他这样的安东尼家族成员都是一些极尊贵且具有皇家风仪的人，他们的教养可和那些伟大国王的教养相比。他们所身处的世界一刻也没有忘记他们，他们才是这个世界的主宰。而那些最杰出的文士，则都恭候在殿门之外，直等安东尼努斯·庇乌斯开心地走出宫门。而元老院的全体成员，也都乐意践行他的意志。那些驻扎在不列颠、德意志、拉埃提亚（Rhaetia）、诺里库姆（Noricum）、潘诺尼亚（Pannonia）、默西亚（Maesia）、达西亚、叙利亚、卡帕多西亚（Cappadocia）、埃及、非洲和西班牙的军团，也都遵照他的指令来回移动。至于帝王家族里的那些女士，则都得到了平等对待和尊重。“奥古斯塔”（Augusta）这一皇室头衔归皇后所有，也归马可的妻子所有。拥有这一头衔的人都和众人分隔开来，就像一位女神和众人分隔开来一样。这些“奥古斯塔”的肖像与诸位女神的形象一道，被刻在了钱币的表面上。当安东 107

尼努斯或福斯蒂娜去世之时，人们都相信那一曾经使凡胎肉身一度鲜活的神圣精神，此刻又回到了它的故地，与男女诸神共居。当我们阅读这两位绅士的通信时，我们应该记住这一切。如此，我们也就可以理解，蕴含在这些信函中的友好公平特质，为何与这位年轻储君的良好品位不那么匹配，反而与他品质中的那一最基本简单的特质——不遮不掩的英雄气质相合。

第八章　从修辞学到哲学

对于马可放弃修辞学的时间问题，我们如今已无法给出确切的答案。我们只知道，他是在此时期的某个时间放弃的。说他放弃修辞学，倒不如说是他对现实世界的更多体验促使他自己的兴趣与一种洛可可式的技艺分离开来，要知道，这种洛可可式的技艺既有缺憾又显得琐碎。想来，马可是在自己成年之初，在一种严肃的氛围当中逐渐意识到这一点的。可怜的弗朗托虽为此感到气馁，却也无能为力。马可把自己的这种改弦更张的做法归因于鲁斯提库斯。据他说，是鲁斯提库斯教他“把修辞学、诗歌和语言领域的锱铢必较的做法搁在了一边”(M. A. I，7)。他的这种转变可能从公元 146 年左右就开始了，因为在这一年或是在 147 年之初，马可写了一封信给弗朗托，信中显示，哲学已经在马可身上发挥了作用，并且排斥修辞学： 108

我亲爱的老师：

我正怀着愉悦而又不安的心情等着你到来。对于愉悦(谁知道那是为什么)和不安，我都会向你和盘托出的。虽然我很悠闲，可是我根本就没有留意你要我写的那些东西。我把时间都花在了阿里斯托(Aristo)的书上。这些书既让我满意又让我不适，因为正是它们使我有了前面这种双重感觉。它们把更好的东西教给了我，这是让我感到满意的地方。可是，说实话，当它们告诉我我的性情和那些更好的东西还相距甚远时，我——你的学生不禁羞愧连连，而当我意识到自己已经25岁了却还未曾浸心于任何一种精彩的教导和高贵的哲学时，我愤怒了。所以，我受到了惩罚，我既沮丧又愤怒，**我满腔怒火**，我已经丧失了
109 兴致和品位。我已经被这些沉重的想法奴役了，我的写作任务一天天推迟。不过，此时此刻，我会试着想一些事情的。就像一位雅典演说家向雅典人建议“让法律有时也睡睡觉”一样，我也会请求阿里斯托的那些书，让它们原谅我。我会让它们休息一会儿，我会把自己的全部精力都放到你那位剧作诗人身上去。当然，我得先读读西塞罗的一些短篇演说。

我应该只站在某一方的立场上说话的，因为阿里斯托绝不会睡得那么香沉，允许我就同一案例同时为两方说话。

再见，我的称职的好老师，夫人——我的母亲向你问好。

马可

阿里斯托是芝诺的学生，他坚持芝诺的那种更为严厉的自我否定学说。他拒斥逻辑，因为逻辑与我们不相关。他谴责物理学，因为物的本质超出了我们的理解力，即便能理解，我们也不应该这么做，因为我们的一切知识要么是更加正当的、明智的，要么是富有男性气质的，又或者是有利于我们实现自我

把控目标的。对于人类而言，伦理学是唯一合适的学问，它的
目标即在于转变人心。仅仅有诫命是没有用的，因为诫命只是
学校教师所带的行囊，它们所包含的只是关于“要做这个”、
“不要做那个”的徒劳重复之语。想要让守财奴知道该如何花
钱，或者教饕餮之徒不要吃什么，都是没有意义的。亟待转变
的，是人心。如果人心能得到净化，使之与虚幻、弄真成假的
做法相分离，那么一个人的行为就会变得正当起来。阿里斯托
过去常说，人生下来就是为了心存德性。正义是唯一的善，罪
错是唯一的恶，除此之外，所有东西都和人没什么关系。如果 110
我们不曾注意自己是否有恙，是否身患创痛，是否能免于饥寒
交迫，那么当我们被人问起这是一种什么样的生活时，就会有
人回答：“这种生活极好；在其中，你会做你认为正当的事情，
你绝对不会控制不住自己的脾性，你绝对不会知道‘欲望’这
种东西，你也绝对不会感到恐惧。”这些教导很有力量，它们
挑战了一个年轻人平素的注意力，犹如一记鸣锣，在他的耳畔
响起。这种转变成了马可的一场重要的精神体验。从他被收
养，到立为皇储，再到日后正式登基，转变就成了他整个过程
中的最重要的事情。不过，这件事情在刚开始时并不显得那么
严肃，因为弗朗托给自己这位皇储学生写了一封信，在信中，
他庆贺自己的学生能够死里逃生，并用嘲弄的语气跟学生提起
斯多葛主义。要是他事先能想到哲学真地会把马可从修辞学中
拉出来，估计他不会使用这种语气。

我的殿下：

真地感谢诸神，感谢他们保佑您安好。至于**您所采纳的格言**，我敢肯定，它们一点儿也没有搅扰到您。对我来

> 说，不管你们的哲学家怎么笑话我，我都能保持高度的清醒。再见，我可爱的殿下，愿诸神保佑您。请代我问候夫人——您的母亲。
>
> 弗朗托

不管马可的这种转变是逐渐发生的还是突如其来的，不管其转变是源于鲁斯提库斯的劝诫警示、阿里斯托的严格教义，还是源于爱比克泰德的更为温和的影响，总之在我们看来，它都是一场已经发生了的变化，而且不可避免。马可已经学习了很长时间，不过现在已经结束了。与此同时，他的严肃生活也就开始了。由于受到外部敌情和内部衰颓的双重威胁，他这位帝国继承人不再像一名私下里的公民那样行事，而是在空余时间里花费大量的心思去处理一些事情。在他眼里，他对这些事情的处理成了一项了不起的成就，同时也成了那些文士眼中的技艺结晶。这些文士把在演讲室获得人们的欢呼掌声或者为政府管理人士提供一些不那么重要的帮助当成自己的理想，而后
111 面这种境遇，在他们眼里已经是最好的情形了。这就是马可之所以放弃修辞学的原因。至于他更进一步的做法，即如他自己所说的“转向哲学”，或者如我们所说的“转向宗教”，则有着多方面的原因。在这些原因中，有的对他造成了个体层面的影响，而有的则影响到了他的公共事务。

马可身上有一种敏感精神，此外他还有一颗英雄之心，两者都有自己的要求。工作、对人友好和每天行善，这样的简单生活正是安东尼努斯·庇乌斯所想要的，然而马可却对此并不满足。诸如艺术和智识消遣这类东西，能满足哈德良的毕生所

需，却无法满足马可的内心世界。至于图拉真身上的那种勃勃野心和发动战争的做法，马可并不上心。马可的心弦高度紧绷，他把生活当成了一种责任，而没有当成快乐和幸福。他希望自己具备所有的能力，如此一来，他就能尽到自己的责任。而另一方面，他的敏感精神却倾向于怀疑和发掘那隐藏在日常友善背后的虚荣之心，倾向于去探寻一种人们所亟需的释然状态，而这种释然状态就是：世界可以被他理解。就这些方面而言，马可具备了一颗宗教虔诚之心。不论他是否知道“宗教虔诚”，总之他正在寻找一种宗教信仰。我认为，他实现了自己的目标，而且他的目标与培根爵士所说的那番话的意指已经相差无几了：“是的，稍微知道一点哲学的人，其心会倾向于无神论，然而在哲学领域深耕的人，其心会倾向于宗教；如果说人心在看到离散的‘第二因’（Second Causes）时不时会在其中休憩一番，从而停滞不前，那么当人心在看到由‘第二因’连接而成的‘第二因之链’（the Chaine of them）时，它一定想飞向那**天佑**和**神明**（*Providence* and *Deitie*）。”不过，马可远非伊壁鸠鲁式的无神论者。他的心即便不飞向那天佑和神明，至少也会追随诸神的脚步。那么，他该如何追随诸神的脚步呢？按照斯多葛哲学的最初教导，追随诸神的方式就在于过上一种合乎自然的生活。这就是他的起点所在。在《沉思录》112
中，他记下了自己对普鲁塔克之孙塞克斯图斯的谢意，因为正是后者让他知道了“自然”这一概念（M. A. I，9）。他还感谢诸神，感谢他们让他时常思考并能清楚地意识到所谓过上一种合乎自然的生活究竟意味着什么（M. A. I，17，§5）。不管怎么说，马可都不是一位原创的思想家，也不是一位具有形而上学思维的人。他在寻求一种宗教式生活观念的道路上摸索，并毫不犹豫地接受了斯多葛派信条。

那么，“过上一种合乎自然的生活”中的“自然”又是指什么呢？要知道，他的眼前有无数种变化和运动在发生，来来回回。而我们所说的生命，又是这些变化和运动中最富变化的东西，它始于微末，将事物之粒子拉向自身，组织它们，利用它们，接着从初生迈向成熟，而后又从成熟走向衰落，最终，它卸下重负，消失在了人们的眼前，只留下古老的躯壳以待崩离瓦解，被人们用到了其他地方。而那一虽机械却神圣的自然，就是由这些变化所构成的总体。自然就是宇宙，我们这里所说的自然，是自身活跃的、非人格化意义上的自然。当然，自然还是展现出了她那有似母亲般关怀的情感（而且这种情况在斯多葛哲学中会以悖论形式或成分频繁表现出来）。自然从不停歇，她总是打起精神，付诸行动，永远转换，并改变万物（M. A. VIII，6）。她的目的不在于不停地胡乱运动，而在于使宇宙保持恒常的清新与年轻（M. A. VII，25）。幸亏有了她，

那无法领会的高高在上的创作，
像头一天的事工那样熠熠生辉。

不管她针对每个具体的组成部分做了什么，她都是为了它们各自的完好考虑。每个部分的完好不是通过某个遥远时刻的某个终极目标来获得，而是通过自然的规定，在某个特定的时间获得（M. A. X，20；II，3）。而且，不管每个部分做了什么，它们都是在为整体的福祉贡献自己的力量（因为每个部分也在一直转换和变化）（M. A. II，3）。自然把老的转换成新的，
113 从不浪费，从不缺乏，从不留下废物杂碎（M. A. VIII，50）。

她有自己的捷径可走，直奔自己的目标（M. A. IV，51）。我们所说的衰败和死亡，其实是高贵的、正当其时的。它们是自然的变形，这种变形使宇宙永远处在力量的充盈状态（M. A. XII，23）。我们可以信任她，因为她已经替万物做好了一切安排（M. A. V，8，§2）。粗心的人可能看不到潜藏在她行动背后的美，然而掀开那层由习惯和粗心构成的、使人对熟悉之物视若无睹的面纱，我们便可发现，美就在自然的脚后跟随，它参与自然的创作，与自然形影不离。看看那正在烘焙的面包，从每一片外皮的纹理缝隙里，都释放出了它的魅力。看看那在成熟季节里绽裂的无花果，看看那狮子的蹙眉，看看那从野猪嘴里掉下的涎沫（M. A. Ill，2）。即便是荆棘和泥巴，也都会展示和八月这个季节的联系，展示自己的美（M. A. VI，36）。自然由无数的东西构成，但她仍是一个整体，仍是那个具有多样性的统一体。她的第一属性是法则、和谐与美。

虽然马可的笔记本里没有展示出他的推理过程和推理步骤，可我们还是能明显地看到，他通过把人的灵魂和宇宙的灵魂相类比，轻轻一跃，得出了自己的结论：自然也是合乎伦理的。他所说的伦理也许是这种意义上的：人是自然的一部分，所以人的德性也就是自然德性的一部分；如果“义”只能在人群中找到，而无法在自然的其他地方获得，那么很明显，就像人的大脑在诞生以前很长一段时期里都不清楚到底是何种基本材料构造了宇宙一样，“义”也具有类似的情形——它不生，不可见，但它却使存在并潜藏于自身当中的那些构成要素变得高贵起来；而它使这些要素变得高贵的方式，就在于它对那“终极存在”（ultimate existence）的承诺。根据他的想象，人 114
可以通过自己的心跳来感知自然。那么，除了心灵的高尚、自

“美”和“(正)义”，然而它还是无法完全转过弯来，把那一通过万物来运行的永恒力量人格化。

我认为，当马可使用“**神**”(“*god*”)或“**诸神**”(“*gods*”)这一语汇时，他所指的和他脑海中的特定概念都具有这样一种性质：它是在强调我们今天所说的宇宙之精神维度，而非指任
116 何一位特定的、独特的神祇。从更富情感的层面上来说，马可感觉自己和自然更为亲近，感觉自然也待他更为友善，所以，他用一口满含虔敬之心的母语，本着一颗感激之心，怀着一份带有半孝顺之意的责任感，表达了他的忠诚（M. A. III，9；III，6，§2），并认为我们有追随诸神（M. A. X，11）、效仿诸神（M. A. X，8，§2）、尊崇诸神（M. A. V，33；VI，30，§1）和与诸神共处（M. A. V，27）的义务。

在我看来，这似乎就是马可的宗教信仰所在。自然也不能高出这个层面，她仍然是宇宙中那一占据统治地位的理性；她按照自己的伦理规则，开启前行的征程；在前行过程中，她使所有部分都和谐相处；在她经过的地方，美丽四处绽放；她朝着“义”的方向前进。她就是责任或义务的体现：

群花欢笑，待君入花第，
芳香有径，见君踪便知；
君使群星免落恶土；
亘古之天，因君焕然、
稳固。

她还降低自己的身份，为那些犯错的人指明何为正确的行为方式。马可的态度和华兹华斯（Wordsworth）的态度没有

什么不同。如果人们一定要用“转变”一词来形容他的变化的话，那么他的转变和我们在基督徒身上发现的那种富于激情和情绪的骤变是很不一样的；这些基督徒突然之间就沉浸在了一种鲜活的意念之中，在这种意念中，他们感受到了上帝的存在。马可从未听说什么“**律法**”（*Tolle*，*lege*），也从未见过什么“神圣的联合”。但是，借助自己那种理性的罗马人思维方式，马可相信有那么一种深刻的德性之变，而这种德性之变在基督徒看来正是上帝的恩典所赐。他说：“要是你把‘善’、‘谦逊’、‘真’、‘明智’、‘顺从’和‘雅量’这些名称都用在自己身上，那么你就遵从它们吧；要记得，智慧来自对万物的认知领会，顺从意味着要自愿接受普遍自然的安排，而雅量则会使人的灵魂高升，它超过了对舒适肉身的追求、对名誉的爱、死亡和一切诸如此类的东西。如果你相信这些德性（而不 117
是为了赢得人们在这方面对你的赞誉），**那么你就会焕然一新，从此过上崭新的生活**”（M. A. X，8）。在马可试图用“满足人的需求”这一标准来解释生命和我所说的他的“转变”时，他是能够接受爱比克泰德的这一教导的：“有一种神秘的力量在发挥作用，它几乎超出了所有人的理解能力，只有某些人除外。”（*Esse arcanas causas ad quas paucorum potuit pervenire curiositas*，There are mysterious forces at work beyond the understanding of all but a few.）难道不就是这种年轻时的超（先）验论（transcendentalism）在亲人全都逝去的垂暮之年，把他引向了伊洛西斯的德墨忒尔圣域（Demeter at Eleusis）？

正如我所说的，马可正在寻求一种宗教，只不过他能接受的那种宗教并非唾手可得。古老的罗马宗教只是一系列仪式，除了挥之不去的爱国情感外，并没有留下什么神圣的东西。另外，罗马宗教还遭到了各式各样的迷信的破坏，比如拉努维乌姆的那些迷信行为就是一例。罗马外部的宗教也好不到哪里去。就像那些江湖术士一样，叙利亚的祭司们在乡村变换着**大母神**（*Magna Mater*）的花样，希望能用花言巧语哄骗农民们掏钱。而那些崇拜埃及诸神的人们，则流露着得意的神情，露出不合理性的神秘姿态。正如我们所理解的，此时期的基督教对马可来说还是一种未知的东西。他被迫在哲学中寻找宗教，因为正如他所认为且可能已经正确认识到的，一个人只有在不违背理性的情况下，才能找到精神的助力，从而帮他履行自己的责任或义务，并使自己的灵魂不受玷染。

第九章　怀疑论的影响

至少在年轻时代，马可是一个既柔弱又容易受他人影响的人。各种影响以这样或那样的方式推着他前行，不过在意志更为沉静坚定的人面前，它们是发挥不了作用的。能够被美吸引的人，其心灵都是敏感的。能够被英雄主义或壮丽的东西吸引的人，其心灵也是敏感的。不过，丑陋、卑劣或堕落这种东西就不同了，它会使敏感的心灵感到不快。从这方面来说，心灵或精神会按照自己的德性和优雅标准运行，不过针对这一切，精神也不必弱化自己，使自己失衡，或软化自己。正如斯多葛派所说的，具备这种品质的人，他所置身其中的紧张关系的程度就更高了。在我将之称作“他的转变”（译按：他即马可）的这段时期，马可还没有被德性和宗教这块磁石吸引过来。或者正如我所认为的，他只是想在德性和宗教信仰中寻求庇护。他希望自己被一堵护墙包围起来，以便抵御那些粗俗、放荡和卑劣的东西。他转向具有明显非人格化特质的自然，把自然当作他的守护神。他之所以这样做，是为了避免不纯洁的东方迷信影响自己，要知道，这种迷信已经在罗马肆虐横行。他对那种完全服从于自然意志的教义孜孜以求，他要利用这种教义去斥责那些怀疑论者和玩世不恭的人。他沿着“圣洁”这座大山向上攀登，为的是能呼吸到那种纯净的空气，要知道，这种空气远在那粗糙的水蒸气之上，在那高空之中。与纯净的空气不同，水蒸气所分布流溢的地方，正是人生的低洼之处。马可所认为的神圣的东西，会使那些怀疑论、嘲弄和讽刺行为等变得无比可恶。马可对讽刺作品欣赏不来，即使是好玩有趣、经过修饰但仍有些刺激人的妙语，以及让人捧腹却仍不失鄙夷之色的嘲笑，也是如此。就像我们所说的，他觉得人生多艰，所以人们很需要一种宗教信仰。不过，要是心中不怀敬意，那么宗教也是无法接近的。有那么一些特质，它们会使无忧无虑的人们感到特别快乐，对于这些特质，我们用形容词“**伏尔泰式的**”（*Voltairian*）来加以概括。或许，我们这么形容有失妥当。这些特质就像一股风，吹在了旅行之人的身上。但当它吹到马可身上时，他裹紧了自己那件“原则”大衣，裹得比以往更紧。在马可所处的世界里，嘲笑是很常见的。马可·奥勒留在宗教信仰上注入了很深的情感，但这却恰恰成了别人合起来嘲笑他的靶子，他把那些嘲笑他的人称作“嘲笑人类过着朝露生活的人”（“mockers of the ephemeral life of man”）。这些人包括：梅尼普斯（Menippus）、琉善（Lucian）和其他类似的人。马可自己秉持着一种一丝不苟甚至有些苦行色彩的心灵纯净之道（austere puritanism of mind），保持着一种高度的严肃性，并拒绝与玩世不恭的人站在一起（直到临死之际，他还严格要求自己，抑制自己身上那种已表现出来的东西）。在我看来，如果我们不注意前述这种具有对抗性质的“伏尔泰式”精神（Voltairian spirit）在发挥作用，在拆解着什么，在削弱着什么，在掏空着什么，那么我们就很难理解马可的心灵纯净之道，很难理解他的高度严肃性和拒绝与玩世不恭的人站在一起的态度。琉善虚伪奸诈，对真理无动于衷，对社会责任心不在焉，喜好诽谤。只要有可能，他就搬弄是非。他的确是站在了马可·奥勒留的对立面。就像东方式的存在对抗罗马式的存在一样，伊壁鸠鲁式的存在也对抗着斯多葛式的存在，耽溺于享乐的存在也对抗着清修式的存在。我认为，要是我们对他的某个讽刺喜剧做一梳理提炼，我们就会获得相关背景性认识，这种认识会让马可的那种完全超然的品质更加鲜活地显现出来。琉善不仅取笑了有关奥林匹亚诸神的古老宗教，还取笑了斯多葛主义本身，而对于这种古老的宗教，斯多葛主义的态度是温和的。

遭遇大不幸的宙斯

人们发现，宙斯已脸色苍白，呻吟着，极度焦虑着。赫尔墨斯（Hermes）和雅典娜（Athene）非常警醒，竭力安慰着他。但赫拉（Hera）却走近他，嘲笑说："达娜厄（Danae）来了，塞墨勒（Semele）来了，又或者欧罗巴（Europa）来了。当他陷入爱河时，就是这个样子。"宙斯让自己镇定下来，解释道：诸神的情况已到了最糟糕的境地；伊壁鸠鲁派人士达米斯（Damis）在和斯多葛派人士提莫克勒斯（Timocles）争论时，声称诸神并不存在；至于诸神照不照管、引不引导世间大事，就更不用提了。这两位哲学家会在第二天结束争论，而雅典人也一心等着看个究竟。如果达米斯获胜，那么就等于失去荣誉、供奉和公众的崇拜，而诸神也就只剩下空洞的名字了。毫无疑问，这对奥林匹斯山来说是一次严重的、全面的警示。全体神祇不论男女都被召集一处议事。为了让自己的发言配得上这种场合，宙斯借用了德摩斯梯尼的一篇演说的开篇，不过他没能驾驭这篇演说的英雄主义气概和风格，把自己的故事讲得很糟糕："就像你们所了解的，昨天，梅内西修斯船长（Mnesitheus the sea captain）因为自己的船安全返航而向诸神献祭，因为他的船差点就在卡佩勒夫斯（Caphereus）附近沉没了，同时历险的还有受他之邀前往比雷埃夫斯（Piraeus）赴宴的人们，这些人就在我们中间。在给诸神祭完酒后，你们就都离开了，有的这么走，有的那么走。不过，在天色尚早、夜幕未浓之时，我去克拉米库斯（Ceramicus）散步，脑海里思忖着梅内西修斯这个人的吝啬表现。你们知道，当着16位神祇的面，他只献上了一只公鸡，而且还是一只很耗粮食的老公鸡。另外，他献上了四个焚香饼，可是这些焚香饼都已霉迹斑斑，哪怕放到火上烧，也烧不了，也不会冒什么烟，即使有烟，你凑着鼻子闻，也闻不到它的气味。可是当他还在岩石上漂着的时候，他就许下了要为诸神献上百牛大祭的诺言。

"当我正在考虑这件事时，我来到了画廊（the Painted Porch）。在这里，我发现有一大群人聚集，有些人在里面，而更多的人在外面，有的坐在位子上，高声叫喊着。我想，这可能是一群逞口舌之能的哲学家（我这么认为是对的）在这里会聚，所以我就停下了脚步，想听听他们到底说了什么。一团厚厚的云罩住了我的身影，于是我的衣服样式变得和他们一样了。我放下自己的胡子，让人觉得我很像个哲学家，紧接着，我便巧妙伪装，用手肘开路，挤过了人群。我看到了那个伊壁鸠鲁派人士达米斯，他是个老流氓。与此同时，我也看到了那位斯多葛派人士提莫克勒斯，他是个心地很善良的人。他做什么事情，只求内心满意。至少，他在争论中发出了自己的声音，把声音都喊哑了，把身上的汗也喊出来了。他之所以这么做，是因为那个达米斯和他那副满带讽刺意味的笑脸让他瞬间就想发作。

“而且，他们的争论都和我们有关。那个达—达—达米安（d—d Damian）声称，我们没有为人们施展过什么神力（providence），也没有照管过人们什么事情。是的，他否认我们的存在，他说的就是这个意思。而且他们中间还有人为他鼓掌。不过，提莫克勒斯站在我们这一边。他奋起抗争，并为此动怒。他用各种方式维护我们的立场。他赞扬我们为此付出的精力，并指出我们该如何建立最合理的秩序，以及如何为一切做好安排。为此，他赢得了人们的掌声。不过，他感觉很疲累，开始胡言乱语。而大众的全部注意力也开始转移到达米斯身上。我充分意识到这其中有危险。于是，我命令黑夜迅速降临，以打破这群人的会聚。两位哲学家最终同意在第二天解决问题，于是便离开了。我跟在这群人后面。当他们回家时，我无意中听到有人赞扬达米斯，认为他那边的形势要比这边好得多。当然，其中也有人觉得不应该在时机尚不成熟的情况下就谴责对方，而应该首先观察观察，看看提莫克勒斯在接下来这一天会说些什么。噢，诸神！当你们认为我们是在靠众人获取一切崇拜和荣耀、获取我们所需要的东西时，我正要为此事来呼唤你们，呼唤你们到这里来，因为事情非常紧急。现在，如果他们认为我们众神并不存在，或者当我们自己相信它，而他们却觉得我们没有为人们施展任何神力时，我们就没法从这片土地上获取任何牺牲、祭品和供奉。而且，我们会成天无所事事地坐在天堂里，饥肠辘辘，凄凄惨惨，没有野兽、节日、游戏、牺牲、守夜者和游行者相伴。所以，我要说，面对这样的情势，我们大家都应该集思广益，自己救自己，为提莫克勒斯创造获胜的机会，让观众来决定，说他是正确的一方，同时让达米斯遭受众人的嘲笑，然后离开现场。之所以要这么做，是因为我对提莫克勒斯单凭自己一人获胜几乎没什么信心，除非我们能为他做点儿什么。”

诸神接受宙斯的邀请，就此事各自建言。住在大海深处的波塞冬（Poseidon）建议，要对达米斯施加雷电霹雳。对此，宙斯大声喊道：“噢，波塞冬！你在开玩笑吗？你是不是完全忘了我们已不具备这样的能力，忘了命运之轮在不断旋转，忘了是命运在规定谁会死于雷电霹雳，谁会死于刀光剑影，谁会死于感冒发热，谁会死于肺病？如果我拥有这样的能力，你觉得我会让那些亵渎神明的强盗在削走我的两绺鬈发，每绺重达6磅，而后在不遭受任何雷电霹雳的情况下，于几天前从奥林匹亚离开吗？又或者，你会让那个渔夫从吉拉斯都（Geraestus）的圣殿里偷走你的三叉神戟吗？还有，人们会以为我们生气了，原因是鞋子挤脚，而且会担心我们害怕达米斯说什么，从而不等提莫克勒斯在争论中取胜，就会把达米斯干掉。他们会认为这只不过是一场违约了的胜利。”

波塞冬：这是你的看法。依我之见，我觉得我似乎已想到取胜的捷径。

宙斯：胡扯！只有白痴才会像你这样想。

阿波罗继续发言：“这位提莫克勒斯很诚实，而且敬畏神灵。他对斯多葛派教导的了解非常精准，所以他向许多年轻人传授智慧，并因此而得到了许多补偿。当他私下里与自己的学生聊天时，他说话很有威力，能说服人，然而在众人面前，他的话里却少了一种沉着冷静的应对能力。在遣词造句方面，他也显得没受过训练一样，夹杂着粗糙的东西。结果，在公共集会上，他遭到了人们的大声嘲笑。他说起话来结结巴巴，前言不搭后语，一团混乱，尤其需要指出的是，不管在什么时候，他都要展示一下自己的修辞学，哪怕自己明明存在这方面的缺陷，他也要尝试一下。他极度敏感，锋芒毕露，熟悉斯多葛主义的人都这么说他。不过，当他在论述和阐释某个东西时，他却显得虚弱无力，从而削弱了他要表达的意思。他没有解释清楚任何东西。他提出假设，但他的假设和谜语没什么两样。当他回答问题时，他的表述甚至还不如原来那般清晰明了。听众都不知道他在讲什么，所以针对他的言语，听众只有笑声。在我看来，表述清晰是绝对有必要的，而比其他任何东西都更重要的，则是你要让听众明白你在说什么。”

阿波罗也赞赏表述必须清晰的建议。不过他的赞赏招来了其他各位神祇的挖苦嘲笑。而大家所嘲笑的，就是他在德尔菲（Delphi）及其他地方所说的话。这样一来，他关于提莫克勒斯和达米斯究竟谁会获胜的预言也就会面临一大挑战。阿波罗抗议：我手边没有三足鼎（tripod），也没有焚香或圣水。不过，因为有宙斯的鼓励，他还是接受了这一挑战。他脸色苍白，双目翻动，头发立起，突然间变得异常激动，嘴里说着胡言乱语。他结尾处那句话是这么说的（我此处引用哈蒙先生［Mr. Harmon］的译文）：

> 然而，当双爪锋利的秃鹰紧紧抓住蝗虫时，
> 带雨的乌鸦就要永远停止鸣叫了：
> 胜利属于驴子，而驴子则会为自己生下后代而高兴！

大力神赫丘力（Hercules）打断了大家对阿波罗神谕的批评，又回到了原初那个话题：“父亲，对我来说，虽然我只是

个自然化了的神，可我还是不应该犹豫，应该大胆说出自己对这个问题的想法。在两位哲学家见了面，开始讨论有关我们的事情后，为了能让提莫克勒斯最终获胜，我们会把讨论继续进行下去。如果事与愿违，那么只要你允许，我就会把那画廊震他一震，让它砸中达米斯的头。这样，那个叫”达—达“的家伙也就会收起他那很不虔诚的姿态了。”

宙斯：噢，赫丘力！大力神！你这个大老粗！你这个笨蛋（Boeotian）！你说什么？为了这么一个流氓，你竟要毁掉那么多的老实人，毁掉那个有着马拉松主题画、米太亚德（Miltiades）主题画和埃斯库罗斯（Aeschylus）兄弟主题画的画廊！你要做的，还不止这些。

当提莫克勒斯和达米斯开启争论时，这场议事会也就随即被打断了。宙斯命令时辰官（the Hours）打开天门。他向下望去："我的大力神，前来观战的人聚成了这么大一团！我对提莫克勒斯很不满意，他浑身上下都写满了焦虑，搞得一团糟。他会把今天的所有事情都搞砸的。明显看得出来，他无法力压达米斯。不过，我们还是得做我们力所能及的事情：让我们为他祈祷吧。"

诸神也都来观战。

提莫克勒斯：达米斯，你这个盗窃圣殿的人，为什么要说诸神并不存在，而且说他们并没有为人们施展过什么神力？

达米斯：不。你首先回答我，你为什么认为诸神存在。

提莫克勒斯：噢，不！你回答我，你这个流氓。

达米斯：噢，不！轮到你回答了。

宙斯：身处这种粗陋场所，我们这位提莫克勒斯的表现要好得多，而且声音也大得多。好样的，提莫克勒斯！把你那些骂人的话都统统倒出来吧！此时不展示你的威力，更待何时！要是你不这样做，他就会用钩子钩住你的嘴，把你整成一条大头鱼。

提莫克勒斯：雅典娜见证，此时此刻，我不会先来回答你。

达米斯：那好，提莫克勒斯，那就说说你的问题。你发过的那个誓，推着你不断朝前走。如果你愿意，还请收起你那套恶言谩骂。

提莫克勒斯：好极了。那你告诉我，你这个顽固分子，你难道不相信**神力**（Providence）吗？

达米斯：完全不信。

提莫克勒斯：你说什么？哪儿都没有**神力**的存在？

达米斯：是的。

提莫克勒斯：难道就没有哪位神祇照看这宇宙？

达米斯：没有。

提莫克勒斯：那么，万物的运行都没有目的？

达米斯：是的。

提莫克勒斯：各位！你们是否听说过这个邪恶之徒，你们会不会克制自己，不用石头把他砸死？

达米斯：你为什么要挑唆这些人来反对我，提莫克勒斯？你是谁，诸神都不生气，你为何要替他们生气？虽然诸神在这里听了很长一段时间，可是他们并没有伤害我，如果说他们能听到我说话的话。

提莫克勒斯：达米斯，他们在听，是的，他们的确在听，不过等时机成熟，他们会来报复你的。

达米斯：拜托，那他们什么时候有空来听我的发言呢？毕竟，就像你说的，他们有太多的事情要做，要照管这个宇宙中的万物。这就是为什么你在表现出无休止的偏见和其他东西时，诸神仍然没有惩罚你的原因。而我，则必须遵守我们的约定，不让自己说你的坏话。只是，在证明诸神具有神力这一点上，我觉得最好不过的证据就是，诸神把你这样的坏蛋给消灭了。但是大家都知道，诸神已经离开了自己的家门，或许正在前去看望无罪的埃塞尔比亚人（Ethiopians）的路上。不管怎样，和埃塞俄比亚人一同用餐是他们不变的习俗，有时候甚至不请自来。

提莫克勒斯：噢，达米斯，对于你这种无耻的非礼行为，我还能说什么呢？

达米斯：长期以来，我很想从你那儿听到的一点是：你是如何有了“诸神施展神力”这一信仰的？

接着，提莫克勒斯试着为自己的信仰辩护。他诉诸自然秩序、日月运行，四季更替、动物植物和人的理性。但是，这些都无法让达米斯满意。达米斯回答说：事物的反复出现并不能证明诸神具有**神力**。于是，提莫克勒斯诉诸荷马的权威。在这个过程中，达米斯选出一些段落，指出在这些段落中，宙斯自己也存在欺骗行为，众神之间也相互犯规，而阿尔忒弥斯（Artemis）则更是在别人未邀请她赴宴时，大发雷霆。等等等等。

宙斯：双子星座见证，众位神，你们看看那聚集的人群里有多大的呼声，众人是如何为达米斯鼓掌的！我们的人看起来都不知道要干什么了。不管怎样，他已经出汗了，浑身都发抖了。很明显，他会放弃这次战斗。他正在环顾四周，寻找出逃的机会，一旦找到，他会飞奔而去。

不过，提莫克勒斯还是坚持住了。他引用欧里庇德斯的东西，可是达米斯也能这样做，也能援引他的东西为自己服务。于是，这位斯多葛派人士便援引人们对诸神的普遍信念，援引对诸神的普遍崇拜。达米斯通过列举存在于不同地方的相互矛盾的信念，驳斥了提莫克勒斯的说法。这些相互矛盾的信念有：斯基泰人（the Scythians）崇拜弯刀（a scimitar）；埃塞俄比亚人崇拜白昼（day）；亚述人（the Assyrians）崇拜鸽子（a dove）；波斯人崇拜火；埃及人崇拜公牛（a bull）、鹮（灵鸟）（an ibis）、鳄鱼或者猫。提莫克勒斯又试着运用神谕和神坛，结果还是没有取胜。于是：

提莫克勒斯：告诉我，你这个流氓，你有过海上航行的经历吗？

达米斯：有过许多次。

提莫克勒斯：那好，我问你，是风带着你前进，还是划手带着你前进，毕竟，船长掌控着船只，使之安全，不是吗？

达米斯：是的，那当然。

提莫克勒斯：如果船只在没有船长掌舵的情况下无法航行，那么你能想象这个宇宙在没有引航人的情况下也能运转吗？

宙斯：好样的！提莫克勒斯运用了一个很有力量、很好的譬喻，他很聪明。

达米斯（迅速抓住对方的例证）：海船的船长有非常明确的计划，有命令，他能确保船上的一切都井然有序、安然无事。但是看看这个宇宙，其主桅帆甩打着船首斜桅，帆、舵相连，一半水手都是外行，头舱里坐着贱民（社会遗弃者）、盗贼和挥金如土的人，而那些善良、有德性的人却只能待在舵边。苏格拉底喝下了毒药，而萨丹纳帕勒斯（Sardanapalus）却纸醉金迷。试问：如果有船长在，事情会变成这个样子吗？

再一次受挫后，提莫克勒斯亮出了手中的王牌。

宙斯：他还能说些什么呢？

提莫克勒斯：现在，看看我的推理逻辑是否纯粹，看看你是否能破解它：**如果有神坛，那么就有诸神；的确有神坛，那么的确就有诸神。对此，你怎么说？**

达米斯：待我笑够了，我再来回答你。

但是，他无法忍住自己的笑，他笑了很久，都变成嘲笑了。最后，他大声说，提莫克勒斯的论证的确可以赢得这场论争。

提莫克勒斯：噢，你在**挖苦**我，是不是？你这个偷尸者！你这个肮脏的流氓！你应该遭受众人的唾弃，被人鞭笞，然后丢进污水坑里！我想我们知道你父亲是个什么样的人，你母亲是个——你勒死了你的兄弟，你放荡，等等。呃！不要逃走，让我来揍你。

这个被激怒了的斯多葛派人士拿起砖头追赶他的对手。

琉善的这种充满趣味的讽刺给人们带来莫大的快乐，这里的“人们”包括：那些无忧无虑的人；那些能够欣赏人类喜剧，能够和费加罗（Figaro）一起嘲笑人类愚行、罪恶、荒唐事和虚荣的人；以及那些视世界为原子的偶然结合，视生命为已破的泡沫的人。但是，对于那种竭力发挥人之为人和人之为罗马人的作用、倾力挽救一个即将颓败的世界、一心追随诸神的脚步，以及让自己的意志和宇宙意志想协和的人来说，这种与犬儒派人士墨古修（Mercutio）的逗弄做法无异的行为，犹如给生肉注入了一股酸味。至于说“琉善没有攻击德性，而只攻击了人的愚行，没有攻击宗教，而只攻击了人的迷信”这一借口，人们不能当真。而在那些有着宗教虔诚之心的人的眼里，这个案例的内涵依然没有改变，因为就像蒙田所说的，在支持他们的人身上，**还有着更多的固执和尖刻表现，但他们却又身在这样一支无比神圣的队伍里**。心灵虔敬的人们既不看，也不关心提莫克勒斯是否和马尔瓦里奥（Malvolio）或茹尔丹（M. Jourdain）一样夸张。他们关心的不是喜剧，而是崇高的、高贵的生命悲剧。他们为上帝而战，而那些嘲笑他们的人，由于没有站在他们一边，于是便起来反对他们。马可·奥勒留感觉到了这一点。当他听到人们的挖苦声时，他爬上了自己那座孤独高山，站在山巅，映衬着静谧的星空，崇奉着斯多葛派的神圣理想。这种理想既不是笑，也不是嘲笑。当然，如果有哪位读者接受那位诗人所说的“成熟就是一切”之说法，并且相信若能微笑面对工作，我们就一定能在成熟之中找到这种微笑所带来的礼物的位置，那么就请他记住：马可身上就有这种成熟；他死的时候，“**笑看人间**”（*ridens res humanas*）。

第十章　其他动机

129　我认为，有两种东西激起了马可强烈的厌恶情绪，这种情绪超出了他自己的意识。这两种东西是：来自东方的神秘而又带有感官色彩的迷信，和此处这种对宗教传统的嘲弄态度。在守旧的罗马人看来，这种宗教传统仍具有深层的情感意义。此外，其他那些带有排斥性效应的东西也起了作用。罗马人粗鲁的行事方式和残暴习性，比如他们在圆形露天竞技场（amphitheatre）上的恐怖、残忍行为，促使马可的内心转向了一种灵性生活。他用一种近乎修道式的精致追求抵挡粗俗的进攻，一次又一次地让自己倾听伦理德性的呼唤，就好像这种追求和声音具有自我净化的能力一样："你要保持简单、善良、不被腐蚀的、高尚的状态"（M. A. VI，30）。"一个人应该养成一种习惯，即当别人突然问他'此时此刻你在想什么？'时，他能立刻坦率地回答'这个，或这个'。他应该考虑的，就是这样一些东西。所以，从他的话里我们很快就能知道，在如下这种人的眼里，他是一个真诚、友善且行为正当的人：他们会周全考虑自己对他人的义务，但对享乐、感官欲望、攀比、妒忌、怀疑或任何羞于启齿的东西毫不关心"（M. A. III，4，§2）。他脑海里时常闪现的，是"不让自己'被这个世界玷染'"（M. A. II，13）。在他的位置上，道德险情频频发生。卡里古拉（Caligula）、尼禄和图密善等人的生平告诉我们，有些事情会一再发生。对于下面这种念想，他是非常反感的："没有演员，也没有妓女！"（"No mummer，nor harlot！"）（M. A. V，28）"你们想想［他草草记下］那些强盗的乐趣、那些淫荡的野兽、那些谋杀他人的人和那些僭主吧！"（M. A. VI，34）。 130
不管图拉真、哈德良、安东尼努斯·庇乌斯和他自己在生活方面看起来与这些恐怖的先人有多么不同，总之在他面前"帝王权力可以用来干什么"这一问题有时就像一个可恶的幽灵："你要当心，不要变成皇帝，远离那个大染缸，因为以前就发生过这样的事情"（M. A. VI，30）。的确，《沉思录》里已经开始出现一种思想倾向，不过这种思想的真正成型还需等到比这晚近得多的时候；这种思想不是马可青年时代的思想。虽然只是倾向，但它却为我们指明了一条道路，沿着这条道路，我们会发现他的思维将如何前行。与此同时，它还告诉我们为何他会放弃修辞学。

除开这些个人因素，还有一个重要原因。至于这个原因，他运用清醒时的大脑意识是几乎不可能察觉的。对于那几个写在提比略大殿墙上的文字——"弥尼，弥尼，提客勒，乌法珥新"[1]（*mene*，*mene*，*tekel*，*upharsin*），没有一个罗马人能够像先知一样去理解它们，去解释它们。不过，《沉思录》里表达了某种更加基本的东西，这种东西有别于一个人进行的自我交流；在进行这种交流时，他吃下了人生的面包，发现面包味苦，然后又喝下了人生的酒，发现它不过是一场虚荣。这些事情告诉我们，位于无意识深处的那种心灵记录，对于普遍骚动

1　此处中译出自中文和合本圣经《但以理书》第五章第 25 节。——译者注

人群当中，有一半人想留在原地，而另一半则想继续前行，走神圣大道，过壮丽的艾米利乌斯大会堂（Basilica Aemilia）前的长排白色柱子，然后再经过新建的、用来纪念神圣的福斯蒂娜（Diva Faustina）的神殿，过神圣贞女（the Vestals）辖区，或者从另一个方向向下穿过广场，经过圣所和雕像，最终抵达大讲坛（the Rostra）及其以外的地方。如果马可想去提比略大殿，那么他还会向西而行，离开位于尤里乌斯大会堂（Basilica Julia）南端和卡斯托尔神庙（the temple of Castor）之间的广场，顺着图斯库斯街（the Vicus Tuscus）一路前进，过奥古斯都神殿（the temple of Augustus），然后再走那么一点点，上斜坡路（Clivus Victoriae），登帕拉丁山，最后便到提比略大殿。

我所列举的这些建筑，全都富丽堂皇，有些更是宏大雄伟。不过对于陌生人来说，让人印象更为深刻的还在于那些新广场，它们位处罗马广场以北。这些新广场从艾米利乌斯大会堂里侧开始，依次向外排开，很是壮观：先是苇斯巴芗广场（the Forum of Vespasian），其上有和平神殿（temple of Peace）；其次是涅尔瓦（Nerva）广场，其上有密涅瓦神殿（temple of Minerva）；然后是奥古斯都广场，其上有复仇者马尔斯神殿（temple to Mars the Avenger）；再过去一点，穿过拱门，便可看到无与伦比的图拉真广场（Forum of Trajan）。这里有一片非常开阔的庭地，庭地的中央竖立着一尊青铜骑马雕像，而骑马人正是这位伟大的皇帝。在青铜雕像的四周，则环绕着透着庄严气息的石柱廊。在半环形的尽头，铺有白色大理石，另外还有成排的名人雕像和代表军事荣耀的镀金纪念物。在广场的里侧，建有乌尔比乌斯大会堂（Basilica Ulpia）；在它之外，是一座公共图书馆。该图书馆呈两翼状分布，在两翼的中间有一根大柱子，柱顶便是图拉真雕像，此外还绘有图拉真从达西亚获胜归来的事迹。再远一点，就是哈德良所建的、用来纪念其帝王父亲的殿宇。凡人的荣耀能达到如此程度，似乎已经登峰造极了。

马可用肉眼看不到什么东西，除了征服、权力和荣耀。不过即便如此，夺目的外观可能还是无法代表内在的东西。正在 135
消耗着这个帝国元气的，是政治、经济和社会方面的问题。罗马帝国身上的担子太重了。它已不再具有足够的能力去处理军事和民事问题，已无法维持那个由她一肩挑起来的世界的稳定。她对外征服的速度，已经超过了她能承受的限度。她来不及整合她所征服的每一片土地。不列颠、高卢、西班牙、莱茵河与多瑙河一带的各个行省，仍需帝国这个主人对它们伸出援助之手。希腊与希腊化东方对它们的征服者都是鄙视的，它们鄙视征服者的智识水平。整个埃及都是陌生的存在。犹太人也极其不友好。而自身所在的意大利也已经枯竭，过早地老去了。战利品和贡奉已经腐蚀了罗马民族的古老操守。税收和军役已经发生了很大的变化。情况越来越糟。富裕的更加富裕，贫穷的更加贫穷。小农场被并入了大地产，耕种的已让位于养羊的。奴隶制对公德和私德的影响都是消极的。如果说一个强大的军事国家可以从它的奴隶制中获益，从而完成该完成的苦力活，那么当这个国家已经由盛转衰、开始走下坡路的时候，奴隶制便会以各种方式来侵蚀它。它会把人们的诚实劳动当作品行不端，会鼓励人们无所事事、作奸犯科、要阴谋，使人与人之间失去信任，并催生各种比这还要卑鄙无耻的行为。在罗马，已经有奴隶在接受更好的教育了，相形之下他们更有能力；随着他们的频频解放，罗马社会中开始出现新的阶层。不过这个阶层在罗马宗教和爱国传统中是没有地位的，而且它也没有为此做出进一步努力的迹象，它对公共福祉漠不关心，但却很渴望得到财富，渴望提升社会地位，这些做法都削弱了罗马的国家力量。在罗马城内，那些地位更低的阶层的情形也在恶化。他们需要仰仗政府的谷物救济来解决吃的问题，需要观看角斗士的表演来满足自身的娱乐需要。整个帝国的内部都在
136 一天天腐朽，一天天变质。帝国的中心已被掏空。如果说在和平年代它还有可能多活几个世纪的话，那么在这一刻，这里已经没有和平。当初罗马在帕拉丁山上为了自身的存续和邻居们不断争斗，九个世纪下来终于取胜，把国家的疆域一再推进，在图拉真的征服行动中，更是迎来了罗马国力的巅峰。然而，自此往后，罗马便开始走下坡路。罗马的内部能量开始冷却，开始衰减，它即便开启战端，也不是为了获取统治权，而是为了防御，如此一来，她身上的那股古老的不畏艰难的气质也就褪去了。罗马的败落成了迟早的事情。

我认为，对于这一切，马可早有暗示，只是他的暗示比较隐秘。通过他的回忆录我们可以知道，他曾试图说服自己：眼前的变化合乎自然，因而是美好的。“宇宙的本质在于它乐于改变一切，并创造出新的可能类型，除此之外别无他爱”（M. A. IV，36）。“有人喜欢改变吗？在自然的眼里，什么东西感觉更亲切，或者距离更近？”（M. A. VII，18）。“相比之下，撕破一个小盒子并不比粘合一个小盒子更糟糕”（M. A. VII，23）。“在任何时候，自然都有可能改变你所看到的一切，是自然在统治着这个宇宙”（M. A. VII，25）。“一切都在变化之中”（M. A. IX，19）。事实上，我认为除此之外已经没有什么想法

可以让他这般坚守了。浮现在他脑海里的，一定是罗马，以及那个让他为之骄傲的罗马人身份。

不过，在马可成年之初，以下这些情感和意识可能都已经变成一抹阴影，掠过他的心灵上空了：比如我在前述章节提到的嫌恶、厌恶和反感情绪；以及这里的当罗马与罗马文明面临危险境况时，他心里升起的一种模糊的忧惧意识。当然，在登基之后，他的这种意识已经越来越成型、清晰和明确了。马可身上之所以会有这种情感和意识，与其说是他遇到了什么已知的危险，还不如说是他身体上的毛病季节性发作了，他的身体机能一再地衰减了。不过，不管我的解释是对是错，马可所经历的情感剧变是没有疑问的：他对自己沉湎于浮华享乐的状态感到厌恶（因为就他的情况来说，基督教的表述方式还没有过时），所以我把他这种情况称作“朝向精神的转变”，即由眼前的、一时的东西转向最真实的、恒常的东西。受这种新心境的 137
影响，他投身于哲学。他阅读爱比克泰德的作品。他接受一切通过了自身理性检验的东西，这些东西源自老师的教导，关乎人对上帝的信仰。他为自己塑造了一种宗教，当然，他这么做并不仅仅是为了自己，而是同时还考虑到许多无法接受超自然信条的人。当他不再尽心竭力、勇敢地去维护罗马帝国，不再去维护古老而又让他时刻保持新的记忆、为之感到自豪的罗马文明，以防它遭受一大群敌人的威胁，而是转身关注自己的那本小书《沉思录》时，我们可以毫不夸张地说，他的这种转变是这些年里最为重大的事情。当然，从表面上看，这些年来他一直在为自己登基称帝做准备。

安东尼努斯的统治持续了 22 年，而且从来没有给他在位时期和后继时期之间的那段岁月带来什么阴影。在这段时间里，帝国基本上一派祥和。在不列颠、莱茵河和多瑙河一带，曾有过一些动荡。在北非，摩尔人问题依然存在。在犹太人中间，叛乱曾有发生。在埃及，曾发生过暴动。不过整体而言，帝国境内都是和平的，各族群都享受到了法律和秩序的甘甜。在埃及发生暴动后，皇帝亲临事发地行省，并亲临叙利亚和小亚，一路上也许有马可陪同。除了这些，再加上自己的夏日假期，马可好像一直都住在罗马。他逐步训练自己，并学习一些对自己治国理政很有用的东西。公元161年初，治国理政的重任便落在了马可的肩上。就在此时，安东尼努斯在
138 洛里乌姆的自家乡村住所里去世了，享年74岁。安东尼努斯的身体状况其实早已开始恶化，糟糕的身体提醒他，他的时日已经不多了。他把国家和女儿都托付给了马可·奥勒留。他等着平日里一贯放在当朝君主寝宫内的那尊命运女神金像被人们移入马可的房间，并对着身边守卫人员发出了“内心宁静”（“*Aequanimitas*”）的口号。在自己精神已经错乱的时刻，他生平首次向世人表明，在他那副平静的外表之下，其实潜藏着一颗无比焦虑的心，因为他在说起国家大事时，言语已经零碎杂乱，在提起蛮族人首领骚扰罗马边境时，言语之间已疏泄着愤懑。但是，他最终还是安静下来了，温柔地进入了梦乡。

他赢得了身后之名，这种名声只有乔治·华盛顿的名声才可匹敌。当哈德良收养他做自己的儿子和继承人时，这位皇帝让他出席元老院，并说：“他高贵、温和、理性且睿智。”哈德良对他的看法已经被人们载入史册。不久之后，在充分了解了这位新皇帝的品质的情况下，元老院授予他“**庇乌斯**”称号（the title *Pius*）。这个称号是维吉尔（Virgil）用来指涉自己史诗中那位建立罗马城的英雄的，它意味着拥有它的人已经完成

了对上帝和人类的一切义务。一位四世纪的历史学家用“nulli acerbus cunctis benignus”一语来总结安东尼努斯的品质。用一句著名的话来翻译就是：“恶意不曾有，仁心人人见。”（with malice toward none，with charity for all.）不过，他自己最喜欢的也许还是迪奥·卡西乌斯的那句赞语，在苏格拉底用来形容一位正直且高尚的绅士的话里，我们见到了这一赞语：优雅又高贵（*καλὸς καὶ ἀγαθός*）。

第十一章　卢修斯·维鲁斯与帕提亚战争

139 安东尼努斯死后，马可和元老院极尽感佩、尊敬和悲伤之情。安东尼努斯的骨灰被安放在哈德良帝陵。用来纪念他妻子的那座靠着罗马广场的庙宇，如今也成了他们两人的纪念之所。而关于**神圣的安东尼努斯和神圣的福斯蒂娜**（*Divo Antonino et Divae Faustinae*）的传说，也都被人们用庄严的罗马字母刻在了门框之上，等待着人们去阅读。

马可·奥勒留如今已是皇帝了。他的身体虚弱，思维倾向于哲学和文学，但精神上却具有一种宗教虔信的特质。他的品位和脾性使他惯于过一种休闲愉快的生活，惯于享受读书之乐、友谊与家庭之乐、乡村之乐以及不被打扰的快乐。但是，不幸的遭遇却教他“拿起武器，转而对抗一大堆的麻烦”。他把自己的一生都耗在了履行那些不免辛劳的义务上。他勇敢，具有自我牺牲精神，而且取得了成功，也正因如此，他的哲学受到了那些坚强又自信的人们的欢迎，就好像因为他的宗教虔信特质，他的哲学也受到了那些意志消沉且内心空虚者的欢迎一样。在安东尼努斯当政期间，罗马平安无事。但到了马可当政的时候，上天的怒火好像已经不受控制了一般；洪水、饥荒、战争、反叛和鼠疫，统统都降临到了罗马人的头上。

新皇帝的第一个举措就是让被领养的兄弟卢修斯·维鲁斯

和自己一道管理帝国事务。他的做法招来了人们的批评，在 140
人们对他的诸种批评中，这成了主要的一项。如此一来，他就需要为自己的行为辩护了。有批评者说卢修斯·维鲁斯是一个浪荡子，让他和皇帝共同理政，真是愚蠢，甚至比愚蠢还要糟糕。让我们考察一下这其中的情境和我们的信息来源吧。哈德良待人并不刻薄，他选择较为年长的维鲁斯做自己的继承人。在维鲁斯死后，他又转而领养安东尼努斯·庇乌斯，条件是后者应该领养维鲁斯的儿子。安东尼努斯·庇乌斯这么做了，并在自己的家里把维鲁斯的儿子养大。尽管他任命年轻的卢修斯为财务官，而且还让他当了执政官，但真实的情况是，他从来没有让他积极参与帝国管理事务。另外，如果说在维鲁斯这里我们似乎可以不做过多考虑的话，那么另外一件事情我们就需要记得了：维鲁斯比自己的帝王父亲要小 45 岁，在被领养的时候，他才 7 岁，所以很自然地，安东尼努斯总会把他看成一个小孩子。再者，皇帝身边还有一个年龄比他大那么多的儿子，既聪明又忠诚，世所罕见。没有什么东西表明安东尼努斯希望贬损卢修斯·维鲁斯，要把他从王位上拉下来，或者一心想着要阻拦马可·奥勒留把卢修斯·维鲁斯当成自己的副手。就他对任命一事的鼓励态度来看，马可和维鲁斯共同理政的事情似乎早在这两个兄弟之间就定下了。如果说四人共同理政尚无先例的话，那么二人共治就是一种职衔而非实权上的创新了。苇斯巴芗（Vespasian）让自己的儿子提图斯成了管理帝国的副手；涅尔瓦的做法和他很像，让图拉真成了自己的副手。另外，卢修斯之所以成为共同理政的皇帝，除了现实情境的推动外，还有一个主导性因素。从本性上讲，马可是一介书生，追求“安静、智慧和良善”。虽然他在民事管理方面训练有素，

但对于战事还是缺乏经验的。要知道，这种经验是每个年轻的
141 罗马贵族都缺少的。他需要一位搭档，这位搭档要有更好的军事资质。当他决定把帝国的尊严寄托在卢修斯·维鲁斯身上时，毫无疑问，他需要意识到这一点。检验他这一决定的时刻几乎很快就来到了。

帕提亚帝国在底格里斯河以东。在安东尼努斯执政时期，这个帝国一直在备战。安东尼努斯一死，他们就相信，坐在罗马皇位上的那个人是一个面色苍白的学者，既然这样，那么成功入侵罗马帝国的机会就来了。他们跨过底格里斯河，进入了一片尚有争议的土地，这片土地位于底格里斯河和幼发拉底河之间。此时，这片土地还依旧处于罗马帝国的影响之下。就在这片区域里，他们袭击并挫败了一支被匆忙派驻此地的罗马军队。他们不仅蹂躏了美索不达米亚，还侵入了罗马的叙利亚行省，给这个地方带来了莫大的恐慌，致使罗马行省总督逃离此地。

毫无疑问，皇帝马可在咨询了自己最有经验的顾问之后，按照往常的做法，决定采取行动。他本人需要待在罗马，因为这个地方离不开他。另外，除了新近地区不寻常的突发事件外，台伯河河水的泛滥也会引发巨大的损失，而洪水过后，还会带来饥荒问题。卢修斯·维鲁斯应该去安条克的，去那里担任东方部队的首领，负责供应事宜，并做好一切必要的准备，以便能够应付这场战争所带来的严重破坏。而经验丰富的众将如奥维狄乌斯·卡西乌斯（Avidius Cassius）、斯塔提乌斯·普利斯库斯（Statius Priscus）和马尔提乌斯·维鲁斯（Martius Verus）则应该带领军团开赴战场。所以，卢修斯从罗马出发，远征卡诺萨（Canosa）。在这里，他病倒了。很快，他又可以

继续出征了，不过行进缓慢，其中缘由很可能在于他近来所犯的病。他取道雅典，而在这里他又成了赫罗德斯·阿提库斯的座上客。最后，他抵达了安条克（163 年）。正是在这一点上，为他作传的那些造谣诽谤者开始攻击他了。关于他的孩提时代，这些人除了说他总是贪图享乐、满脑子野兽思维和醉心于游戏和快活外，就再也没有说别的了。他喜欢狩猎、摔角和一 142
切田径运动。他长成了一位英姿青年，仪态非凡。他很喜欢自己的家庭教师，当然这些教师也很喜欢他。他和弗朗托之间的关系似乎和马可与弗朗托之间的关系一样，都很密切，都很有感情。当弗朗托老去、变得虚弱时，卢修斯会帮他护理双脚，伸手搀扶着他，搀扶的时候，都快要把他整个人都托起来了。只要不引起群臣的嫉妒之心，他在私下里和弗朗托打招呼时都会献上一个吻。总之，卢修斯·维鲁斯和他父亲一样，都是非常有魅力的人。与此同时（尽管我不能说出是什么使我对他有了这么一种印象），他还很有**高贵绅士**（*grand seigneur*）的样子。毫无疑问，他有着南方人的脾性，而且喜欢自娱自乐。他经常参加游戏和演出。不过（他的作传者们报道说）安东尼努斯喜欢“他那种坦率简单的性格和生活上的纯洁状态。”所以，当（那些指控者说）他是来了安条克之后才开始变得放荡时，人们就把全部责难都归到了马可·奥勒留身上，认为他没有眼光，没有看清卢修斯的为人。

没有必要把那些造谣中伤者加在他身上的所有粗鲁和好色表现都说一遍。仅知道一点就足够了：在肆意挥霍和爱慕虚荣这一点上，他们将卢修斯和尼禄相提并论，并且声称他玷污了自己的岳母和姨妹，而且阴谋策划要谋杀马可；他们自己还往里边加了一个故事（事实上，他们自己都不相信这个故事），那就是，不是卢修斯谋杀了马可，而是马可谋杀了卢修斯，谋杀的手法就是让他吃下那半只鸡然后中毒身亡。这个关于潜在谋杀者和放毒杀人的故事已经外传了50年，但是关于卢修斯玷污他人的指控却从4世纪的编年史家手里就已经开始了。正如我所说的，这些编年史家通过编订自己的传记作品，把早些
143 时代的记录搞混了。至于他们要在哪里揭发丑闻，谁也不知道。卢修斯·维鲁斯对安条克的时尚社会总是抱着一种伦理上的宽松态度。

在那样一个时代里，安条克名气很大，就像巴黎在我们这个时代名气很大一样。它是一个让人快乐的大都市。在这里，娱乐和狂欢都披上了最华丽的外衣。当然，它的名气在很大程度上要归功于它的一个郊区，这个郊区就在城外几英里处。在这个郊区里，矗立着一座庙宇，人们把它当作神殿献给了阿波罗。我在这里引用吉本（Gibbon）的一句话："在离安条克5英里外的地方，叙利亚的马其顿诸王向阿波罗献祭，他们用的是整个异教世界里最好的献祭地点之一。为了纪念这位光明之神，人们建了一座宏伟的神殿；这位神的伟岸身材几乎充满了这座敞亮的殿堂，殿堂用金子和宝石装饰而成，凝聚了古希腊艺术家们的手艺。这位神呈弯腰姿势，手持金杯，向下倒出祭神之酒，祭酒落地，就好像他在恳求令人尊敬的母亲，把高冷而美丽的达佛涅女神（Daphne）送到他怀里一样。由于有传说从中取材的缘故，这个地方变得高贵起来。而叙利亚诗人们的传奇也把这个关于爱的故事从珀纽斯河岸（the banks of the Peneus）带到了奥龙特斯河岸（those of the Orontes）……这是一个让朝圣者和观光者不断涉足的地方，在不知不觉间，它就变成现在这个样子了，它就在毗邻神殿的地方，就在这个庄

穆且人口密集的达佛涅村庄（village of Daphne）里。这里的壮丽辉煌可以和一座行省城市的壮丽辉煌相比，只是它不具备这个名头。这里的神殿和村子都掩映在一片月桂树和柏树混合林中，绵延 10 英里，在最为闷热的夏季制造了一片林荫，给人们带去阵阵荫凉，连烈日也无法穿透。千道溪水自每座山流出，水清之至，无出其右者。清澈的水流滋养了大地，孕育出一派青翠，维持着空气的温度。它让人感觉到其中有一股温馨，有谐和之音，亦有芬芳之味。这片宁静又祥和的林子构成了一道祭品，被人们献给了健康和快乐、奢华与爱情。活力四射的青年们像阿波罗一样追求着自己心仪的对象；借助达佛涅的命运，人们告诫那些脸红羞涩的少女，要避免自己那不合时宜的羞涩，否则会因为自己的愚蠢而吃下苦果。士兵与哲学家 144
们都很明智，他们懂得如何避开这种感官天堂的诱惑。在这样一个感官天堂里，按照宗教的说法，享乐会不知不觉地侵蚀坚强的德性。”

这些诱惑已经对那些安置好了的罗马军营产生了灾难性的影响。他们一定会对年轻的卢修斯·维鲁斯唱起塞壬的歌。一直到 30 岁，他都生活在简单、有德性当然也有些单调乏味的帝王之家。皇帝每天都会来到，而他那位一丝不苟的兄弟也会照顾他，既深情又聪明。如今，他发现自己突然之间就成了这个世界的半个主人，受人追捧，被人簇拥和遵从，已经没有了原来那种家庭责任或义务。他此刻已经生活在了全帝国最荒淫、最令人快活的城市里。如此一来，他也就有很好的理由去纵情声色了。按照皇室贵胄的标准，他这样做虽有悖于行为规范，却也算程度尚轻。事实上，在这一时期，他的此番行为不会引起人们哪怕最轻微的批评。他的行为似乎不外乎此：在

现了虔爱，在马可那里体现了智慧，而在维鲁斯那里则体现了良善。”皇帝尤里安（Emperor Julian，公元361—363年）在某次偶然提及马可与维鲁斯时，把他们二人归到了一起，认为他们都是那种不受人们谴责或嘲讽的人。这就是我要讲的内容。它们之所以重要，主要是因为它们展现了这个时期罗马社
148 会的特征，而马可就生活在这样一种社会里。

当卢修斯·维鲁斯到达安条克时，他发现军队已经完全腐化了。士兵们公然藐视纪律，无视训练。他们玩骰子、喝酒，而更多情况下则是在达佛涅村庄而非军营里度日。根据在罗马时做出的决定，维鲁斯要担负起招募士兵、汇集军队库藏、关注军需部门（the commissariat）等任务。此外，他还需要把直接指挥驻叙利亚军队的大权交给奥维狄乌斯·卡西乌斯。不过，他并没有在这里歇息，或者说他感觉自己此刻已经卸下了所有责任。如果要写一部有关这场战役的历史，那么弗朗托要占上一章的篇幅。他这样描述维鲁斯的做法（如果贬损维鲁斯的人说的是事实或者说了任何接近事实的东西，那么他就绝对没脸说出自己事实上已经说过的话）：“通过树立一个吃苦耐劳的榜样，卢修斯制止了一场大瘟疫，这场瘟疫就来自士兵的军纪问题。他带兵行军，更多情况下则是徒步，没有骑马。无论天气酷热难耐还是温和怡人，他都同样轻松面对。他能忍受满地的烟尘，能忍受大汗淋漓的军训。他把训练当成了运动。晴天，他头顶烈日；雨天，他头戴雨水；雹天，他头披冰雹；而雪天，他则头盖白雪。他手无寸铁，却敢于直面敌人的投掷武器。他视察军队时格外细心，曾常去慰问带病的士兵。夜里，只有等处理完自己的事情，他才去洗澡。他的饮食毫无特别之处。在营帐里，他和士兵们打成一片。他喝当地的酒

或水。他喜欢工作胜过了喜欢休闲。的确，他把娱乐当成了劳动。在军务之外，他把自己的自由时间都花在了处理民事上。在一个又一个非常难得的夜晚，他却用树枝和树叶编制睡榻（此外还编制桌子）。有时候，他就直接睡在地上。因为经历了高强度的工作，他很容易入睡。他不需要刻意去寻找宁静。他对严重失职行为的惩罚是很严厉的。不过对于一些纪律方面的琐碎小事，他则睁一只眼闭一只眼。他给人们提供改过自新的机会，因为有很多人在知道别人已发现但只是没有留意自己的厚颜无耻和顽固不化行径后，都改正了错误……” 149

在这段话里，弗朗托并没有说明维鲁斯行动积极，担任着叙利亚军队的指挥官。他只是提到维鲁斯为士兵们树立了一个榜样，令人肃然起敬，还检阅了部队，就像一位当值的指挥官所应做的那样。他还提到维鲁斯在惩罚他人时，使用的方法既英明又审慎。可以确定的是，奥维狄乌斯·卡西乌斯将要担负起尽快整肃这支混乱军队，将之改造成一支有纪律、听命令的军队的任务。或者可以确定的是，正是马可·奥勒留在自己的战时议事会的建议下，通过自己的选择，让卡西乌斯直接掌管这支军队。信函的内容可以证明这一点。

马可致军需长官

罗马（？），公元 163 年（？）

我亲爱的长官：

我把叙利亚军队交给奥维狄乌斯·卡西乌斯了，不过此时这支军队自我放纵，带头过着放荡生活，要知道，只有达佛涅才过这种生活。凯索尼乌斯·维克提利亚努斯（Caesonius Vectilianus）在文中写道，他发现所有的士兵都洗热水澡。我想我没有弄错，特别是当你记得卡西乌斯是个严格按照卡西乌斯传统来要求自己的人时，我想我就更没有弄错了。要想让士兵们服从命令，除了过去的那套纪律外，别无他法。你知道，那句人人都喜欢引用的精彩诗句是这么说的：

> 罗马帝国的根基在于
> 那古老的习俗，和那拥有古老性情的人们。

请备足军需。要是我了解奥维狄乌斯的话，军需方面也就不会有浪费了。

皇帝马可

150 **军需长官致皇帝马可**

我的陛下：

您让卡西乌斯指挥叙利亚军队，英明得当。对于那些希腊化了的士兵（Grecianized soldiers）来说，没有什么比接受一位严格将官的指挥更好的事情了。他会关闭热水浴，会把环绕在人们头上、脖子上和胸前的花摘掉。

军队的粮食供应已经就绪。在一位优秀将官的指挥下，什么都不缺。需要的东西不多了，也不用再花费什么。

军需长官

奥维狄乌斯·卡西乌斯是从传统学校里出来的罗马士兵，他为自己继承卡西乌斯的血脉而感到自豪。这位卡西乌斯就是那位著名的、谋杀了尤里乌斯·恺撒的卡西乌斯。此外，他还为自己接续上代人的立场、与僭主们势不两立的做法感到自豪。他把不畏艰险的盖尤斯·马里乌斯（Caius Marius）当作自己的楷模，要知道正是后者征服了辛布里人（Cimbri）和条顿人（Teutones）。他个性强，而且好像还有些自我矛盾。他有时凶狠粗鲁，有时则温和谦恭。通常情况下，他都是很虔诚的。不过现在，他一再地嘲笑起宗教来。他有时豪饮，有时则完全克制。他喜欢用餐，但有时候也会不吃晚饭就上床睡觉，毫无怨言。他有时沉溺于女色，而有时又洁身自好。不过从某种意义上讲，他还是一贯坚持自己的做法；他严于律己，通过非常严厉的惩罚措施来确保别人服从他的命令。他对待手下那些不服从的士兵很残酷，但即便如此，他还是很受士兵们的欢迎。只要担负指挥大任，他就会颁行军规，以适应战争状态。他禁止士兵涉足安条克和达佛涅的娱乐场所，禁止人们过奢侈的生活，禁止士兵在离开营帐后无所事事地游荡。他让士兵经常操练。不久之后，他的军队就可以开赴战场。他麾下的将军好像和他一样，都很有效率。斯塔提乌斯·普利斯库斯首战告捷。他在北方指挥作战，带领军队侵入了亚美尼亚，攻占了这个国家的都城（公元163年）。

卡西乌斯继续前进，把边界拓展到了南边，穿越了美索不 151
达米亚一带。相比以往，他的行进难度要大得多。但他还是取得了几次胜利，攻下了包括泰西封（Ctesiphon）在内的几座城市。也正是从这里开始，他不断前行，足迹远至米底亚王国的巴比伦（Babylon in the kingdom of Medea）。帕提亚人（The Parthians）投降了（公元165年）。如果说这些战役打得不算漂亮的话，那么它们也还是配得上“罗马人”这个名头的。皇帝维鲁斯担任总指挥官，赢得了极高的荣誉，他回到罗马，庆祝自己得胜归来（公元166年）。奥维狄乌斯·卡西乌斯好像并没有觉得别人剥夺了原本属于他的荣耀。至少，当他后来举兵反叛并表达自己对现任政府的不满时，他并没有抱怨说自己遭受了这类不公平待遇。皇帝为了奖赏他，让他担任罗马帝国各亚洲行省的指挥官。在多次取得这样的胜利后，一种马可式的颇具特色的做法出现了。元老院给两位皇帝授予特殊荣誉，可是马可拒绝接受自己的那一部分，原因是一切荣誉都应该归维鲁斯。经维鲁斯一再恳求，他才勉强接受这一荣誉。最后，两人一起分享胜利的果实。不过，在维鲁斯死后，马可又一次放弃了自己的胜利者名头，把它留给了维鲁斯，为的是使人们在想起维鲁斯时，能够感受到一种光辉和魅力。

第十二章 皇帝马可在罗马

帕提亚战争的结局很好，然而紧随这一良好结局而来的，152
却是一场更大的罪恶。在叙述这些事情之前，我要再一次引用马可·奥勒留和他的老朋友弗朗托之间的通信。如果用“疏远”(estrangement)一词来形容不算过分的话，那么他们之间在经过短暂的“疏远”之后，似乎又重归于好了。之所以和好，原因就在于弗朗托教导马可学习哲学。另外，他们二人好像也都回心转意了：彼此都回到了那个老话题——修辞学上，所不同的是，弗朗托热情满满，而皇帝马可则只是同情心使然。此时期是皇帝马可一生当中最后一段快乐时光了，因为伴随着瘟疫的到来和反条顿人战争的爆发，时代的夜幕已然降临并笼罩在了他的身上。

皇帝马可致弗朗托

拉努维乌姆（?），公元161年

我亲爱的老师：

……我读了一些克伊利乌斯(Coelius)的作品，也读了一篇西塞罗的演说词。不过，我是偷偷地读的，而且毫无疑问也是匆匆忙忙读完的，读完这个读那个，一事紧接着另一事。唯一的休息机会就是在临场歇息的时候，拿起一本书来看。现在，我们的小女孩们正在和［她们的太姑婆］（［great-great-aunt］）玛提迪娅（Matidia）待在［敏图尔奈］（［Minturnae（？）］）市镇里。晚间，她们是不能常来看我的，因为这儿的空气太烈了。

再见，我尊敬的老师。

皇帝马可

153 ［附：］我的兄弟、女儿和她们的母亲都向你问好。把你认为的那些很雄辩的东西都寄给我读吧，你的、加图的、西塞罗的、撒路斯特的、格拉古（Gracchus）的或某位诗人的。**我需要休息**，尤其需要通过阅读某本书来汲取力量，好把我从**无比缠人的悲伤**中解脱出来。又或者，如果你手头有一些卢克莱修（Lucretius）或恩纽斯的东西，比如**悦耳的、蕴含着道理的**，还能**给人道德教诲**的东西。

弗朗托给皇帝马可寄去了一些自己发表过的演说词，以作为回复，至少是这一次的回复。演说词里有赞扬安东尼努斯·庇乌斯的颂歌，这则颂歌是几近20年前弗朗托在元老院发表的。皇帝马可在回信中说，他非常欣赏这些演说词。对此，弗朗托表示感谢，并说自己对马可喜欢这则颂歌一事并不感到意外，因为如果一位帕提亚人或伊比利亚人用他们自己的语言赞颂安东尼努斯·庇乌斯的话，那么他会认为他们是出色的演说家。“你钦佩的不是我的演讲，而是你父亲的德性；你赞扬的不是他的那些赞语，而是他那些被人赞扬的行为。对于同一天里我在元老院跟你说过的话，你需要知道的是：那时候，你的品性就已不同于常人；如今，它已成为一种最可贵的品质；那时候，作物才长出叶子，而现在，它已经完全成熟，被人们收进了谷仓；那时候，我生活在希望之中，而此刻，我的生活中有了实实在在的财富。希望已然实现。”

皇帝马可致弗朗托

拉努维乌姆（?），公元 161 年

亲爱的老师：

即便在乡村享受纯净的空气，我也还是感觉自己缺了点什么重要的东西——我应该知道你怎么样了。我以上天的名义乞求你，请你满足我这样一个要求。但是，我们把乡村时光都耗在了**国事**上；这种闹市生活，我们都已经习惯了。你能期待什么呢？我几乎连写这个笔记的时间都没有了，我的时间很紧。为了应付它，我晚上又花了一些时间。 154

再见，我非常可爱的老师。

皇帝马可

［附：］如果你正好有西塞罗的信件集，不管它完整也好不完整也好，哪怕一段一段的，都请你把它寄给我吧，或者告诉我应该读哪个，好把我的演说风格培养起来。

弗朗托致皇帝马可

罗马（？），公元161年（？）

我亲爱的陛下：

我全身都感到痛苦难受，尤其是脖子和腰，这已经是第五天了。我记得，只要西塞罗的信件中有关于演说、哲学或政治学的讨论，我都做了摘录；另外，只要是我觉得其中有表达得特别好的地方，或者包含了某个让人感到愉快的词汇，我都做了摘录。我已经给您寄送摘录了，这些摘录是我准备给自己用的。请您把这些都抄写一份吧（有两本是布鲁图斯的，有一本是阿克西乌斯［Axius］的），如果您觉得有必要这样做的话；另外，您把它们还给我吧，因为我已经没有其他副本了。不过，在我看来，西塞罗的所有信件都应该读一读，尽管这些信件在数量上比他的全部演说词都要多；没有什么东西比西塞罗的信件更完美的了。

弗朗托

在这些信件之间，以及在信中所呈现的他们自身的形象之间，都存在着很大的差异。不过，从现存的这部分信件来看，他们之间还是有感情的，就像他们过去所拥有的那种感情一样。除了如今的马可拥有一颗更加宽广的心灵，除了弗朗托依然像对待那个勤奋的小男孩一样对待这位日夜操劳的皇帝，依然为他感到骄傲，并对他充满父亲般的关怀外，一切都没有改
155 变。我们会不时注意到这位皇帝的生活情景，就像我们突然掠

过一堵高墙，从墙间的缝隙中窥探到里边的庭院一样。例如，我们可以以这种窥探的方式，看到他在乡村生活的场景。对于富裕的罗马人来说，在炎热的天气里去海边散散步，已经变成了一种时尚潮流。这些人常去的海边地点要么在奥勒留大道边的阿尔西乌姆，要么在森图姆塞拉（Centumcellae），要么在台伯河口的奥斯提亚，要么在拉维尼乌姆（Lavinium），要么在安提乌姆。拉维尼乌姆和安提乌姆这两个地方有些靠近南方了。在它们当中，最远的地点离罗马城也不过 30 到 40 英里。如果要走得更远一点的话，他们就会去敏图尔奈或希努尔萨（Sinuessa），这两个地方地处拉丁姆的最南边。这些地方的生活基本上都是娱乐消遣性质的，只不过有的简朴，有的奢华，一切都要看到访者的口味。有些人会去沐浴，或者沿海滩漫步，或者驾船，或者纯粹是四处闲逛，享受着天空与海洋的美妙和微风轻抚带来的清新，聆听着水手与渔夫的歌喉，领略着让人无比愉悦的潮声，以及欣赏着纤夫带动的船只和遗弃于沙滩的船的龙骨，等等。还有的人则会退隐到一个更加隐秘的地方，离开这些海滩，去看那长长的湿地草带，静听湿地里的片片蛙声，就像聆听一场轮番演奏、永恒不竭的合唱。在很多人眼里，用餐是大事。端上的菜肴当中，有牡蛎、贻贝和各色各样的鱼，有的鱼来自海里，有的鱼则取自鱼塘。随后端上来的便是水果、甜食和油酥糕点，以及颇具排场的酒类和满带奢靡之风的水晶酒杯。此外，就是那十分豪奢、嗜食成风的罗马人作派。在阿尔西乌姆，这一切会来得尤其真切，而且一连几代人都是如此，即使是在普劳图斯时代，这里也依然是一个“撩人的地方”。那些爱好享乐、生活于时尚界的人们，会来这里享受一番。而通常情况下，他们来这里则是为了“报复”一下。不过，人们仍然可以避开这些豪奢人群，只去享受那凉爽的微风，随身带本书，独自一人感受大自然的魅力。马可也许就是随身带了一本经典，这经典或是普劳图斯的、阿克齐乌斯（Accius）的、卢克莱修的，或者是恩纽斯的，此外当然还有西塞罗的。若马可在这个时间段来这里，那么他心里所想的，很可能就是享受这种静静的时光，以供闲暇和阅读，同时也供信步消遣。然而，一个手里掌管着世界、工作勤勤恳恳的人，
156 并不能自己支配自己的时间。

皇帝马可致弗朗托

洛里乌姆，公元 161 年（?）

亲爱的老师：

我不打算告诉你我们是如何在阿尔西乌姆度假的，因为我担心你会生气，会责备我。当我回到洛里乌姆时，我发现我的小女主人得了感冒。医生说［没事（?）］，你要是也没事，我就很开心了。

再见，我亲爱的老师。

皇帝马可

弗朗托给马可回信，信中充满了一位老保姆的挂念和焦虑语气，混杂着讽刺、责备和乞求。他问马可为什么要去阿尔西乌姆，要去海边，要在翠鸟筑巢的季节，去欢度一个宁静的假期？那些和刚学会飞的幼鸟待在一起的成年翠鸟，是否比

皇帝和他的孩子们更需要安静和休息？阿波罗的弓并不总是紧绷着的，琵琶的弦也并不总是拉伸着的。为了产出最好的花朵和蔬菜，花园也需要有人施肥。要想获得遍野金黄的大丰收，耕地也需要休耕一段时间。哪怕皇帝已明确宣布要摒弃一切闲暇、消遣和娱乐，他也还是要乞求皇帝，至少乞求他要注意区分白天黑夜，要有充足的睡眠。这里，我们看到了一位老人令人感动的一面：他用自己的修辞、爱心、蠢笨和良知，以及既高贵又贴近世间烟火的双重标准、工作热情和真心，在自己的垂暮之年，唤醒这个人，让他回想起很多关于波洛尼乌斯（Polonius）的事情。如果知道皇帝还是那个满怀感情和尊敬他人的学生，那么他这个做老师的心里还是很快乐的。

皇帝马可致弗朗托 157

洛里乌姆，公元 162 年 4 月 27 日（？）

亲爱的老师：

新年快乐！身体健康！大吉大利！为了你的生日（对我来说它还是一个节日），我向诸神祈祷。我期待我的祈祷能够灵验，因为我向友善的诸神举荐了一个他们必定认为当得起自己恩赐的人，而且会打心底里帮助这个人。在这样一个节日里，当你盘算着各种让你感到高兴快乐的事情时，请记得把那些非常爱你的人们也包括进去吧。首先，请记得你这位学生，然后，就是我的兄弟，因为他对那些爱你的人都满怀同情。神与你同在，我最好的老师。愿你一直身体健康，愿你的女儿、孙辈们和女婿安然无恙，而你，也因此而快乐如旧。我亲爱的［我们的］福斯蒂娜正在恢复体力，我们的小孩子安东尼努斯的咳嗽也减轻了。我们这个小巢里的每一个成员，都在为你祈祷，给你送上最好的祝福。再一次祝愿：神与你同在，我最讨人喜欢的老师。祝愿你长寿。

我请求你帮我个忙：不要在科恩尼非齐雅（Cornificia）生日这天去洛里乌姆，去给人添麻烦。还请你答应帮我这个忙。在罗马，你和我们会有那么几天见面时间的。不过，假如你爱我们的话，就请你过了生日之后，在晚间静静地休息一会儿吧；不要想着接下来要做什么。把这个也告诉你的朋友安东尼努斯吧，他一直都在打听你的情况。

皇帝马可

这是一个证据，证明其中带有情感。从这里开始，这位老人的修辞口才也开始展露了。他写了很长篇幅的、充满爱意的信；在信中，他表达了十分明确而恳切的赞扬之意，因而把写信的人和信中所称赞的对象都一并称赞了。这种赞扬有时候就像把佩利翁山再叠加到奥萨山上一样（piled like Pelion on
158 Ossa），层层累积，就连那些读信的人也都有了同情心。对他来说，使人想起马可的美妙青年时光是一件很快乐的事情，而就在这段时光岁月里，马可的罕见品性还处于种子状态、树叶状态和花朵状态，而这些都构成了它最终会发育成一个成熟果实的隐喻。或者，他再一次把马可的青年时光比作清晨的微曦，而这微曦注定是要发展成午时稳定的光芒的。他强调，自己和那个愚蠢的保姆是不同的，当然这位保姆是很爱马可这个小男孩的；当她出于自己的责任不得不把马可交给学校时，她又是使性子又是生气。但是，随着马可这个学生不断成长并取得成就时，他的爱意、赞赏和喜悦之情又都跟着增加了。他喜欢关注马可在子女面前的表现，关注他对安东尼努斯·庇乌斯的忠实态度，关注他如何做到不断调整自己，并让自己的习惯和父亲的需要相适应，关注他如何在生病的时候依然待在他身边，即使到了沐浴或用餐时间也不肯离去。当我接下来引用他的一封信时，所有这一切都会显得更好起来。

弗朗托致皇帝马可

罗马（？），公元 162 年 4 月 28 日（？）

我的陛下：

对于我这位老人，您的老师，正如您所称呼的，您祝他健康、新年快乐和好运，并送上其他所有好的祝福。您写道，在我生日这天，您为了我而向诸神祈祷。您还说，这对您来说是“一个节日”。噢，我心爱的安东尼努斯，那些送给我的所有好的祝福，都是你的兄弟和你带来的。我了解你们两个，我把我的命运都交到你们两个的手上了，所以，我从来没有觉得还有什么东西比你们两个更让我心疼。我以后也不会这么觉得，即便我从今以后还要活很多年，就像我曾经活过的那些年岁一样。所以，就让我们所有人一起祈祷吧，向诸神祈求一件事情：让您健康长寿和充满活力，如此，既是为了国家的福祉，也是为了您自己的家庭。我除了渴望从诸神、命运之神或您那里获得 159

恩惠，也即看到你们两个并能和你们两个交谈，以及可以尽我所能收到你的欢欣雀跃的来信外，我并没有其他任何好处可得了。所以，只要有可能，我都会选择把自己变回一个小孩子。

至于那种以追求其他东西为目标的生活，我已经过得够久的了。安东尼努斯，我注意到了你，你的皇帝当得很好，正是我所希望的那种。你所实现的正义，正是我相信你所能实现的那种。你受罗马人欢迎，受他们爱戴，这也正是我所希望的。你对我好，这同样是我所欲求的。而你雄辩滔滔，也正是你自己所想要的。只要你把精力重新放到演说上，那么即使你过去曾放弃过它，也没有什么问题。

我看着你一天天地变得雄辩起来。而与此同时我还是你的老师，对此，我心里感到高兴。虽然我喜欢你所有的优秀品质，而且因此而感到高兴，（我指的是你们两个）然而我还是得承认，让我个人感到特别快乐的东西，还是你的口才。我就像做父母的一样，在自己孩子的脸上看到有自己的东西在延续。此时此刻，我就在你的演说中感觉到了我平日里教导的痕迹——

母亲拉托娜（Latone）的内心因欢喜而颤抖。

我无法用自己的话来表达那种喜悦之情。安东尼努斯，你千万不要因为记得自己从来没有专心学习过演说术，就感觉痛苦或者迷惑。因为如果一个具有天赋的人从一开始就受到正确的演说术教导和训练，那么即便他旷课逃学一段时间或者干脆放弃，只要他决定重新开始并坚持下去，那么他还是会抵达旅途的终点的。或许，他的方法有那么一点不同，但即便如此，他还是会抵达终点……记住我的话，在我所了解的人中，我还从来没有见过像你们 160
这样有创造性思维的，像你们这样有成就的。过去，在与亲爱的朋友维克托利努斯（Victorinus）在一起的时候，我就经常向他努力证明这一点。我发誓，我是对的，而且当我告诉他，他没有任何希望达到你们所具有的智性之美时，我的话会让他非常苦恼的。而这时候，我的那位年老的、很愿意以自己的生命来换取您的一小片手指甲的罗马人鲁斯提库斯，也仍然很不愿你承认你的多才多艺，也仍然想着如何对它们只字不提。

安东尼努斯，你像所有那些具备良好思维的人一样，对有一件事情感到担心，即担心自己的思想会因语言的贫乏和美感的缺失而无法得到表达，因为当一个人的想法越宏大的时候，他所面临的用语言来表达此种思想的难度也就越大。一个人要做到不用糟糕的语言去表达高贵的思想，也即要做到使自己的语言既不马马虎虎、不加修饰，也不弄得半遮半裸示人，要做到这一点，的确很不容易。你还记得自己在元老院发表过的演讲吗？当时，你几乎就是个小男孩。在这篇演说中，你为了使自己的形象和自己的主题相符，用到了“外壳”这一明喻。你很困惑，担心自己用了一个和场景或听众身份不相配的隐喻。我给你写了第一封长信。在信中，（这是真的）我预见到，大胆掌握这种有风险的表达法，乃是一个人极具聪明才智的表现。对你来说，自己运用聪明才智且同时得到修辞学老师的帮助，是很有必要的。这样做，为的就是能让你的思想

皇帝马可致弗朗托

我亲爱的老师：

当你看到我的那些小男孩时，我也看到了。当我读着你的来信时，我也看到了你。我恳求你继续关爱我，就像你实际爱护我那样，继续像爱我的孩子们那样爱我，继续像曾经爱我那样，爱我。从你的信中，我感受到了莫大的快乐，这促使我用这种方式写下了眼前这封信。对于你的写作风格之美，我该说些什么呢？除非，你说拉丁语，可是其他人既不说希腊语也不说拉丁语。我恳求你常给我皇兄写信，要知道，他很想让我从你这里得到此种眷顾。他的愿望很强烈，让我感觉自己都被别人一再地要求着，感到眼前的事情很紧迫。

再见，我最讨人喜欢的老师。代我问候你的孙子。

皇帝马可

在阅读马可的信件、沉思录或者朋友和邻里对他的评价时，我们对他这样一个历史人物的大体印象就已经存在于脑海里了，这种印象的形成和我们对某个同时代人的印象的建立，情形大体都是非常相似的。我们从细微处，从他的某种行为、某次发言和某个想法中很真切地感觉到，我们可能无法向另一个人解释或证明他的品质到底如何。这种感觉给我们留下了深刻的印象。蕴含在他的言行、思想、思想传达方式或思想对最初关注对象的影响中的东西，似乎可为我们了解他到底是
163 一个什么样的人提供关键信息。所以，马可·奥勒留的这些信

件，连同它们所能传达的和没有传达的信息，都给我们留下了这样一种印象：他的品质与众不同。在这里，我们看到的是一位完完全全的、很高贵的绅士。不过，正如我所说的，我们对马可·奥勒留的这种印象终归只是根据蛛丝马迹得来的结果，或者可能只是从诸多（甚至一点点）杂乱无章的信息碎片中得出的一个结论而已，这种结果或结论即使再深刻，深刻到可以就此下判断的程度，也还是无法改变这一事实。马可·奥勒留对人们总是一片仁慈、友好，充满了同情心。他从来没有在人前表现出自己是权力的主宰者，也就是说，他从来没有让人觉得，他想做什么就能做什么。当然，要是他觉得这样做似乎对别人有利，那他还是会这样做的。他小心翼翼地保持自己和他人一律平等的姿态，做到**平等相待**（*par inter pares*）。此外，他还表现出了年轻人对年长者应有的尊重。他开展自我批评，对他人不吝赞美，少有责备。他惯于低调行事，很希望他人感觉轻松。他心怀**信仰与虔诚**（*fides et religio*），受人尊敬，对神尽职。他处理起家庭关系来非常谨慎。正如弗朗托所说的，他在妻子的眼里是一个圣洁的人。他对每个人都彬彬有礼，正是这种普遍的彬彬有礼，让我们看到了他那颗纯净而无咎的心，让他的臣民都感觉他很亲民，也让他的名字成了那王座上的德性的代名词。他有教养。在学术上，他几乎就是思维的守护神。另外，他和那些有智识兴趣的仆从也能成为朋友。他的雕像告诉人们，他是一个十分认真的人，这一点并不因他对装饰、外在事物、自身衣着和自身形象的斯多葛式漠不关心态度而改变。当他要在公共场合行祭司之职时，他的这种漠不关心态度就会表现得尤为明显。我们常说的“**绅士**”（*gentleman*）一词的内涵，在他所有的品性当中就得到了部分体现。另外，他还有一个特点，这个特点在“我已列举的那些人身上都能找到，值得特别一提，因为它非常特别，而且既值得人们称赞（在我看来似乎是这样），又会引起人们的误解和批评。我指的是他无论在个人层面还是在国家层面，都对治下臣民的宗教信
164 仰、迷信活动和各种行为持尊重态度。那位浅薄拙陋的传记作家也即爱揭丑闻的尤里乌斯·卡皮托利努斯报道说，就在出发前往北方战场以同蛮族人作战之际，马可从各方召来司祭，举行各种各样的外来仪式和宗教活动，好让罗马得到净化；在各种各样的仪式当中，他特意举行了为期 7 天的庄严的“祭神节”（festival of the lectisternium），而这一举动就被当成了他相信迷信的证据。还有报道说，在马可离开罗马之前，他拿起放在贝娄娜圣殿（the temple of Bellona）里的矛，将矛尖在血里蘸了蘸，朝着敌方猛掷过去；随后，一名埃及占卜人跟随军队前往，迦勒底司祭（Chaldaean priests）也一同过去。最后，批评者们援引了一段讽刺诗，这段讽刺诗出自琉善，讽刺的是一位假先知。诗段中说，当马可和蛮族人作战时，这位假先知就已经发布了一些神谕式的诗文，诗文提到，如果罗马人往多瑙河里扔两头狮子、香料和花朵，那么罗马人就会获胜。后来，人们就照着神谕说的做了。蛮族人认为这些动物要么是狗，要么是狼，于是棍棒相加，把它们都打死了。至于这些蛮族人做了什么，他们是否知道那些就是狮子，琉善并没有说明。如果说这个故事包含了什么真实的东西，那么它似乎也只是对应了马可亲自领军这件事情之前的情况，而且这个故事本身太过含糊。如果把它用作我们参考的对象，那就实在太愚蠢了。当然，琉善觉得他的读者很容易上当受骗，这一点倒是真的。至于其他那些被归到马可身上的事情，都是马可出于顺应

民意的考虑才去做的。对于东边的帕提亚人和北边的蛮族人，以及发生在他们中间的瘟疫和饥荒，罗马人几乎人人都感到恐慌。他们都没受过什么教育，因此毫不奇怪他们都会发疯似地要举行各种和国家宗教有关的仪式，对此，皇帝马可需要担起
责任，需要发扬自己司祭般的品质，让这些仪式进行下去。我 165
们可以理解的是，一位英格兰国王可能会有一种怀疑精神，故而也就没有什么宗教信仰，然而他作为安立甘宗（英国国教）的首脑，却肯定会认可并参加所有国家层面的仪式，而按照习惯，这些仪式在战时或国家有难的时候，是要在威斯敏斯特修道院或圣保罗大教堂里举行的。

在罗马，人们很早就可以举行外来仪式了。这里有许多居民，其中既有外来移民也有本土人士，他们都崇拜来自东方的大母神、伊西斯、塞拉皮斯和其他诸神。而皇室家族里的那些女人们，则非常尊崇这些神祇。在帕拉丁山上，在帝王宫殿旁边，矗立着一座大母神殿。在如今为密涅瓦圣母堂（S. Maria sopra Minerva）的地方，矗立着伊西斯的神殿。在西立欧山和埃斯奎利诺山之间，矗立着又一座神殿。至于敬献给外来神祇的圣所，则到处都有，分布于整座城市。假如皇帝拒绝举行这些仪典，而在许多人看来它们又在最大程度上关乎自己的安全，那么拒绝行为就不仅仅是一种不理智和失策的表现了，它会被人们当作一种很不友好（或不善）的、只会招来鄙视的、几近残忍的行为。在一个国家需要为之付出巨大努力的时代，情况就是这样的。马可·奥勒留对人们的信仰如此谨慎遵循，这让我们感觉到他的心灵有多么宽广，他多么具有宽忍、同情之心。而在我看来，它似乎还见证了马可作为一位绅士的品质。我想，通过他笔记中的每一行字，我们能知道他其实并不迷信。

第十三章　瘟疫与蛮族人战争

166 当卢修斯·维鲁斯归来时（公元166年），这对皇家兄弟举行了一场胜利庆祝会。不过，胜利的喜悦并没有延续多长时间，因为士兵们从叙利亚带回了瘟疫，这场瘟疫可怕至极。正如故事里所讲到的，士兵的瘟疫是在巴比伦附近通过某种神秘莫测的方式染上的，而征服帕提亚所带来的胜利果实明显比不上这次征服所带来的破坏性后果。死神一路跟随士兵，悄悄来到了他们家中。由于帝国政府迫切需要军队，所以它从帝国各地的许多卫戍部队中召回士兵。正因如此，当此前各种离岗人群又重新返回岗位时，瘟疫便四处蔓延开来。士兵是最大的受害者。由于挤在营帐里，他们之间相互传染。在这些人当中，即便没有大批的人死去，也都是变得疲弱不堪，奄奄一息。从人口数量来看，普通民众所受到的影响也和士兵差不多。从帕提亚的边界到莱茵河，甚至到高卢，人们也都病患缠身，成千上万的人死去。古代的历史学家认为，只有一半的人存活了下来，而现代学术界则把这次瘟疫看成是导致罗马帝国迅速衰落的主要原因之一。整个意大利都染上了瘟疫。我们的朋友弗朗托好像也成了这场瘟疫的受害者。就在瘟疫爆发的过程中，蛮族人突然从北方南下，跨过了莱茵河和多瑙河。罗马人与条顿部落之间的争战称得上是一部大戏，这部大戏从盖尤斯·马

里乌斯时代便开始上演了，长期以来一直占据着欧洲这一戏剧
舞台。这场大戏的大幕已经拉开，而它最后一幕的开头一场，
也已经开始了。冲突的锋芒指向了多瑙河上游一带的几个行 167
省。这里的防御比较薄弱，因为在军队迅速开拔、前去抵抗帕
提亚人的入侵时，这条长长的边境线上的防卫人员已经很匮乏
了。所以，蛮族人不费吹灰之力就跨越了它。侵入诺里库姆和
潘诺尼亚的是条顿部族（Teutonic tribes），他们中间的马科曼
尼人（the Marcomanni）和夸迪人（the Quadi）最为强大。稍 69
晚些时候，在更靠东边的方向，雅斯基人（the Jazyges）和其
他一些古怪的民族——萨马提亚人（Sarmatians）与斯基泰人
（Scythians）也都加入了这场冲突。早在帕提亚战争期间，突
袭和劫掠就已经开始了，只不过通过贿赂和进贡手段，罗马人
千方百计地拖延了这场严重侵袭到来的时间。不过现在，侵袭
的态势异常猛烈，全面爆发之势已然呈现，就好像一场春汛即
将袭来。对于这次事件的发生顺序，我们并不是很清楚，而且
我也并不想按照严格的年代顺序来展开叙述，要知道，按照这
样严格的年代顺序来讲这个故事，意义并不是很大。如果按照
可能发生的情形来看，正是在这一次，也即在公元 166 年，蛮
族人打败了一位罗马将军，屠杀了 2 万名士兵，占领了直抵多
瑙河南岸的多个罗马行省，大肆洗劫破坏，几乎把整整一代人
都变成了囚虏。在战争爆发的某个阶段，或在此时，又或在晚
些时候，有一支蛮族军队跨越了阿尔卑斯山，侵入了意大利，
并且包围了阿奎莱亚（Aquileia）。毫不奇怪，罗马人会把这次
侵袭看作自身历史进程中的一场危机。

皇帝马可受命于危难之际。他在节俭和自我否定方面以身作则。在公开的拍卖会上，他出售了帝国宫廷里的大量器皿饰

处，有罗马的卡努恩图姆军营（the camp of Carnuntum），该
营靠近今德意志–阿尔滕堡（village of Deutsch-Altenburg）。该
地的悬崖、高位河岸和山脉使河床变得更窄，因而水的流速加
快，同时也使水的深度增加。其景如画。向北便是喀尔巴阡
山脉（the Carpathian mountain range），该山脉隆起于平原地
带；从这里开始，就像一道呈巨大弧形的崎岖城墙，把匈牙利
半包围了起来。沿河向下再前进几英里，出山间小道，也即今
人所说的“匈牙利之门户”，穿过一片低地平原后再向前，便
到了今天的科莫恩市（city of Komorn）。在这附近，也即在
河的南边，出现了另一座罗马大营——布里格提奥（Brigetio
［O-Szony］）。继续向前，在河道大转弯朝南流之前约 20 英里
处，多瑙河与格兰支流相汇。该支流发源于北部，流经喀尔巴
170 阡山所形成的半环形地带。在河流拐弯处，也即在布达佩斯，
还有另一座罗马人的营地，叫做阿昆库姆（Aquincum）。朝南
而行，会遇到第五座罗马大营。

这些位于文多博纳、卡努恩图姆和其他地方的罗马大营很稳固。在马可·奥勒留时代来临之前，这里沿线一带兴起了许多市镇。不久之后，这里还聚居了大量的人群。各个阶层的人们都来这里定居：有向军队供粮的人，有完成军役、想住在原军团附近的士兵，有商人，有小店主，有和边界部落做买卖的小贩，有匠人，有各类随营人员，等等。毫无疑问，许多友好的蛮族部落也都觉得来这里生活是可行的。当罗马皇帝在自己的指挥地扎营时，一定会有许多文官蜂拥而来，向皇帝了解他对各种帝国事务的看法和意愿。此外，前来此地的还会有各种武官、廷臣、冒险者和其他诸如此类的人。在这些市镇里，有公共浴室、庙宇、娱乐场所、剧院和庄园，此外还有一个行省

市镇所有的属地。因为有许多不错的道路，所以卡努恩图姆和文多博纳能够与意大利相通，而之所以有这些道路，是因为在潘诺尼亚这个地方，罗马人已经定居了150多年。旅行的人们可以从今天的**人民之门**（*the Porta del Popolo*）所在的地方离开罗马，顺着弗拉米尼乌斯大道（the Flaminian Way）前往里米尼（Rimini），接着到阿奎莱亚，由此向东北，然后穿过尤里安阿尔卑斯山段（the Julian Alps）。这条路经过今天的卢布尔雅那市（city of Laibach），通向波耶塔维奥（Poetavio [Pettau]），然后从这里差不多朝正北方向，以正常速度前往萨巴利亚（Sabaria [Servav]）和斯卡拉邦提亚（Scarabantia [Oedenburg]）。道路在这里分岔：一支向西，通往文多博纳（维也纳 [Vienna]），一支向东，绕过派索湖（Lake Peiso [Xeusiedler]）浅水区，通往卡努恩图姆。

171 正如我所说的，潘诺尼亚行省对应着西匈牙利，和达西亚行省两相分离，中间隔着一个长条形地带。该地带位于多瑙河南部流域和泰斯河（Theiss）之间；它的流向与多瑙河差不多平行。当图拉真决定拓展多瑙河以北的帝国司法权领域时，他把自己的征服行动限定在了泰斯河以东区域，却把这个位于前述两河之间的长条形地带（该地带就像一个厚重的楔子楔在了罗马的两个行省之间）留给了萨马提亚的雅斯基部落（Sarmatian tribe of Jazyges）。他很可能认为这个地带不好防守，所以不值得争取。这一地带地势低平，没什么明显的起伏，其间有一些沼泽点缀；除了翻卷的沙丘外，这里没有什么别的动静；或者在某些地方除了有一些意义不大的山丘外，这里没有什么新颖的东西。位于喀尔巴阡山临河处与格兰河之间的多瑙河沿岸乡村，情形也和这里有点相像：地势低洼，多有要一个人不是按法律的要求去做，而是按另外的方法去索取他认为属于自己的东西，他的行为就属于暴力范畴。在我看来，做出任何不合法的事情的人，都不能成就他的自尊、尊严或责任感。”不过，假如他在不违背公平正义的情况下做出仁慈举动，那他确实是可以实现自己的那些目标的。当马可在潘诺尼亚的锡尔米乌姆（Sirmium）主持法庭审判时，一些身居雅典统治高位的人指控我们的老朋友赫罗德斯·阿提库斯和其他人。赫罗德斯的一半身心都已陷入家中的不幸之事，所以他的行为明显有不当的地方，而且还拒绝留下来。皇帝没有在意他的不端表现，而是把他的痛苦看作一种事出有因的惩罚，因此就随他去了，只是惩罚了那些未遭受痛苦的人。至于说他对战俘的态度很仁慈，相关例证都被人们记载下来了。例如，当夸迪人没有遵守他们的誓言并兑现承诺时，（从而他们一定会做出某种凶残的举动时，）马可拿出一千金来保他们的国王不死，或者拿出 500 金以求他死。但当人们抓住这位国王时，唯一的惩罚就变成了把他流放到亚历山大里亚。在帕提亚战争中，那位总督的情形也是这样。那位总督（satrap）谋杀了一位国王，而这位国王就是罗马人的朋友。在一次和平会议上，他曾剑指一位罗马军官，不过马可还是要求把他流放到英格兰，除此之
174 外就再也没有其他更严厉的惩罚了。他似乎总保持着对所有人负责的理想，不管是对蛮族人，还是对罗马人。“我为同伴们的福祉都做了些什么？（剥掉我的社会地位，）这样，我才得到了我的报偿”（M. A. XI，4）。

要对这些战役进行一番叙述，我以为即便可行，也是很没意义的。不过即使这样，我还是要提一下公元 174 年这个年份，因为从这个时代到红衣主教纽曼（Cardinal Newman）的

时代，发生了一场神学论争，而在这场论争中，公元174年这个年份就占有很重要的位置，令人难忘。对此，历史学家迪奥·卡西乌斯（Dio Cassius）有过自己的记载，此时的卡西乌斯还是个小伙子。我把他的记载援引如下：

“马可·奥勒留发动了一场针对夸迪人的大战，不料竟取得了胜利。这场胜利是靠幸运得来的，或者不如说是上天授予他的。因为在战斗的过程中，在罗马人处于危难之际，神圣的力量用一种未曾预料的方式救了他们。夸迪人把罗马人围困在了一个对他们很不利的地方。罗马人聚集盾甲，英勇战斗。如此，蛮族人停止了进攻，但他们接下来却在思忖，如果采用让对方又热又渴的办法来行事，那么对方在被逼无奈的情况下，是会很容易屈服投降的。蛮族人的人数远远超过了罗马人。他们把罗马人团团围住，切断了他们所有的联系，这样，罗马人就得不到任何水源补给。罗马人由此陷入了非常糟糕的境地，疲劳、伤痛、日晒灼热与口干舌燥一齐袭来。他们既不能战，也不能退。突然，就在罗马军队站在地面上，所有人只准备向日晒灼烧屈服时，天空有巨大的云层在瞬间聚集，不能说这中间就没有神力的干预。骤然间，大雨瓢泼直下……就在大雨瓢泼之际，罗马人抬起了他们的头，张口迎接这天降之水。有的人拿起了自己的盾甲，有的人则拿起了头盔，大口豪饮，他们也让自己的马喝上了水。当蛮族人发起冲锋时，罗马人已喝足 175
了水，于是双方同时投入战斗。他们有的人已受伤，血液滴进了头盔，有人将这血水一齐咽下。如果没有一场猛烈的雹暴连着频繁的雷电降临到敌人头上，那么可想而知，在罗马军队大部分人都忙着喝水的时候，敌人一旦发起攻击，他们将遭受多大的损失。这里的场面让人大开眼界：水与火同时从天而降，落在了同一个地方。一边是身上湿透的人在张口喝水，一边是全身被灼烧的人在垂死挣扎。火没有碰到罗马人，即使有火落在他们中间，也是瞬间熄灭。雨水也没有帮到蛮族人，反而起到了火上浇油的作用；在大雨降下的过程中，他们只能挣扎求水。他们中间有的人自残，为的是用自己的血来灭火，而另外一些人则向罗马人求救，相信只有这里才是他们获得庇护和拯救的地方。所以，马可对他们一片仁慈……士兵们称他为**'将军'**（*Imperator*），这是第七次这么叫他了。虽然在元老院选举之前接受这一头衔并不是他的惯常做法，但他还是接受了，原因是这个头衔是他从上天那里得来的。他把这个写给元老院看。"（Roman History，LXXI，10.）

所以，官方在报道这一战役时，似乎也描绘了这一很不寻常的情景，虽然和迪奥·卡西乌斯的修辞手法比起来，这种官方报道的修辞手法很可能没那么华丽，而且也确实没有仅仅按照获胜将军们的传统做法，把胜利归功于诸神。将胜利归功于诸神至少可以为神意在特定时刻进行干预的故事增添光彩。于是，基督徒就可以立即得出结论说，奇迹发生了，这是对基督徒的祷告的回应。叙利亚希拉波利斯主教（Bishop of Hierapolis）克劳迪乌斯·阿波利纳里斯（Claudius Apollinaris）是这个时代的人，他曾替基督教向马可·奥勒留发表辩护词，题为《为基督教辩护》（*Apology for*
176 *Christianity*）；在这篇辩护词里，他提到了上面这个奇迹。大约在25年后，德尔图良（Tertullian）提及"品质高尚的皇帝马可·奥勒留的书信；在信中，他讲到一场阵雨止住了罗马人的渴，而这种渴是日耳曼蛮族人带给罗马人的（German-begotten thirst）；士兵们通过祈祷求得阵雨，而这些士兵正好都是基督徒”（Apol. V）。他又提到“马可·奥勒留在出征日耳曼的途中感到口渴，而就在此时，基督徒战士向上帝祷告，求来了天降阵雨”（Ad. Scap.IV）。基于此处这些有名字的和其他那些没名字的权威人士的说法，君士坦丁时代作家、早期基督教史家恺撒利亚的尤西比乌斯（Eusebius of Caesarea）这般总结那个基督教故事：“据说，在皇帝马可·奥勒留的军队整装进发，准备对日耳曼人和萨马提亚人作战时，皇帝陷入了极度缺水的困境。就在这时，一向忠诚、被罗马保留至今的梅利泰内军团（Melitene legion）士兵纷纷跪地，像我们祷告一样，向天求水。如果说这种情景在敌人看来显得有些奇怪的话，那么接下来的情景就更让他们惊讶了：一阵雷电霹雳袭来，他们纷纷逃窜；而那些口渴的士兵则因天雨回应了对上帝的呼唤，得到了雨水，恢复了气力。”

关于这一不同寻常的情景，我们还有进一步的证据，不过这样的证据并不包含那些轻信者的“奇迹”修饰。在罗马城的那根大柱子上，这类证据表现为一幅图绘浮雕。这个浮雕是不久之后做成的，之所以竖起这根柱子，是为了纪念罗马人打了胜仗。浮雕上绘有一支罗马军队，士兵们拔剑在手，准备作战；在他们后面，其他士兵正举起盾牌，很明显，他们是为了保护自己免受瓢泼大雨的伤害；在背景中，一位深谙狂风暴雨之威力的天才正在张开自己翼状的双臂，把士兵们团团遮盖，让雨水顺着他的胡须、头发和双臂瓢泼而下；在罗马士兵的面 177
前，一道沟壑显现，群马饮水，旁边地上则是蛮人死尸横陈。

毫无疑问，这个时期的人大体都把这一适时的救援看作奇迹。正如我所说的，根据迪奥·卡西乌斯的看法，罗马皇帝在报道中把这一救援归因于上天的干预。而其他人则依然相信这乱，以及战争影响到了我们大家时，我就不能再这样了。只要有可能，我就会乐意召集卡西乌斯前来出庭，并和他一起论证这件事情，或是当着你们的面，或是当着元老院的面进行。我也乐意为了他而让出我的皇位，无需争夺，只要这么做对国家有利就行。我是为了这个国家的利益在承受着困难和危险，而且在我离开意大利以后，我花了很多的时间在这个地方，虽然说我现在已经老了，没有多少力气了，而且也不能轻轻松松地进食了，无忧无虑地睡觉了。但是，由于卡西乌斯从来都不愿意召集这么一个会，试问像他这样一个对我如此不忠的人又怎么可能会相信我呢？所以，你们必须要有足够的勇气。西里西亚人（The Cilicians）、叙利亚人、犹太人和埃及人从来都不比你们强，将来也不会比你们强；即使他们聚集到一起，人数比你们多了成千上万个，也不比你们强，就像今天他们的实际人数少了，也不比你们强一样。我们也不该把卡西乌斯看得太重，即使有人认为他是一位出色的将军，而且经常把事情处理得很成功，我们也不应该这样。因为一只领着群鸦的鹰或者一头领着群鹿的狮，不会遇到自己的对手。另外，是你们而不是卡西乌斯在阿拉伯与帕提亚的战争中赢得了名声。即使他在反帕提亚人战争中博得了好名声，你们也还是拥有一位［马尔提乌斯·］维鲁斯，他所取得的胜利一点儿也不逊色于卡西乌斯；可以说，他比卡西乌斯还要成功，他所带回的战利品比卡西乌斯的还要多。

“但是，既然卡西乌斯已经知道了我还活着，那么他
183 可能也就改变了自己当初的想法。因为他之所以这样做，就是因为他认为我已经死了，除此之外，没有其他的理

由。但即便他继续这样做，在他得知我们正在出征的途中时，他出于对你们的惧怕和对我的尊敬，也还是会坦白他这一路来的错误做法的。

“我只担心一件事情，我的士兵同胞们，因为我应该把全部真相告诉你们，还有，就是以防他自杀。他这样做的目的，就是为了避免因我们在场而招来耻辱；要么就是其他某个人，在得知我正对他采取行动时，可能会采取同样的行动。如此一来，赢取战争胜利的巨大奖赏就跟我无缘了，在以往，还没有任何人经历过这样的事情。那么，这是一种什么样的奖赏呢？那就是，原谅对我做出不善之举的人的过错，仍然和破坏我的友谊的人做朋友。即便他对我不忠，我也应该相信他。或许，你们会觉得我这样做真是不可思议，然而你们还是应该相信它，因为所有的好东西并没有从这个大地上完全消失。在我们中间，仍然存在着我们先人的那种德性。假如没有任何人相信这样一种德性，那么我就更加希望他看到自己所不相信的东西，看到它可以被我们付诸实践。如果我能用一种光彩的做法解决这个问题，那么我想我至少应该从当下这个错误中汲取某些有益的东西，并且向全世界表明：即便用内战的方式，也还是有可能妥当解决问题的。”

马可为应对这场叛乱做好了准备。他召唤自己的儿子科莫德斯，而科莫德斯此时差不多已 15 岁的样子。然后，他自己离开了北方前线。至于他是如何抵达东方的，我们无法确定。如果下面这些信函可信的话，那么他选择的是一条通过意大利的路线，他之所以这样选择，很可能是为了弄清人们的脾性，还要写信给元老院。如此一来，禁令就有可能不会太严厉，或者，惩罚就不会太严苛。因为在外邦人眼里，没有什么比一位罗马皇帝表现出仁慈宽恕的态度更好的了。正是仁慈宽恕使恺撒上升到了神的位置，并被人们当作奥古斯都来对待。仁慈使你父亲的名字——**“庇乌斯”**（*Pius*）得到美化。进一步说，如果这场战争的结局是掌握在我的手里，那么奥维狄乌斯就不会被杀。请你相信这一点。

诸神佑我，因为我的虔敬
触动了他们的内心。
（贺拉斯：《歌集》[Horace，*Odes*]，I，17.）

马可

皇帝写信给元老院：“……如今，考虑到卡西乌斯的反叛，我请求且恳求你们，诸位元老，先把那些有关惩罚的想法放到一边吧，来考虑一下我的想法，或者不如说考虑一下你们自己的想法，考虑一下我们有关仁爱宽恕的责任和义务吧：不要让元老院谴责一个人，让他去死。不要让元老院的成员遭受惩罚，不要让任何一个贵族喋血；要让那些遭流放的人回家，要让那些被没收财产的人收回自己的财产。希望我能从死去的人们身边召回那些已受惩罚的人。皇帝对错误邪恶的行为的惩罚，在他自己看来从来都不算有益的做法。他越公正，人们
186 就越会认为他残忍。如此一来，你们也就会请求饶恕奥维狄乌斯·卡西乌斯的孩子、他的女婿和他的妻子。然而，为什么我要说‘饶恕’呢？因为他们什么也没有做。就让他们安然无

恙地活着吧，让他们知道，他们是生活在马可的时代。让他们
靠分配得来的祖产过活，让他们享用自己的金银和服饰，让他
们发家致富，而不受外界干扰；让他们四处自由活动，随便行
走，想去哪个国家就去哪个国家。这就是你们和我所理解的正
义之事。诸位元老，其实解除对女人和孩子们的禁令也不是一
件多么不得了的仁慈之举。事实上，我要求你们免除对所有了
解这场叛乱的元老和骑士阶层人士的死亡惩罚，免除他们的禁
令，让他们脱离恐惧和丑行，免遭人们的憎恶。总之，让他们
免受一切恶果。在我任上，我就把这件事付诸实施了。对于那
些在叛乱中因叛国而丧命的人的死，大家是不会有异议的。”

元老院已在紧急时刻宣布卡西乌斯为人民公敌（a public
enemy），并且没收了他的财产。此时此刻，他们用大喊的
“同意”之声为马可的仁慈温和之举喝彩：“虔诚的安东尼努
斯，愿诸神保护你！仁慈的安东尼努斯，愿诸神保护你！你的
心愿是正当的，我们已经履行了自己的义务。我们要求科莫德
斯合法享有帝国的一部分，让你的家庭稳固，让我们的孩子安
全。任何暴力都无权伤害一个良善的政府。我们要求你给予科
莫德斯保民官的权力（tribunician power）。我们要求你待在罗
马。以你的哲学、你的耐心、你的学识、你的高贵和你的良善
为名。你征服你的敌人，并战胜那些恨你的人们，因为诸神保
护你。”等等。

这场叛乱没有持续多长时间。卡帕多西亚行省总督马尔提
乌斯·维鲁斯立场坚定。而卑诗尼亚指挥官克罗迪乌斯·阿尔
比努斯（Clodius Albinus）则在军中察觉到了这样一种苗头：187
有人想加入卡西乌斯一方。没出一百天，卡西乌斯就被他的
官员谋杀了，而他的首级则被献给了皇帝。没有什么欢喜的事

第十五章　晚　年

188　对于皇帝来说，访问东部行省并亲眼看看它们是如何受到这场叛乱影响的，是一件很方便的事情。福斯蒂娜与科莫德斯随驾出行。皇帝的行程我们无法确定，不过他所到之处，都受到了人们的热烈欢迎。人们可能也欢迎皇帝，因为皇帝每到一个地方，都带去了仁慈，原谅了任何一方的过失。希尔胡斯是卡西乌斯出生的地方，也是这场叛乱的温床。皇帝经过这个地方，也许只是为了避免自己的胜利姿态会冒犯到别人。不过，他去了亚历山大里亚；在这里，他把自己的女儿留了下来，之所以这样做，是为了表明他和这个地方的人们已达成了完全的和解，并对他们心怀良好的祝愿。另外，他还去了安条克。他很可能继续前行，去了幼发拉底河。不管怎样，他都接见了帝国边境上那些部落酋长和波斯大使。之后，他向西而行。他的脚步似乎遍及像哈拉拉（Halala）这么远的地方。哈拉拉位于金牛山（Mt. Taurus）山脚，是一个小乡村。正在这个时候，福斯蒂娜突然发病，死了。关于皇帝夫妻俩，史上很少有证据留下来。不过所有的一切都表明他们的婚姻是快乐的，彼此间是真正相爱的。下面这些事情也都表明，她在爱情、婚姻上都是忠贞不贰的：弗朗托和马可早些时候的通信，提到了她；弗朗托和马可两个人都没有任何嫉妒之心，或者说他没有任何理由让彼此有嫉妒之心；他们有 13 个孩子；他们夫妻俩共患难；钱币上印有她的像，背面附有“快乐”（“*Felicitas*”）、“欢欣”（“*Hilaritas*”）、“黛安娜”（“*Diana*”）、“谐和”（“*Concordia*”）、“纯洁”（“*Pudicitia*”）与“同乐”（“*Laetitia Publico*”）字样或者类似话语；她常常陪伴自己的夫君在多瑙河沿岸发起艰苦的战役，为此，她还赢得了“**军营之母**”（*Mother of the Camp*）的称号；她随驾东行，很明显这是她应该做的，即使身体有恙，也不得不如此；不过比这一切都更加重要的是，马可在私下里表达了对她的感恩之情，他感谢“自己有这么一位妻子，如此地温良，如此地有爱心，又如此地单纯”（M. A. I，17）；当然，他所承受的痛苦也是巨大的。如果说这些都不足以让我们下定论，那么它至少可以充当一项非常有力的证据。那些忙 189
着诋毁她名声的人所传出来的流言蜚语，是后来才加上去的。面对科莫德斯的残忍和可耻行径，即使是再体面的人，也都无法相信他真的是马可·奥勒留的儿子。

唯一让马可感到欣慰的，似乎就只有他下面这种想法了：他想到有不止一位做妻子的、做母亲的、做姐妹或女儿的，为卡西乌斯的同党遭受谴责而流下了泪水。不让自己的双手沾染鲜血从而成为有罪的人，几乎快成了马可一生当中的执念。据报道，在同蛮族人对抗的过程中，一场大旱连着一场奇迹般的降雨来到，在大旱和降雨中，他举起一只手对天说道：“我的这只手从未夺取过他人的性命，我用它来向您——生命的赐予者表示敬意。”另外，让马可感到欣慰的似乎还有他为福斯蒂娜所做的一件事情：他使她拥有了荣耀，这种荣耀已融入了人们对她的记忆之中。他要求元老院为福斯蒂娜授予神圣荣誉，并为她修建庙宇。照着安东尼努斯·庇乌斯的做法，他在老福斯蒂娜去世的时候，也为贫穷的女孩们设立了一个慈善性救助机构，在她的记忆中，这是他为“福斯蒂娜的女孩们”所进行的又一项制度建设。对于她去世时所驻留过的那个乡村，马可授予了一项特权，这项特权只有罗马的殖民地才配享有。另外，他还在那里修建了一座庙宇。在罗马，在维纳斯的神殿中设立一座神坛将是一种更高的荣耀，这种荣耀马可和福斯蒂娜都得到了；在神坛之上，还竖立着两个人的银制雕像。城中所有新娘和新郎都一道前来，共同修葺这两尊雕像，并对着它们祈祷。不管皇帝什么时候去剧院，一尊金色的福斯蒂娜人像都会出现在御驾之上，而且还会出现在福斯蒂娜过去常坐的地方。那根依然矗立在圆柱广场（the Piazza Colonna）的柱子，是为了纪念皇帝在北方所打的胜仗而立的，如今被献给了**神圣的马可和福斯蒂娜**（*Divo Marco et Divae Faustinae*）。在柱子的顶端，并列竖立着福斯蒂娜和马可的雕像。

190 福斯蒂娜死后，马可和科莫德斯踏上了回罗马的路，途中在士麦那停留。他按照过去路经希腊化时代东方城市时的一贯做法，对这个地方的哲学和文学表达了自己的敬意。或许，他在面对哲学与文学时，把它们当作了一个人在痛苦之时所面对的极好的慰藉之源，希望在它们当中能找到别的地方所没有的快慰。又或者，他可能知道哲学和文学能很好地教化人，能培养发展出人的精神和智识维度，于是，他心中有了这样一种想法：文学与自由之艺的王国，能在部分程度上为那个更大的人性（文）的王国奠定基础。他的眼睛所关注的，就是这个更大的王国。也许，他只是完成了他眼中的君主所应该完成的任务。而这种任务所指向的对象，就是各行省当中那些杰出的人们。又或者，他被弗朗托的满含情感的回忆和自己学习修辞学的那些快乐青年时光给触动了。不管怎样，他都把自己在任何地方都应该慷慨对待杰出教授和优雅文士这件事放在了心上。在塔尔苏斯，他就去听了年轻的知名人士黑摩希尼（Hermogenes）的演讲。这个年轻人成熟得比较早，在15岁时，就有大批听众蜂拥前来听他演讲。另外，在非常年轻的时候，他就围绕修辞学主题撰写了一本很有名的书。就价值而论，这本书仅次于亚里士多德的专论，无论是在当时还是在此后很长一段时间里，都是如此。然而，他的青年时代过于成熟，到了25岁的时候，他的天赋就已经消耗殆尽了。在这之后，他一无所获。他的雄辩之才被人们加以报道，皇帝在得知其报道属实后，重重地赏了他。

在士麦那，他度过了三天时间，不过还是没有见到阿里斯提德斯。阿里斯提德斯是赫罗德斯·阿提库斯以降全希腊最杰出的文士。于是，他问身边的主职官员昆体利乌斯兄弟（the brothers Quintilii），假如阿里斯提德斯同众人一道前来致意，而他又没有忽视阿里斯提德斯的话，那么在科莫德斯治下，谁的职业生涯最终会以悲剧收场呢？昆体利乌斯兄弟说，他们没有见过阿里斯提德斯，要不然他们是不会不引他来觐见的。于是，第二天他们就把阿里斯提德斯带到了马可的跟前。马可问阿里斯提德斯：为何我以前没有见过你？阿里斯提德斯答："陛下，我正忙着处理一个理论问题，而一个埋首于理论问题的人，是不能放下脑海中那条线索的。"皇帝见他如此坦率和 191
单纯，对研究如此投入，心中高兴。于是他说："那我什么时候来听你讲解呢？"阿里斯提德斯答："如果是在今天提出问题的话，那么您就明天来听我讲解吧，因为我不是那种**即兴创作的人**（the *improvisatori*），而是需要先深思熟虑，然后才会发言。陛下，让我的学生们也来听讲，您乐意吗？”“可以，”马可说，“因为这是对公众开放的。”接着，阿里斯提德斯再补充：“那么，让学生们像往常一样鼓掌和欢呼，您乐意吗？”皇帝听后笑了，说：“这要取决于你。”

最后，他到了雅典。如果说在雅典人们随处可以找到让希腊化世界升起智识和精神温暖之火的余烬，而且这种精神温暖还可以再次拥有的话，那么这团逐渐变弱的智识与精神之火，就需要添加新的燃料了，就需要用一种更为勤勉的态度来呵护了。马可特别希望听到阿德里安（Adrian）的声音，而此时阿德里安已经是一位智术师或者很有学问的教授，他在人群中享有很高的名望。阿德里安命中注定会赢得罗马这个追求时尚的世界的高度赞赏。生活在这个大都市的鉴赏家和业余爱好者们都被他的美妙又抑扬顿挫的声音迷住了，他的声音美如夜莺。另外，大家还被他的美丽语言给迷住了，无论是散文还是诗歌，都是如此。因此，当那些追赶时尚的人们相聚一处观看舞蹈或诸如此类的表演，而且听说阿德里安要去雅典娜神庙（the Athenaeum）发表声明时，大家都一拥而上，互相推攘。不过，马可之所以要去听阿德里安的演讲，私下里还有这样一个动机：他已给阿德里安设立了一个修辞学讲席，也就是说，不管这个讲席是什么东西，一切都还要看他有什么样的声望；另外，他也想亲耳听听，看看阿德里安的演讲是否机智、高
192 妙。阿德里安此次的任务是发表一次演说，这种演说很适合演说家希佩里德斯（Hyperides），希佩里德斯所处的时代正好是他发现自己特别尊崇德摩斯梯尼和马其顿的菲利普的时代。从这个意义上讲，修辞术是经过了人工精心准备的，在写作和辩论时，它要求一个人有不同寻常的写作和表达技艺。当这两种

技艺巧妙地汇聚一处时，拥有这两种技艺的人就会变得非常重要，某种程度上，这种人就像今天的某位伟大的歌剧演唱家。阿德里安牢牢树立了自己的声望。特别值得一提的是，希佩里德斯所具有的那种特质，他也有。人们对他的总体看法是：即使是和著名的波乐蒙比起来，他也毫不逊色。在多年以前，马可就曾听过波乐蒙的演讲，不过他对波氏的演讲并没有一味地赞成。皇帝给了这位演讲者很多礼物。

在雅典，马可给那些最重要的教授职位每年发放一万德拉克马（drachmas）的薪水。我们可以把这些职位所在的机构称作“大学”，这种大学都包含有四大哲学流派：斯多葛派、伊壁鸠鲁派、学院派和逍遥派（the Peripatetics）。皇帝还加入了伊洛西斯神秘学派（the Eleusinian mysteries）。或许，他只是出于帝王的礼遇才这样做，因为他只是沿循了哈德良的做法。另外，他也确实沿循了自西塞罗与阿提库斯以来许多罗马人所开创的先例。不过还有另外一种可能，那就是在他心灵深处，有一道希望之光在潜藏着；换言之，在这里，在这片属于希腊（Hellas）的土地上，在这个孕育思想、艺术和英雄品质的家园里，在这个至少被异教世界人士认为是灵魂的最完美和最高贵的表达之所的地方，也许存在着某种启示，而这种启示我们在别的地方是找不到的。

如果说在天国之中有神圣的光亮在闪烁，那么除了借助雅典人打开那个通道之外，还有谁能借助哪扇窗户让这束光亮照
到我们的大地上呢？或许，哈德良和雅典的其他学者让他回想 193
起了那首献给德墨忒尔的荷马式赞美诗，以及品达和索福克勒斯（Sophocles）围绕新加入者所说的那些话语。另外，还有可能的是，在他呼唤外部人士前来帮忙时，有那么一个时刻，

他是寄托了自己的梦想的：在对将来的幸福做出承诺时，他能够触摸到事实和真理。而苏格拉底在说出下面这段话时（根据柏拉图的说法），他也许并没有完全说错："我喜欢的是，那些制造神秘的人并不是那些未受启蒙的人。不过事实上，当他们在很久以前说那些没有涉身神秘、没有因祝圣而进入另一个世界的人会陷入泥潭困境，而涉身神秘、身心得以被净化的人则会与诸神共存的时候，他们的话是有潜在意味的。"又或者，他可能记得西塞罗的证词：神圣的启蒙让生者快乐，让即将死去的人拥有更为尊贵或高尚的希望。不过，即便如此，他所接受的长期的斯多葛式训导还是会让他坚守自己的立场，让他在自身内部寻找追求神圣性和犒赏正义之举的动力；即便一时间顺应了雅典人的急切要求，一时间屈从于柏拉图的话语的魔力，或一时间屈从于爱比克泰德的更具超自然特质的教导，他还是只能让这种顺应和屈从发生在"一时间"。在爱和正义的神圣秩序中传递信仰，这种传递所带来的力量已经从德墨忒尔和珀尔塞福涅（Persephone）的祭司手中转移到另一个教派的手中了。对于这个教派，马可几乎一无所知。伊洛西斯让他感觉冷冰冰的，至少在《沉思录》中，他只字未提伊洛西斯有什么东西让他感到精神一振。

皇帝和科莫德斯从雅典回到了罗马。他们停留的时间很短，因为皇帝需要出现在多瑙河畔，以完成他收服马科曼尼人和其他蛮族人的事业。另外，他还需要把这些人的土地纳入帝国版图。不过，马可呆的时间已经足够长了，这样一来，他也就满足了元老院的那个在卡西乌斯叛乱时期立下的愿望。不过最让元老院担心的还在于皇位继承过程中出现争议，因为这样一来会影响到安东尼王朝的稳定。科莫德斯接受过很好的教育，人们普遍希望他能成为父亲的继承人。马可已经做了他所能做的一切，他的目的就是要让科莫德斯成为自己的接班人。他让科莫德斯担任执政官，并把祭司裁断权（the sacerdotium）也授予了他。要知道，后者是一项司法权。他还让他成为奥古斯都，并让他娶妻成家（A. D. 177）。

做完这件事，他便匆忙赶回去掌管军队。他把科莫德斯带 194
在了身边。战斗打响，他又获得了新的胜利。这场边境之战单调乏味，并不是很有名。有一点似乎很明显，那就是皇帝坚决要把自己那个曾被打断的想法再度实施下去，也即要把帝国边界推进到易北河一带。然而这是不可能的事。这项任务让人疲累，而且十分危险，毫无荣誉可言。完成这样的任务需要一个人时刻准备承受巨大的困苦，忍受各种不适，敢于牺牲自我，能够摒弃日常生活中的一切舒适因子和愉悦之处。而所做的一切，就是为了帝国的福祉。当马可在世的时候，这一切都很不错。然而当他身体虚弱时，他便再也承受不起这样的消耗了。在文多博纳，他身患重病。他感到死神已经临近。

他把自己的朋友和亲人叫到一起，让科莫德斯待在他们的跟前。他自己从长榻上起身，说道："你们看见了，我躺在这里，这副样子，你们会伤心。对此我也并不感到意外，因为一个人替自己亲人的不幸感到惋惜，关心他的遭遇，对他给予深切的同情，这是人的本性使然。"不过，我认为你们应该给予我的东西还不止这些，既然我心中怀着对你们的感情和良好祝愿，那么我希望你们也能够以同样的态度对我，回报我。这并不是一种无理的索求。对我来说，现在正是达成心愿的时候了。当我向你们展示荣耀，为你们献出我自己时，你们也应该反过来帮我一个忙：向我表明，你们在收获这一切时，并不是无动于衷的。

“看着我这个儿子吧，他是你们一手调教出来的。他正步入成年期，需要有人来引领，来为他导航，就像一个困在冬天风暴里的人需要有人引他走出风暴，以免因缺乏必要的经验而茫然不知所措，同时也是为了防止他碰到什么邪恶的东西。所以，充当他父亲的是你们，而不是我；是你们在照顾他，给他
195 最为明智的建议。一位身居统治高位的王公，除非对他的子民心怀善意，否则当他自己无助的时候，再多的财富也帮不了他，长枪和军团也保护不了他。身为王者，只有深入民心，爱民之善德，不去担心他们会很残暴，如此，方能让自己的王朝长治久安。如果有人能做到不被他人怀疑，不为别人的伪善和阿谀奉承所动，绝不背叛他人，除非有人极度狂傲迫使他这样做，那么他就是一位能做到合理遵从他人的人，而非那种仅仅服侍于他人左右的人，因为对侍者而言，服侍他人是自己的本分。

“当权力在起作用的时候，我们要让自己保持温和适中的状态，并能约束一下自己的欲望，这是一件很困难的事情。不过，假如你们在这些事情上对他提提建议，提醒他我们此时此刻所说的和他所听到的，那么你们就会让他成为一位出色的皇帝。这样一位好皇帝既是你们的，也是大家的。而且，你们这样做也会给人们有关于我的记忆带来一个极大的好处；通过这种方式，你们只会让它不朽。”

皇帝对死神的来临并非没有准备。事实上，他已经围绕死亡沉思了很长时间，以至于不由让人产生一种怀疑：对于死亡，他几乎已到了忧虑的程度；他好像担心会有某种不良影响产生，这种不良影响或许就在于它导致了身体上的孱弱，导致

他的灵魂误入歧途，导致他以一种下层人而非古时罗马人的方式去面对死亡。不过，他的沉思其实和他在其他许多地方的沉思一样，都显示出一副没有个性的样子，就好像他的本能就在于保存自己高尚的斯多葛式态度；即使在叩问自己的内心时，也是如此。他在践行自己的信条方面做得非常彻底，所以他的自我克制、自我支配和自我贬抑做法都已经成了一种习惯。他一遍又一遍地谈论死亡：“我们必须以欢快的心情迎接死亡；既然它只是对生命之绑缚的一次松绑和释放，那我们为什么还要害怕它呢？”（M. A. II，17）“人的出生使某些元素集合到了一起，而死亡则让它们分开”（M. A. IV，5）。“我们都是原子做的，它们最终也会分开；或者，假如生命本身是个整体，那么它要么会延续，要么会灭绝”（M. A. VII，32）。“要么根本 196
就没有感觉，要么就存在其他类型的生命”（M. A. VIII，58）。“斯多葛派长期以来就像一个垂死之人在学习，学习轻视人的肉身”（M. A. II，2）。“生命赠予我们什么？感觉、欲望、成长、对话语的使用、对理性的训练，那么这里有什么可以诱惑一个人的呢？”（M. A. XII，31）“死亡是大自然的一种作为”（M. A. II，12）。“它是宇宙生命的精神向前迈出的一步，它是生命事业的一部分”（M. A. IX，3；M. A. X，36）。孩子气式的想象会把恐怖归结于死亡，然而人的理性会看到，这只是大自然的进程，只是生命的一个阶段。“我们必须按照大自然的要求经历这一时刻，然后愉快地走向终点，就像熟了的橄榄落地，赞美大地哺育了它，感谢橄榄枝滋养了它”（M. A. IV，48）。

没有什么比死亡更平常的了。回头看去，奥古斯都、利维亚（Livia）、茱莉娅公主（the princess Julia）、阿格里帕、米西奈斯和那座出名的宫廷在哪里呢？伟大的庞培的后代在哪里？什么样的贵族血脉只会用“他这一族的最后一人”（“Last of his race ?”）这种陈词滥调式的墓志铭？（M. A. VIII，31）过去就是一个由葬礼组成的长串，丈夫先埋葬了他的妻子，然后别人再来埋葬丈夫（M. A. VIII，25）。有多少智者、聪明的内科医生和占星家预料到了死亡，又有多少征服者、国王和皇帝死去？（M. A. IV，48）当一个人环顾四周，看到了世界是个什么样子，并且感觉到即便是近在身边的人也都一心想要离开他时（M. A. X，36），他除了问一句“还有多久，噢，我的上帝？”（M. A. VI，46）还能有什么别的问题？下面这个结论是何其地简短又充满必然性：“你已登船，已开启航程，已着陆。此刻上岸”（M. A. III，3）。这差不多就是海涅（Heinrich Heine）说的那句话：“你要相信！你在下面会看到栖身之所。”如果这一片未知的海岸是一块生活的地方，那么诸神就会来到这里；而假如它是精神上的遗忘之境，那么你就会告别痛苦
197 和快乐，告别束缚，到达这个黏土器皿中（M. A. III，3）。死亡，就是大自然的秘密（M. A. IV，5）。

按照勇敢的斯多葛派的做法，皇帝马可·奥勒留给自己备好了东西，接受了圣餐式仪礼，让自己涂了油，然后登上了那片未知的海岸。据说，在他告别人世的前一天，他知道自己的大限已近，因为他已拒绝进食进水。他把自己的朋友都打发走，然后对世间浮华**付之一笑**。他这种对待死亡的冷淡态度，看起来就像是一种蔑视。他问：“为何你要为我哭泣？为何你不考虑一下瘟疫和大家共同面临的死亡？”当人群快要散去时，他说：“因为你们此刻让我离开，所以我也同你们告别，我会在你们前面离去。”接着，身边的人就问他：你会让谁来照顾科莫德斯？他答：“如果他值得你们照顾的话，就让你们来照

顾他好了；当然，与此同时我也就把他交给了不朽的诸神。”最后，当禁卫官征求他的指令时，他说：“走向那升起的太阳，因为我要去那为我设定好了的地方。”最后一天，他只见了科莫德斯，而且只待了一会儿，因为他担心科莫德斯会染上自己的病。随后，他便盖上了自己的头，就像接下来要睡觉一样。这个夜晚，他的魂魄归去了（公元 180 年 3 月 17 日）。

第十六章　来自异教的两种批评

198 在这一章里，我将要论及人们对马可·奥勒留的各种批评。不过，首先我要从迪奥·卡西乌斯（150—235 年?）、赫罗迪亚努斯（Herodianus，165—255 年?）和其他一些提到奥勒留的古代世界历史学家的证词入手，我认为以此来开启我对马可·奥勒留的辩护是合适的。这些证据对奥勒留有利。我这样做，是为了在一开始就让人们明白：除了某些特别的批评之声，就只剩下对奥勒留的赞誉了。迪奥·卡西乌斯有过这样一些说法："总是那么纯粹、那么高尚可敬、那么富有虔诚心"（LXXI，80）；"他把一切错误邪恶之举都摒弃了"（do. 34）；"他所做的一切，都是为了德性本身，绝对没有装腔作势"（do. 34）；"在他一生的大部分时间里，他都行善施恩"（do. 34）；"和任何一个掌权在位的人相比，他对国家的治理都显得更加出色"（do. 34）。他把很多东西都归因于自己所受的教育，把更多的方面归结为是自己的天性使然，因为在拜入各位名师门下之前，"他就已经把自己的灵魂交给了德性，矢志不渝"（do. 35）。

赫罗迪亚努斯说："他把追求每一种德性都当成了自己的事业"（I，f）。"他是唯一一个通过自己的节制、正义和神一般的生命历程与品性，而非通过话语来证明自己的哲学的国王"（do. 2）。当他死时，他"在活着的人们心中激起了一种渴望，一种对他的渴望；此外，他还使未来一代又一代的人继续怀念他的德性。”不仅如此，当听到这个消息时，“每个人，不论是军人还是普通市民，都被悲痛压得喘不过气来；消息传来，帝国上下人人噙泪，人们称他为高贵的父亲、好皇帝、英勇的领袖和英明温和的君王。没有人说他的不是”（do. 4）。

欧特罗比乌斯（Eutropius）（4 世纪）说：“毫无疑问，他 199
是一个非常高贵的人……在我们还未赞美他时，他就已经让我们为之惊叹了”；“他通过自己的德性和温情，使帝国的命运得以回转。”

塞克斯图斯·奥勒留·维克多（Sextus Aurelius Victor）（4 世纪）说：“他具备所有的德性和超俗心智”；“如果不是这样的话，那么整个罗马国家就会被一击而溃”；“他一死，罗马即陷入了悲痛，元老们治丧吊孝，元老院里一片泪水……没有人怀疑他去了天国；对人们来说，不管罗慕路斯的升天多么让人难以置信，然而每个人都相信马可升了天。”尤里乌斯·卡皮托利努斯是马可的立传者，他随时做好了说人家坏话的准备，然而他也论及马可的**圣洁**（*sanctitas*）、**平和**（*tranquillitas*）与**虔爱**（*pietas*），并告诉我们“大家都多么爱他，老人爱他如子，年轻人爱他如父，同龄人爱他如兄弟；所有人都用前面这些称呼来称呼他。”另外，“在他出殡下葬的那一天，没有人认为大家会哀悼他，因为所有人都确信他已经被诸神借走了，朝着他们的方向回家了。所有不分年龄和阶层的人都视他为神，任何一个可以用钩子得到马可图像，而非从马可居所里得到这种图像的人，都被看作亵渎神圣的卑鄙小人。”编年史家补充道：“甚至在他的节日里，在许多房子里，马可·奥勒留的雕像也被置于诸位家神之间。有人说，马可已经在有关未来的梦里提前告诉他们了，所告知的内容，都是真实的。”

我从各个作家那里援引上述这些散乱文字，是为了证明马可所具有的独特位置。在民众的想象中，马可的这一位置会持续好几个世纪。这种位置，对他自己来说是个人性质的，这和他作为安东尼努斯家族的一员所享有的位置是很不一样的。对后续几代人来说，安东尼努斯家族所代表的是一个黄金般的时代，就像诗人们的黄金时代一样，（正如我们的朋友弗朗托所说的）**“它是一个令人难忘的诗人的黄金时代”**（*illud a poetis saeculum aureum memoratum*）。我重复一遍：除了某些明确的指责外，全世界的人都会说马可·奥勒留远远超过了普通人的
200 道德衡量尺度。

有三个这样的批评。在这三个批评当中，前两个属于同一类型，而后一个因为素材来源很不一样，让人感觉陌生，因此需要单独对待。前两个批评所采取的形式在那位最有名、最公正同时也最具同情心的古代批评家手里得到了运用。通过这种形式，他对前两个批评的阐发也达到了更高的层级。作为运用这种批评形式的批评家，他代表了这两种批评，沿循了某一种批评传统，然而却没有沿循自己的观点。通过自己的解释和论证，他去除了原来那种批评。我参考的是奇怪又倔强的天才——被我们称为“变节者”的皇帝尤里安的作品，尤里安在自己的讽刺诗《诸皇帝》（*The Caesars*）中讲过一个故事，这个故事是这样的：

罗慕路斯自己成了神。他在天上举办酒宴，庆祝农神节。为此，他邀请了诸神和罗马诸皇帝。诸神先到，坐上了自己的位置。西勒诺斯（Silenus）是个幽默的人，他充当讽刺诗的唱

说者。他坐在年轻爱笑的巴库斯（Bacchus）旁边，在皇帝们前来时，朝着他们开玩笑。皇帝一个接一个地来到，分别是：尤里乌斯、奥古斯都、提比略等等。当卡里古拉现身时，他同时也被依理逆司神（the Furies）给抓住了，他举止轻率，朝着塔尔塔罗斯（Tartarus）大声叫骂。尼禄也是这样。接着就是伽尔巴（Galba）、奥托、维特里乌斯、苇斯巴芗、提图斯、图密善、涅尔瓦、图拉真、哈德良和安东尼努斯·庇乌斯。西勒诺斯一直开他们的玩笑。最后，“马可和卢修斯这对兄弟进来了。西勒诺斯瞪了他们一眼，因为对于面前这两个人，他实在找不出什么好笑的材料来，特别是对于马可。不过，西勒诺斯还是管不住自己那张多事的嘴，指责他们道：”在对待自己的妻、儿一事上，马可没有尽到自己的责任，因为他在哀悼福斯蒂娜时做得并不妥当，认为她堪当优雅得体的典范。至于他的儿子，由于他动用自己的权威，毁了这个国家，所以即便他有一个情操高尚、比他更会管理这个国家且更会照顾科莫德斯的女婿，也无济于事。不过，尽管西勒诺斯在这些事情上常持有 201
一种爱管闲事的态度，他对马可的伟大德性还是很尊重的。”其他皇帝也跟着进来了。在大力神赫丘力的要求下，亚历山大大帝也得到了人们的认可。

在宴会之后，朱庇特宣布举行一场功绩比赛（a contest of merit）。伟大的战士尤里乌斯·恺撒、奥古斯都和图拉真都被人们押了注，且上前加入了这场比赛。农神转向朱庇特说：看到充满战斗精神的皇帝们都被叫上前来，却没有哲学家的参与，让人惊讶。朱庇特答：“我也喜欢哲学家，叫马可·奥勒留来。”有人去叫马可，马可来了。“带着一种很严肃的表情，他的双眼和眉毛从痛苦中舒缓过来；他的美表现出一种被忽视的神情，因为他这个人简单、朴实，他的下巴胡须很长，他的衣服朴素而低调，他的身体并不缺少营养，精致、半透明，就好像有一种很纯粹的、放射的光芒藏掩于其中。”他得到了人们的认可，进入了这一神圣之所。

这样，人们就知道了，每一个参赛者应该代表自己说话，而时间长短则由滴漏计时器（the water-glass）来决定。西勒诺斯提示墨丘利：图拉真和亚历山大可能会搞错器皿里的东西，继而会把它喝掉。不过墨丘利并没有注意到他的提示，他声明道：每一位参赛者都要说出自己有什么成就。恺撒、亚历山大、奥古斯都和图拉真（这是人们所期待的）吹嘘了自己的成就。君士坦丁也吹嘘了自己的成就。当马可开始说话时，西勒诺斯对着巴库斯耳语道：“这会儿我们应该会听到，这位斯多葛人士会说些什么悖论和精彩见解来。”但马可看着朱庇特和其他诸神说：“朱庇特，各位神，对我而言，在这里发表演说没有什么必要，在这个比赛上花费心思也是如此；如果你们对于我的生活并非全都了解，那么就让我来告诉你们好了，我觉得这很合适。不过，要是你们了解我的生活，而且我在你们面前没有什么可隐瞒的，那么你们就要按照我的价值来评估
202 我了。”

“因为马可看起来是一个做什么事都很不错的人，而且还特别有智慧，[这是皇帝尤里安向大家反映的]，就像那位诗人所说的，他知道

何时该说，
何时最该沉默。”

诸神并没有马上投票，而是要求听听候选人的声音，不仅要听他们有什么成就，还要听他们讲生命的归宿和目标是什么。命运女神打断了人们的谈话，向大家抱怨：除了奥古斯都外，候选人中没有哪一个承认自己有欠于她。然而，墨丘利继续提问，他问亚历山大大帝，他认为最高尚（高贵）的东西是什么，以及他都努力做了什么。亚历山大答："我征服了整个世界。"图拉真回答："我做的和亚历山大做的一样，只是比他更加克制。"西勒诺斯开始考察起图拉真来，这时，巴库斯插话："追求荣耀吧。你嘲笑他们所有人，不让他们为自己说话。那就停止你的无稽之谈吧，看看对于马可你都能说些什么。对我而言，借用西摩尼德斯（Simonides）的一句话，就是：他似乎是一个'坚定不移（four square）、无可指责'的人。"墨丘利转向马可，问道："马可，你认为什么才是生命的目标？"马可平静而严肃地回答："效法诸神。"西勒诺斯控制不住自己，质问道："那你告诉我，你认为通过什么方式才能效法诸神？"马可回答："尽可能减少自己的需求，尽可能增加自己的良善。""但毫无疑问地是，"西勒诺斯又说，"你曾需求过某种东西？"马可答："我没有需求过任何东西，不过我的身体可能有过某些小小的需求。"对于这个问题，人们认为马可也回答得不错。西勒诺斯劳而无功。不过到了最后，他又回到了那几个点上：他认为在对待自己的妻、儿一事上，马可做得不对，或者说理由不够正当，因为他已经把她列入了诸神名单，把帝
国交给了自己的儿子。马可回答："在这一点上，我也在效法 203
诸神，因为我遵循了荷马所说的，

毫无疑问，任何一个良善且思维状态良好的男人，都

是爱着他的妻子、疼惜他的妻子的。

至于我的儿子，我可以说出朱庇特曾对马尔斯（Mars）说过的那个理由："如果我不爱你的话，那么很久以前我就用万钧雷霆把你击垮了，可是，你是我的儿子。"另外，我从来没有想过，我的儿子会是那么糟糕。尽管他年轻，受到各方面的强力诱惑，摇摆不定，陷入了更加糟糕的境地，但当我把国家交给他时，他还是不坏的。他变坏的时候，已经是接手帝国以后了。所以，我是按照神一般的阿克琉斯的热烈之爱标准来对待我妻子的。至于儿子，我则是效仿全能的朱庇特的榜样。除此之外，我并没有做什么新的事情。将皇位传给儿子是向来的做法，所有的父亲都会希望皇位可以传子。我并不是头一个给妻子带来荣耀的人。我所做的和其他许多人所做的没什么两样。或许，开启这样的做法并不明智，然而阻止最亲近的人去做大家一再做的事情，可能就离非正义之举不远了。噢，朱庇特和各位神，我忘了，你们已经知道了这一切。我在你们面前所做的辩护太长了。所以，请原谅我过于热衷此事吧。"当诸神公布最终的决定时，马可已得到了多数选票。

在自己的讽刺诗中，皇帝尤里安只报道了古代世界加在马可身上的两种批评，即：马可错误地给予福斯蒂娜以神圣荣耀；此外，马可错误地把帝国交给了科莫德斯。在我看来，尤里安对这两点的辩护似乎足以构成一种吁求，即呼吁人们"减轻对马可的指责"。不过，我认为他要做的不止这些，就像律
204 师们所说的，他拒绝控诉。对于福斯蒂娜，我只会再度申明我所说过的话：在同一时期，没有证据表明她这位妻子有什么不良之举；当下关心这件事情的历史学家如伯里教授和托马

斯·尼尔森·哲罗姆先生（Mr. Thomas Nelson Jerome），都反对这一指控。至于科莫德斯，我会在尤里安的辩护的基础上再进一步。为了做到这一点，我认为援引一下最新近的、同时期人有关马可去世一事的叙述是有必要的。

人们记得，马可的其他儿子都死了：提图斯、奥勒留、埃利乌斯、安东尼努斯、安纽斯·维鲁斯和哈德良。只有科莫德斯留了下来。他是一个漂亮的男孩，留着金发。马可过去常叫他“我的军中伙伴”。他用手拉着科莫德斯，把他介绍给众人。他在教育科莫德斯的事情上花了心思。难道说，马可无权期待自己的自我否定精神或献身于大任的做法能赢得儿子的由衷赞许，以及在更年老的时候自己会对儿子产生更有利的影响？科莫德斯自然而然是和其他任何人一样，没有沾染任何污点的。对此，迪奥·卡西乌斯就是这么说的。尤里乌斯·卡皮托利努斯所讲的那个有关科莫德斯孩提时代的故事，在性质上和他所讲的福斯蒂娜的丑闻是一样的。当西勒诺斯代表主流批判传统向人抱怨，说马可把帝国交给了科莫德斯时，他肯定是忘了，这时候马可已经让科莫德斯成为了奥古斯都；他不仅把执政官位置授予了他，也把保民官权力授予了他，而在帝国特权中这两项权力是最重要的。另外，他还忘了，马可已按照元老院的明确要求去做了：“我们为科莫德斯要求正当统治权。巩固他的血统吧。我们为科莫德斯·安东尼努斯（Commodus Antoninus）要求保民官的权力。”（*Commodo imperium justum rogamus. Progeniem tuam robora. Commodo Antonino tribuniciam potestatem rogamus.*）元老院被卡西乌斯的反叛彻底弄怕了。他们担心，除非科莫德斯在继承大统之事上能够做到万无一失，否则那些野心勃勃的士兵可能会全体出动，觊觎皇位。此时此刻，元老院当然没有相信科莫德斯的行为是邪恶的。他后来所表现出来的那种让人害怕的邪恶行径，已经使公众的记忆变得混乱了。就像那些自以为聪明的人一样，受他这种行为影响的人们都觉得，自己早在他父亲在世
205 的时候，就已经看出他这个人很糟糕了。军队很快就接受了他。首先（必须承认，这是很短的一段时间），他按照父亲的计划行事，打算继续打仗，征服自多瑙河到波罗的海一带的土地。我之所以提起这件事情，是为了向大家证明一点：直到登基以后，科莫德斯的邪恶本性才显露出来。然而，北方边境的战事很快就让人厌倦。"那些奉承巴结之流和寄生虫一样的人群，把快乐建立在了自己的肚皮享受上，而那些粗鄙不堪、追逐欲望的人群，则经常使他想起罗马的那些欢乐逍遥之处。"我再说一遍，我不关心他的弱点，而只关心当时的人们总体上是如何看待他、期待他的。他决定去罗马。当罗马人知道他要来时，人人欢欣鼓舞，都对这位年轻皇帝充满了希望，因为他们期待他照顾自己的父亲。（我引用赫罗迪亚努斯的话）他受到了人们的欢迎。一路上，大家欢呼雀跃。当快要到罗马时，贵族和平民都出来见他，在他走过的路上撒花。当众人见到他时，叫喊声突然响起，因为在最年轻的时候，他长得非常好看。他仪表堂堂，十分尊贵，身姿优美。他的力量、他的英俊脸庞、他眼中闪烁的光和他的头发，一起在阳光下释放着金子般的光芒。

这便是登基时的科莫德斯。对于马可来说，撤销科莫德斯的所有统治特权，继而把它们授予自己的女婿庞贝亚努斯，谈不上是一种明智之举。庞贝亚努斯身上流的是外族人的血，而且是位老将军。他在卢修斯·维鲁斯死后，娶了露琪拉，而且

通过这一举动，推动并刺激了军中或元老院里的五六个对手起来造反，这些人认为自己和他一样优秀。有马可这样一位父亲，还有安东尼努斯·庇乌斯这样一位祖父，没有人会相信，把科莫德斯这样一位已经任命好了的继承人搁在一边而把另外一个陌生人放在他的位置上，是一种明智的做法。这种批评是 206
“事后诸葛亮”式的。

第三种批评的来源与此完全不同，因此需要做出更加详细的解释。

第十七章　罗马对基督教的态度

207　现代基督教学者责备马可·奥勒留，原因在于在马可·奥勒留统治时期，发生了他们所说的迫害现象。他们回望早期的教会，就像堂吉诃德回望黄金时代一样，把它看作一个纯洁、简单、有兄弟之爱和真知的时代。“那个快乐的时代，那些快乐的时光！”（*Dichosa edad, dichosos siglos aquellos*! that happy age, those happy times!）就让人们用《使徒行传》（the Book of Acts）开篇所描绘的那种早期基督教共同体的景象，来为他们刻画生活的目标服务吧，他们要把生活刻画成那种更简单的集体汇聚的样子。另外，也要让大多数早期基督徒配得上大家所有的敬仰和羡慕。殉道者贾斯丁（Justin Martyr）是一个诚实的目击证人，在献给皇帝安东尼努斯的纪念辞中，他说：“在成为基督徒之前，我们沉湎于酒色；而如今，我们乐享生活的纯净；我们过去常常举行神秘仪式，施展巫术，而现在，我们投身于善良的、尚未出生的上帝；我们过去常把金钱和财产看得重于一切，而现在，我们把属于自己的东西聚拢，并与有所需求的每一个人分享。我们过去常常互相仇恨，相互杀戮，由于风俗习惯或族群属性的不同，我们不让陌生人待在自己家里，而现在，自从基督降临后，我们所有人都住在了一起。我们为敌人祈祷，我们试着去争取那些以不公正方式恨着我们的人，如此，通过过上一种和基督的高尚诫命相一致的生活，他们就可能变得和我们一样，怀着同样的、令人欣喜的希望，希望获得来自万物之主也即上帝的奖赏。”（*Apol.* XIV.） 208
雅典的阿里斯提德斯（Aristides of Athens）在对安东尼努斯的申诉中，说得比这个还多。

即便如此，贾斯丁和阿里斯提德斯还是充当了代言人，并且尽可能有力地陈述了自己的情况。对于基督的真正使徒，对方的代言人也有可能会承认这一切的。不过，他也能指出教义上的区别和持不同意见的教派之间的相互批评（以及催生见证人），指出这些方面标志着基督徒中间的兄弟之爱并不是普遍存在的。他可能会承认，并不是所有好的兄弟情谊都会持续到最后；相反，有些人叛教了，而有些则背叛了自己的兄弟。他可能还会对如下这种说法提出异议：基督徒拥有对真理的认识。不过，还是让我们承认，基督教在过去做得比现在要好一些、多一些吧，尽管它不能使可怜的人类免于一切弱点和恶行。它使许多男女变得良善、纯洁和真实，使某些人拥有英雄般的品质。贾斯丁对他的基督徒兄弟的描述，整体而言都是真实的。现代基督徒对马可·奥勒留的指责，其重心并没有落在“基督徒是无辜的和良善的”这一事实上，而是指向“他这位迫害者是无辜的和良善的”这一问题。他们的谴责似乎在暗示人们有一种担心，即担心如果对一个全世界（他们自己除外）公认的心地慈软之人缺乏理解和同情心，那么同时代的基督徒就会遭受批评和指责，这种批评和指责如同罩在他们身上的一幕阴影。另外，可能有某个对此漠不关心的人认为，像这样的错误，并不只是皇帝一个人才有。诸如此类的观念可能已经从早期基督教辩教者的脑际掠过了，而在这些辩教者中，就有撒狄主教墨利托（Melito，Bishop of Sardis）和德尔图良。这两位说，只有像尼禄和图密善这样的邪恶皇帝，才会迫害基督徒，而在马可等好皇帝的治下，是不会发生迫害之事的。如此一来，两难窘境也就被化解了。另一方面，墨利托和德尔图良的话可能是在不了解事态的情况下说出来的。不过，我们还是要假定基督徒是无辜的和良善的，但是不能就此说，他们就是
209 守法的。所以，我对“迫害”（*persecution*）一词持保留态度。不管多么有英雄主义，不管它让人多么感佩，总之，基督徒可能真是那样的，而把“迫害”一词用于“刑律的习惯性强制执行”这一情形，的确是违背了语言的日常用法。刑律是残酷的，颁布刑律的社会也是残忍的，而这种法律据以为自身基础的公共民意，也是完全错误的。而对于这一切，人们又都是准许的。然而，它并没有改变这样一个事实：反对基督徒的那些条文，其中包含有现代辩教者的抱怨（因为他们几乎都不会让皇帝为发生在士麦那或里昂的群氓暴力事件负责；要我们来说的话，情形就是如此）。按照罗马的宪法，这些条文都是在合适的法律程序下执行的。对马可·奥勒留的指责就是：他忍受着罗马的刑律，将之付诸实施。

结果便是一个十足的悲剧，而这悲剧并不仅仅发生在基督徒身上。早期基督徒们非常幸运。他们有着人们所有的最重要的东西：对人格化的上帝的信仰，和对他的充满热切的爱。“人若因我辱骂你们，逼迫你们，捏造各样坏话毁谤你们，”他们对上帝说，“你们就有福了！应当欢喜快乐！因为你们在天上的赏赐是大的”[1]（St. Matt，v，11—12）。他们着实感到格外喜

1　此处中译出自中文和合本圣经《马太福音》第五章第 11—12 节。——译者注

乐："我所爱的就是我的，我是祂的。"然而，这幅图景的正面并没有什么让人喜乐的。在《沉思录》中，有这么一段可怜的话："假如一个人站在一泓清泉旁，对着它说出了诅咒的恶语，这泓清泉并不会停止涌出汩汩纯净之水，因而让他得以饮用；假如他扔块泥巴进去，把水弄脏了，那么它很快就会把泥巴冲散，从而恢复纯净，一如既往地纯净。那么，我该怎样才能使自己拥有**一泓清泉**，而不仅仅是一个贮水池呢？"（M. A. VIII, 51.）好像不会有什么历史会重演，好让马可·奥勒留带着同情（如果不是轻信的话）去倾听某位基督徒布道者重复那些在雅各的井边对着萨玛利亚女人说出的话？"凡喝这水的，还要 210
再渴；人若喝我所赐的水，就永远不渴；我所赐的水，要在他里头成为泉源，直涌到永生"[1]（St. John iv，13—14）。他最出色的信从者能够接近这鲜活之泉。例如，那位在里昂圆形剧场的恐怖遭遇中殉道的圣徒。尽管他的身体"连续不断地受伤，被破坏得很厉害，直至干枯，用人眼来看都完全没了人形"，然而他的身体依旧（那些看见他的人是这么说的）"不肯屈服，不动摇，在自己告白时牢牢挺立，因那源自基督的天上活水而得到更新，拥有了力量。"当然，对于一个像马可·奥勒留这样的有教养的人来说，接受这种英雄般的殉道的宗教信仰是不可能的。不过对于他而言，了解一个没什么文化、不懂哲学、生命之中也许就是当一个奴隶的人而非罗马人，倒是有可能的。这样的人干着伐木取水的活儿，也能成为英雄。如此，我们也就看到了这个悲剧的另外一面：皇帝生活在一个十分残忍和充斥着粗俗之事的社会中，耳边萦绕的是对即将发生的更邪

1　此处中译出自中文和合本圣经《约翰福音》第四章第 13—14 节。——译者注

恶之事的模糊解释，而自己心中堆积的又是沉重的个人愧疚与悲伤。如此，他也就不知道有那么一大群人分布在帝国各处，这些人珍惜纯净的理想，其纯净程度和他的一样。他们中的许多人乐意为某些目标奋斗，而这些目标正是他所为之奋斗的：让自己的意志和神圣意志相谐和。悲剧的另一面则是，在他只能看到低级的迷信（M. A. I，6）、粗俗的习惯（M. A. III，16）和狂热的固执行为（M. A. VIII，48；XI，3）的地方，真的存在一种类似的英雄式自我牺牲精神；对于这种自我牺牲精
211 神，他已投注了自己的生命。从人的角度来说，马可·奥勒留不可能变成一名基督徒，他的精神使命不是去追随拿撒勒的耶稣的脚步，而是要在世人面前树立一个人的榜样，这个人在没有一种超自然信条的支持下生活，就像在一位人格化的神的目光下行走一样。

此刻，已到了向读者说明各种理由的时候了。这些理由不仅阻止了那些有教养的、在斯多葛主义的普世信条中成长起来的罗马绅士获得属于基督徒的良善与纯洁启示，而且还借用一切邪恶思想充斥了他们的大脑，而这些思想就是针对基督徒的。毫无疑问，不要说普通大众，就连最有教养的罗马人也即那些最少偏见的人，也真的相信那些极度粗陋的毁谤之言。要想展示一下这些毁谤之言究竟是个什么样子，最好是援引一下同时代的证据。我引用了一本写于或大致写于此时期的有趣小书，这本书是一位杰出的罗马律师团体代言人——米努奇乌斯·菲利克斯（Minucius Felix）写的。在这本书中，作者以两位朋友——基督徒奥克塔维乌斯（Octavius，a Christian）和异教徒凯齐利乌斯（Caecilius）的讨论作掩护，向我们展示了他自己所选择的信仰，这种信仰代表着一种新的宗教。

奥克塔维乌斯和凯齐利乌斯两位是朋友，他们两位再加上此处这个既讲故事又充当裁判的人，一起从罗马出发，前往奥斯提亚度假。还不到法庭开放时间，休闲阶层已经离开市镇去享受炎炎夏日后的葡萄季了。这群朋友沿着台伯河岸往前走，一直走到海边。他们坐在一道用来保护游泳者的防波堤上。看着男孩们跳水，激起一波又一波的涟漪，他们开启了一场宗教论辩。他们中间那位异教徒用强烈的谴责展开对诸神的攻击，这种攻击是“一个无希望、被禁止和绝望的教派的某些信徒所为。他们从最底层的人们那里纠集了一大群无知且轻信的妇女，而这些人总是那么容易相信一切事情，他们组成一帮不虔诚的乌合之众，一起密谋。在他们的夜间集会中，在他们的 212
严肃节日里，在他们的粗鲁野蛮的饭桌边，只有犯罪这件事才能使他们连在一起，而绝没有什么神圣庄严的仪式存在。这是一群藏匿于黑暗和回避光明的人……恶草在飞快地生长，恶习在一天天蔓延。这些令人憎恶且让那些不虔诚、卑鄙之人得以集会的秘密地点，也在全世界蔓延。这些败坏至极的密谋者必须被根除。他们通过秘密信号和标志组织了一个又一个团体！一经短暂的相识，他们就爱上了彼此！在他们中间盛行的，是一种淫荡好色的宗教；他们放肆地称呼彼此为兄弟姐妹；在这些名头的掩盖下，隐藏的是最似禽兽般的行径和罪恶……至于他们中间有哪位新手加入，其个中细节，人们说它有多么恐怖，它就有多么恐怖。一个新手得到一个婴儿，这个婴儿会被人包在生面团里，好用来欺骗那些不谨慎的人。然而这个新手因为受面团外表的误导，在他人引诱之下允许别人击打面团，这样的击打看似没有什么危害，然而却会在不知不觉间打死婴儿。于是，他们就会迫不及待地添干这个婴儿的血，急急忙忙地肢解了他的四肢，这是他们的耻辱！这样的受害者竟成了他们彼此间团结的纽带。合谋犯罪就是他们相互间保持沉默的保证。这样的仪式比任何亵渎神明的行为都要更加可恶。发生在他们宴会之上的，都是些臭名昭彰的事情。人们到处谈论着它们。而我们那位来自锡尔塔的杰出朋友，也在演说中证实了这一点。在事先预计好的某一天，他们汇聚到了一处。孩子、姐妹、母亲，男女老少所有人都来了。在大快朵颐之后，有人给一条拴在灯上的狗扔去几块肉，把狗给诱惑了，于是狗想要用力挣脱拴在身上的链条。结果，那个原本要作见证的灯（虽然它并不方便这样做）便打翻了，灯灭了。在这之后，恐慌与猥亵代替了一切。我特意省略了好多地方。我已经说得太多了，所有的内容，或其中大部分内容，都被证明是真实的。这种真实性得到了此处这种秘密氛围的证实。而在这样一种氛围中，有着他们不虔诚的宗教信仰”（*Octavius*，IX，X）。

213 作为这一信仰的维护者，奥克塔维乌斯承认在变成基督徒之前，他也相信这里的一切。“我相信，基督徒崇拜鬼怪，吃婴儿的肉，在自己的节日里乱伦。”他把这些故事解释成是邪恶的魔鬼的发明（do.XXVIII）。“我们的乱伦会饮故事是一个可怕的谎言，是由一帮魔鬼联手发明的，目的在于伤害我们，好让我们的清白声誉因臭名昭著的、让人恶心的行径指控而受到玷污，并使人们在获知真相之前就接受他们的引诱，从而回避我们。之所以回避，是因为这些不可言说的暗示吓到了他们。所以，你的朋友弗朗托（因为他是一名来自锡尔塔的演说家；在一次公开演讲中，他一再提起这些中伤基督徒的言语）也没有像申明某个已然事实的人那样提供自己的证据，而是按照演说家们的处理方式，散播那些辱骂之词”（do.XXXI）。若再进一步讲述这个故事，就没有什么意义了。

从米努奇乌斯·菲利克斯的这本书中我们可以知道，那些受过最高等教育的、拥有最高级职位和最高尚品质的人，都相信这些诽谤流言，弗朗托甚至还公开表示过这一点。奥克塔维乌斯是对的。每个人、每个地方都在讲述这些故事。来自雅典的辩教者阿泰纳戈拉（Athenagoras）在向马可·奥勒留申诉时，从一开始就承认道："人们普遍报道说我们犯了这三种罪——无神论、吃人肉和乱伦。"即便是在里昂和维也纳的教会发给亚洲与佛里吉亚（Phrygia）教众的信（公元 177 年）中，也有人提到这些遭谴责的基督徒的异教仆从，由于害怕受刑，他们也指控自己的主人犯了"吃人肉宴席"（"feasts of Thyestes"）和"俄狄浦斯式乱伦"（"the incests of Oedipus"）这两项罪。这里指的分别是坦塔鲁斯（Tantalus）的孙子不经意间吃了自己的儿子，和这位可怜的国王因为无知而娶了自己的母亲。在为基督教所做的另一项辩护中，人们同样采取了对话形式，而这一次是发生在一名基督徒和一名犹太人之间。殉道者贾斯丁问这个犹太人："你是否和其他人一样，也相信我们吃人，而且当我们在宴会之后见面时，我们灭了灯火，继而沉溺于动物般的乱伦？"（*Dial*，*with Trypho*，X）大约过了一 214
代人的时间，德尔图良也以同样直接的口吻在自己的作品《护教篇》（*Apology*）中说："我们被人称作最邪恶的可怜人，原因在于我们有一套杀婴和吃婴的仪式，另外还因为我们在宴会之后乱伦，因为狗打翻了灯火（这真是应了"黑暗"一词！），而且还助长了我们当中那些无耻和有违虔敬之心的色欲！"（*Apol.* VII.）我引用这一切，是因为我觉得当诸种事实被展现在那位悲伤、孤独、热爱正义和仁慈的人面前时，有必要让这些事实相互之间产生一种联系。这位热爱正义和仁慈的人本能地从这一陌生、新颖和东方式的教派中抽身出来。他有着同样一种鄙视心理。他的这种心理指向的是所有那些在他看来有失人格尊严的东西。

这便是那个被人们普遍接受的报道。接下来，就让我们看看是什么原因导致了这样一场诽谤，以至于它严重到给人们蒙上了一层厚厚的尘埃。正因为这样一场诽谤，每个阶层的罗马人，不论是受过最优良教育的还是最普通阶层的，都对自己充满了可怜的信心，虽然这些人都很无辜，都过着神一般的生活，而且都带着缅怀和歉疚之心。有教养人群的态度是建立在轻视态度基础上的，关于这一点，我们可从一长串高官人士已明确表达的观点中得知。这些人既包括总督，也包括地方长官。一群学者说道："我们能在他们中间找到有时候显得很残忍，有时候又显得很贪婪，但却从来不显得很无能的例子。"对于基督教教义，这些人只是袖手旁观，而他们旁观的这种教义就是：一个犹太人被人当作犯罪分子钉上了十字架，而被钉上十字架的这个人成了上帝；他死后，又复活了，就像一种被贬损的迷信的信条和一种非理性的思维所呈现出来的证据那样。在这些罗马人当中，最先与基督教教义相遇的是塞涅卡的兄弟、亚加亚行省长官（governor of Achaia）加里奥（Gallio）。加里奥以藐视的态度对待这种教
215 义。[1]（Acts xviii，12—17）第二位就是朱迪亚行省长官费斯图斯（Festus），他通过解释针对保罗的指控的性质问题，向亚基帕王（King Agrippa）说道："这里有一个人，是腓力斯留

1 此处作者原文与圣经对应章节内容有很大差异，故酌情自行译出。——译者注

在监里的。我在耶路撒冷的时候，祭司长和犹太的长老将他的事禀报了我，求我定他的罪……告他的人站着告他；所告的，并没有我所逆料的那等恶事。不过是有几样辩论，为他们自己敬鬼神的事，又为一个人名叫耶稣，是已经死了，保罗却说他是活着的。”[1]（Acts xxv，15—19）在当着亚基帕王的面听说保罗以为耶稣起死回生了，并且还在天上对他说话时，费斯图斯大声叫道：“保罗！你癫狂了吧！你的学问太大，反叫你癫狂了。”[2]（Acts xxvi，24）对于皈依者来说，这些神秘的教义似乎具有双重神圣性，因为它们超越了未被上帝赐予恩典的人的思维极限。而对于这些罗马人来说，它们是十足的精神错乱。大概在50年以后，曾经担任行省长官的塔西佗把基督教信仰说成是一种“致命的迷信”（pernicious superstition，*superstitio exitiabilis*）。苏维托尼乌斯曾担任皇帝哈德良的秘书，他把基督教称作一种“恶性迷信”（malignant superstition，*superstitio malefica*）。身为卑诗尼亚行省长官（governor of Bithynia）的普林尼（Pliny）则用“疯狂”（madness，*amentia*）和“有失人格的、粗俗的迷信”（degraded and gross superstition，*superstitio prava et immodica*）来指称基督教信仰。据我们所见，喜欢这些观点的人身份等级都是最高的，其中有些人在文学上还很有名。对于知识界的这种态度，基督徒有着充分的意

1　此处中译出自中文和合本圣经《使徒行传》第二十五章第14—19节。值得注意的是，原文与詹姆士王钦定版圣经（King James Version，KJV）对应章节内容同，在中文和合本圣经中亦有对应内容；但与原作者所标示章节范围（Acts xxv，15—19）略有出入的是，“这里有一个人，是腓力斯留在监里的。”一句在钦定版圣经和中文和合本圣经中皆对应第14节，故作者引用范围为第14—19节，而非第15—19节。——译者注

2　此处中译出自中文和合本圣经《使徒行传》第二十六章第24节。——译者注

识。从殉道者贾斯丁那里我们可以了解到，罗马人在描绘基督教信仰时，所用的词汇与费斯图斯用来描绘保罗的词汇是一样的。他说：“对于这种信仰，人们指控我们疯狂”（*Apol.* XIII）。米努奇乌斯·菲利克斯则说，基督教信仰被人们认为是一种“无效且疯狂的迷信”（vain and crazy superstition，*superstitio vana et demens*）。这就是有教养的罗马官员对待基督教信仰的态度。不列颠统治者在埃及对待马赫迪（the Mahdi）或某个来自沙漠地带的野性先知的态度，也是如此。在迦太基（公元 180 年）进行审判的“罗马国家 vs. 斯佩拉图斯等人”一案中，总督维格利乌斯·撒图尔尼努斯（Vigellius Saturninus）
216 也用到了“疯狂”一词，这个词和此前所用的词相同。在圣保罗时代，异教徒（the Gentiles）用来指称基督教教义的另一个词是“*μωρία*”，而在我们的权威版本中，这个词被翻译成“foolishness”[1]（I Cor. i，21，23）。在一百多年后，在马可·奥勒留治下，这个词还在使用。在亚细亚行省的帕加马，总督坐镇对“罗马国家 vs. 卡帕斯等人”一案的审判。他对被囚禁的人说：“不要说傻话”。在审判过程中，他再一次提及他已经“准许他们说很多胡话”。这就是所有那些受过高级训练的文职官员所持有的观点。对于他们来说，这种充满激情和非理性的宗教就是一种狂热，它可能只对那些未受教育、爱迷信和最底层的人们有用。

这种声名狼藉的诽谤的起因并不那么寻常。不过诽谤就像是点点火光，需要火种来将它烧成火焰。在这里，燃料已经准

1 此处应指詹姆士王钦定版圣经（KJV）。关于“foolishness”一译，见该版本《哥林多前书》第一章第 21、23 节（The first Epistle of Paul the Apostle to the Corinthians（I Cor.），Chanpter 1，21，23）。——译者注

备好了。最开始，早期基督徒差不多都是犹太人，彼此都因为自己是犹太人而不受他人欢迎。关于他们，吉本是这么说的："他们那种顽固的郁郁寡欢的状态，和他们所保持的奇怪仪式及不合群的行为举止共存。这种顽固的状态好像使他们成了一群与众不同的人。他们大胆表白，或是轻度伪装。他们对别的人群有一种难以平息的厌恨"（*Decline and Fall*，etc.，Chap. XV）。头一批皈依基督教的人不受罗马人待见，因为他们是犹太人。同样，他们也遭到自己的同胞即犹太人的厌恨。正是那些主祭、抄工和年长者，共同掀起了一场要将耶稣钉上十字架的声浪。他们用石头砸史蒂芬，一心等着要杀死保罗。也正是这群人，让他从一个城市走到了另一个城市，在城市长官面前被拖来拽去。他们把基督徒看成是变节者（apostates）、叛教者（renegades）和一群叛徒（traitors）。当保罗到达罗马时，这群犹太人的首领便对他说："因为这教门，我们晓得是到处被毁谤的。"[1]（Acts xxviii，22）贾斯丁记载道，在哈德良治 217
下，在犹太人的叛乱中，"首领巴柯齐巴（Barchochebas，the ringleader）命令人们拖曳基督徒，让他们接受残酷的刑罚，要不然就让他们否定耶稣是基督，并且要他们亵渎他"（*Apol.* XXXI）。在犹太人的教堂里，他们过去常常诅咒基督徒，而那些掌权的人则派出诽谤者，而且还给所有民族写信，指控基督徒有着一切可能有的可恶之处。这样，他们也就毒害了公众的心灵。

在早期信徒的秘密集会、圣餐礼和和平吻礼上，这种诽谤有了传播扩散的机会。它们越是粗俗，这些人就越爱听，越

1　此处中译出自中文和合本圣经《使徒行传》第二十八章第 22 节。——译者注

容易相信，也越爱复述。当在尼禄统治期间，恐怖的大火烧毁了罗马的一大片地方，而大家都把怀疑的目光对准了尼禄时，他的打算是把人们的怀疑引向基督徒。他知道，没有人为基督徒说话，如果有可能，犹太人还会指控他们。正如塔西佗所说的，当他们不仅因为自身的可恶之点（*flagitia*）而遭到人们的憎恶，而且还被人们认为是在厌恨整个人类时，尼禄的叫喊声便起到了作用；大批的穷困潦倒之人在恐怖的极刑中死去（*Annals*，XV，44）。各种原因导致基督徒招来人们的斥骂，每一种原因都发挥了自己的作用。此原因影响了此人群，而彼原因影响了彼人群。那些劝人改宗的基督教人士拆散了别人的家庭。当某位做妻子的或做女儿的皈依基督教时，她的心也就给了家庭之外的某位新朋友，而她的丈夫或父母则因此失去了一位妻子或女儿。各种贸易商都忙于制作图像，或是忙着从事某个行当，而像这样的行当只是众多用来维持异教崇拜的行当中间的一种而已。这些贸易商感到自己的生意在下降。另外，他们也感到，人们对那些制作奇特物品的人怀有更深的敌意。在罗马，也许还有另外一个原因导致人们对这个新教派起疑心，因为这个教派的礼拜、布道和宣传都是用希腊语进行的。这种语言对于受教育阶层来说无论多么有名，在大众眼里都只是一种陌生的语言，而且好像还掩藏着某种东西，这种东
218 西是说话人不想让偷听者明白的。另外，基督徒认为自己是超然的，是更高等的人群，比自己身边的人还要高等。他们不会出现在喧闹的场合，不会玩游戏，因为他们认为马戏和游戏都是邪恶的。他们不会出现在节日场所，因为所有节日都伴随有异教仪式。他们也不会接受公共职位，好借此逃避军役。当全世界的人都在欢呼雀跃时，他们也不会在自己的房屋里欢腾。

他们不会在生意场上起誓。简言之，他们构成了一个不同的世界，不与其他人混同。此外，基督徒会彼此间争吵，争吵的起因就在于诺斯替教派的不良行为。（正如基督教史家尤西比乌斯所说的）“在那些尊重我们的不信者中间，广泛流传着一种不虔敬的、非常荒谬的怀疑论调，就好像怀疑有人和自己的母亲及姐妹们进行某种不合法的交易且吃下了非常糟糕的食物一样”（*Eccles. Hist.* IV，7）。由于这样一些原因和途径，基督徒的恶名迅速传播开来，并在马可·奥勒留时代达到了顶峰。

第十八章　罗马政府的政策

219 罗马政府在宗教事务上的政策在马可·奥勒留即位很久以前就已确立了。这项政策相当宽容，不过这种宽容并不是出自宗教上的漠不关心和政治方面的好感。事实上，对于那些看护着罗马国家和保佑这个国家取得胜利的诸位神祇来说，罗马公民需要尽到自己的义务。不过，在被征服的各行省当中，居民们却有自由按照自己的方式，去崇拜自己本土的各位神祇。有人可能会说，罗马宗教并不固执褊狭，几乎完全不带任何宗教情绪，而且罗马的宗教政策也完全服从于一个帝国的世俗利益。罗马诸神几乎就是一些符号，就是诸种力量的模糊体现，而这诸种力量并未得到人们很好的理解。此外，它得到了国家的保护，与其说是出于私人奉献的目的，还不如说是因为他们能充当罗马国力的神圣象征。在共和国的早期阶段，统治阶层是很敬虔的，如此一来，罗马诸神心生妒意，声称除了他们外，罗马人不应有其他任何神祇。征服的过程必然改变了这些早期观念。一个又一个行省加入，被征服地域的诸神被接受继而被纳入罗马万神殿。在这些神祇当中，人们发现有些神祇是罗马人之前就已经以其他名目崇奉过了的，包括男神和女神。不过，不管人们通过何种方式来采纳或接受新神祇，其潜在的
220 理由仍然是罗马国家逐渐壮大成帝国这一事实。古老的罗马诸

神既冷冰冰又无人情味，这样的诸神也许能满足一个严厉、自控和单纯的人群的需要，但它们却不足以满足一群性情更加热烈或被精神欲望缠身的男男女女们的需要。这样一群人需要神秘感，需要激情，而在从埃及、叙利亚和小亚带回的各种形式的崇拜当中，他们找到了这些东西。因此，当罗马边疆渐行渐远时，国家对宗教和宗教崇拜的态度也改变了。新的崇拜形式不仅进入了意大利，而且也进入了罗马。通过所有这些变化，罗马政府的政策变得宽容了。仅就崇拜而言，臣服的人们是可以做自己喜欢做的事情的。

宽容必定有其限度。罗马政府的宗教宽容政策不管多么有气度、大度或者漠不关心，它总是有某种比较明确的界限。罗马人从来不希望限制人的良心，他们只是坚持某种外在的行为标准。就像在印度，英国人不允许寡妇作为祭品死在自己丈夫的火葬柴堆上的古老习俗一样，罗马人也不允许用人做牺牲。像这样的做法，他们只是在非洲和高卢地区进行。对崇拜自由的第二个限制就是，禁止人们举行那种鼓励粗俗不道德的行为的仪式，或者禁止人们掩饰不道德的行为。这种政策虽然不构成禁止基督教的法令的直接原因，却与政府的行为密切相关，而且毫无疑问的是，它得到了大众的真正支持。在政府执行这一政策的过程中，最出名也最具戏剧性效果的例子（在镇压基督教一事之前）发生在共和国时代，这个时候正值第二次布匿战争结束不久，也正是罗马政府介入打压巴库斯崇拜行动的时候。在这个时候，大众对新来的崇拜形式的感情和信仰与安东 221
尼努斯家族在位时期人们对基督教的感情和观念很像，所以，这一时期也就成了我们所了解的有关罗马政府对待基督教态度的主要先例。这个事件本身就证明了罗马帝国拥有不成文法令，同时这一事件还有助于我们更好地理解人们针对基督教的攻击行为。基督徒回望往昔的数个世纪，由于他们拥有一种植根于基督教神圣起源的绝对信仰，这数个世纪变得色彩斑斓起来。对于他们来说，前述攻击行为就像是来自一种狂热盲目的偏见，这种偏见针对的是人们旨在安慰人心和使人性升华的努力。我这里援引李维的说法：

“这就是它的开始。最有学识的民族把所有艺术都赋予我们了，为的是用它们来培育我们的身心。而一个资质平庸的希腊人对此却全然无知。一个贫穷的祭司，一个占卜者，来到了埃特鲁利亚（Etruria）。他并不在公共仪式上公开宣讲和践行自己的教导，从而激起人们内心的深层情感；他是一名怀揣着秘密和举行午夜仪式的祭司。起初，他们的活动只局限于某些人，后来，他们便开始四处扩散，在男人和女人们中间进行。除了宗教仪式之外，还有盛宴吃喝，为的是吸引越来越多的新手。当酒水促使他们兴奋起来时，男男女女们便混到了一起，他们中的大多数人都很年轻。夜幕下的他们，没有一丝一毫的端庄和斯文。所有形式的放荡表现开始了，因为所有人都发现，撩人的诱惑就在身边，触手可及。本能驱使着他们这样行事。这种恶，这种发生在生来自由的男人和普通女性之间的恶，并不是这里的全部。除此之外，这个窝巢里还滋生出了作伪证行为、编造行为、假纪念品以及其他糟糕的东西。另外，还有下毒和刺杀……这种恶的蔓延，就像一场四处扩散的病，从埃特鲁利亚传到了罗马。一开始，它还只是潜伏，因为城市规模宏大的缘故，许多罪恶都被掩盖包藏了。然而过了一段时
222 间以后，执政官就知道这件事情了。”［执政官进行调查，发现存在巴库斯崇拜行为（Bacchanalian rites），于是把人们召集

到广场，对着他们说了下面这番话：]

“在此之前，罗马人从来没有让大家聚在一起。只有在更合适也更加有必要的场合，罗马人才乞求诸神。需要记住的是，这些神祇是我们的祖先已经承认了的。祖先崇拜他们，尊敬他们，向他们祈祷。这些神祇不像那些奇奇怪怪的神，使人们的心迷上那些低级又古怪的仪式，促使人们如受了盛怒刺激般趋向种种邪恶和罪行。

我不知道我会把话讲到什么程度，也不知道我该在什么地方把话头打住。如果我没让你们充分了解我所说的内容，那么我就有责任给你们以正确的提醒。如果我把整件事情说得太露骨了，我又担心这会不会让你们感到过于恐惧。大家尽可以放心的是，不管我说什么，总还不至于要拿这种罪的残忍性质和严重程度来说事。我们应该下大力气并采取必要的措施来阻止这种罪恶的发生。

我敢肯定的是，你们已经从报道和夜间回响在城市每个角落的吵闹尖叫声中得知，这件事情发生了，也即巴库斯崇拜仪式已经在意大利的每个地方都传开了。如今，它又在罗马的许多地方扎了根。但是，你们并不知道巴库斯仪式到底是什么。你们当中有些人认为它是某种崇拜诸神的方式，而另外一些人则认为，它是一种混乱的运动方式，但并没有违背罗马的法律，不过不管它是什么，影响的都只是一小撮人。

至于他们的成员，假如我告诉你们其成员有成千上万的话，我想你们会非常害怕的，除非我另外还告诉你们他们是谁。首先，他们当中有很大一部分人是妇女，而这就是罪恶的根源。他们当中的男人是最乱的一类，因酒而半疯半癫，他们的午夜是叮叮砰砰响声一片的。如今，这一教派还比较弱势，

223 不过它会变得非常强大，因为每天都有更多的信众加入。你们的祖先绝对不允许大家仅因为随随便便的理由就聚在一起。要么是旗帜插上城堡，要么是军队因选举活动而集结，要么是保民官召集民众，要么是某位城市行政官召唤人们。他们认为，不管哪里有人群涌动，按照法律有权管辖集会人群的人都应当到场。

那么，根据你们的假设，这些发生在午夜的、男男女女混合一处的集会到底属于哪种类型？如果你们知道加入其中的男孩们有多年幼，你们就不仅会感到他们可怜，还会感到他们可耻。罗马人，你们认为有过效忠宣誓的年轻男人都适合当兵吗？你们认为，应该把武器交给这样一群从野兽窟里出来的男人吗？这些被自己和同伴的酒色放荡所污染的年轻人，会拿起手中的剑来保护你们的妻子和女儿的荣誉吗？

在这个国家里，从来没有这样严重的罪恶，影响了这么多的人，影响了这么多的事。不管最近几年都有什么样的邪恶行径发生，不管是淫欲还是犯罪，你们都会肯定地说，它源自那一宗教教派。这一教派还没有干尽一切坏事，要知道，他们就是为了这些坏事才团结起来的。这一犯罪教派只对私人作恶，因为它还没有强大到可以攻击国家的程度。不过这种罪恶每天都在增加，在传播。这种罪恶太严重了，严重到市民们都无法制止它。它期待占领这个国家。”等等。

这位执政官的演讲唤起了人们的同情。镇压政策出台了。七千人被捕，有一多半人被处死。元老院也颁布了“任何巴库斯崇拜仪式都不得在罗马或意大利进行”的法令（Livy，XXXIX，Chaps. 8—17）。

于是，这就成了300多年前的一个古老先例。它几乎就是

罗马世界对基督徒感到焦虑、警醒和藐视这一情形的对应面。 224
在它们当中的任何一种情况下，都有一个对罗马诸神傲慢无礼的域外教派，都心怀占据罗马国家支配地位的野心，都启用罗马人的方法和推动罗马人的偏见，引入奇怪的仪式和神秘信条，告诉人们有一位神超越了人类的经验，要人们践行一种和理性相矛盾的崇拜活动，并在黑暗角落和秘密集会中，使那些未受教育的人，特别是未受教育的妇女们心怀感动。在它们当中的任何一种情况下，无知、藐视和恐惧心理都包含着对可怕事物的想象。在这里，我援用先例来作说明也并非没有合理之处，因为在巴库斯崇拜和基督崇拜之间，存在着某些相似的地方，比如存在一种比理性还要更加深层的判断，存在一种由人类力量和超人类力量混合而成的、神奇而又神秘的情感，以及存在一种有时会发生的、完全摒弃那种不那么容易理解的神圣精神冲动的做法。欧里庇德斯的《酒神的女祭司们》(*The Bacchae*) 在一定程度上暗示了这一点。两种宗教都使大众产生了一种相同的总体印象。罗马政府的政策是由它的世俗利益、上层阶级缺乏同情心和未受教育人群带有迷信偏见这些因素共同决定的。随着时间的推移，这种政策更加有力，也更加稳固。它看起来已经相当牢固，因而也就不需要体现在法令中了。它只需要依旧作为未成文法的构成部分，作为一种条例而非国家干预宗教事务的手段就可以了。正如我所说的，这种情况构成了罗马政府宗教宽容政策的第二个例外情形。

除了对崇拜自由做这些限制外，罗马国家还向它的臣服之民索取效忠证据。由于罗马诸神是罗马国家的政治符标，所以所有的子民都有义务通过对这些神祇的崇拜行为来显示自己的忠诚度。对罗马人自己来说，无论是漠不关心还是持怀疑态

度，国家所要求的这些行为都是政治性质的，而且所有信奉多神教的人群都接受这种观点，并且很愿意在任何一位神祇的神
225 坛上进香，尤其是向那些和罗马诸神一样强大的众神进香。他们并不谴责自己的宗教，没有人要求他们那样做。人们只是要求他们去履行帝国所要求的义务：通过爱罗马的诸神，承认罗马的最高统治权。

在上述情况中，有一个因素值得特别一提。随着帝国的建立，一个新的因素被引入罗马宗教。罗马的皇帝们在死后被神化。圣尤里乌斯（Divus Julius）、圣奥古斯都（Divus Augustus）和其他人等都被视作具有神圣力量的存在。他们与朱庇特·卡皮托利努斯（Jupiter Capitolinus）和马尔斯·格拉迪乌斯（Mars Gradivus）一起成神，继续看护着罗马帝国。在大众的想象中，这种神化/典范化情形并不是一种粗暴的变形（metamorphosis），因为在整个生命历程中，这些皇帝看起来就是无所不能的。神化的做法源自东方，不过它的观念基础却早已消失在了空气之中，而人们的崇拜行为也早在罗马国家的官方认可之前就有了。通过一种修饰调整过的“正典化”形式，它得以在罗马天主教会中存续下来，一直到今日。直截了当地说，不管它的观念看起来有多么古怪，总之，它都已在基督徒为家庭中的生者召唤死者这一日常祈福实践中，变得十分熟悉起来。出于类似的感激之心，出于情感，和出于一种不情愿相信有那么一种力量在做父亲的或做丈夫的身上发挥作用的心态，罗马人在自己家里也习惯向死者神灵（*Dis Manibus*，to the divine souls of the dead）表达特别的敬意，并对之进行简单的崇拜。而他们不情愿相信的那种力量，正是通过恩赐和温柔影响了那些做父亲的或做丈夫的。很明显，光靠祈祷是无法

满足这种力量的需要的。所以，就各自在看护帝国方面所发挥的精神作用来看，各位皇帝之间也存在着很大的差异。自然而然地，他们就正式超越了古老的罗马诸神，成为被人们接受的罗马国家的象征。所有人，不管是罗马人还是居住在被征服之地上的居民，都应该通过公开承认新的诸神来宣示自己对罗马的政治忠诚，都应该在这些神祇的神坛上进香，都应该召唤这些神祇前来干预，或者都应该“以皇帝的天赋异禀”（“by the genius of Caesar”）起誓。在这种新的崇拜当中，有一种形式 226
就是对罗马和在位元首的崇拜，这种崇拜通常被称作“罗马与奥古斯都崇拜”（the cult of *Rome and Augustus*）。接受这种崇拜的人心怀激情，它传遍帝国的各个行省，东西方皆有。这种崇拜有自己的祭司阶层和仪式，不过没有关于抗辩的多神论式观念。人们在行省一级的城市里为罗马和奥古斯都修建庙宇。在这里，好像来自更大一级行省市镇的代表团每年都会碰面一次。他们在庙宇里举行献祭仪式，进行庆祝性游戏活动，并且会进行某种交由他们来负责的交易活动。如此一来，这种崇拜就繁荣起来了，而各位神化了的皇帝也在罗马诸神当中拥有了自己的位置。人们接受这些由皇帝和其他人组成的神。在罗马人看来，这只是一种承认罗马国家权威的行为。而通过把用来烧的香扔到神坛上，以拒绝崇拜它们，而非在精神上拒斥它们，则会构成一种不忠和叛国行为。谁一再拒斥已经神化了的罗马权威，谁就会被宣布为叛国者和人民公敌。蒙森（Mommsen）说过：“国家宗教是……所有人的共同祖国罗马（the *Roma communis omnium patria*）的根基，是政治团结在精神上的象征……人们必须永远记住的是，每个［律师］都必须在那些应该处以死刑的罪行当中整理出藐视诸位公共神祇的行为。而对于任何一位罗马政治家来说，和那些犯有这方面错误的人哪怕仅怀宽容之心的人站在一起，原则上都是行不通的。”

这项政策促成了那些具有多神教信仰的人们对罗马帝国诸神的强制性崇拜，就这一点而言，它是相当成功的。被征服民族接受了罗马的权威，他们时常对帝国带来的和平与公共秩序表示感激。当然，有些神祇或多或少显得不那么重要。不过，在向罗马表示臣服的诸民族中，有一个民族显得十分特别，那
227 就是犹太人。犹太人给罗马提出了一个新问题。他们构成了一个民族，但他们并不生活在同一个民族疆域内。许多有家可居的犹太人住在朱迪亚，但更多的犹太人散布于小亚、希腊各城市，以及亚历山大里亚和其他地方。使他们彼此连成一体的纽带，就是他们的宗教。和多神教信仰的倾向不一样，这种宗教无法和其他宗教相融合，也不会和其他宗教相调和。这种宗教声称，只有它自己才是真正的宗教，其他所有宗教都是假的。罗马人对于要做什么是迷惑的，他们的政策会因即时情境下的迫切政治需要而改变。他们希望能够避免争吵，并且在这样或那样的借口之下，重新回到宽容的总原则上来，以达成某种一致性局面，好让犹太人继续保有自己的方式习俗，也好让他们有借口不追随帝国的崇拜方式。然而，不管是因为人们对国家独立的向往和对帝国宗主权的热爱两者间形成了对立，还是由于其他什么因素，总之这种政策是明显地失败了。犹太人一次又一次地反叛。苇斯巴芗治下的持久战随着耶路撒冷的被占和圣殿的被毁（公元 70 年）结束了。在图拉真在位时期即将结束时，犹太人起事，并在美索不达米亚、巴比伦、昔兰尼（Cyrene）和塞浦路斯掀起了令人恐惧的大屠杀行动。反叛在血流成河般的景象中被镇压下去了。在哈德良治下，战端再

起。耶路撒冷差不多被毁，罗马的埃利亚·卡皮托利纳城在其废墟上耸立。在安东尼努斯·庇乌斯治下，反叛进一步掀起。正如尤文纳尔、珀修斯、塔西佗和其他人所见证的那样，除了这些反叛之外，犹太人在个人层面上也不受罗马人欢迎。人们甚至还说，马可·奥勒留在自己任期快满、前去造访巴勒斯坦时，曾因犹太人心生反意且本身就不洁而感到厌烦，他大声叫道："噢，马科曼尼人！噢，夸迪人！噢，萨尔玛提亚人！我最终发现，还有比你们更坏的人！"

就在这一时期，当罗马政府正沿循其机会主义政策来处理一神教信仰民族事务时，它发现，自己也需要拟定一项面对一神教教派的政策，这种一神教否定一切民族性。最开始，这一新教派的活动、信仰和情感好像都与犹太人的宗教相似，而它所引发的问题，则似乎是犹太人问题所造成的必然后果。这个新教派声称，自己是真理的唯一掌握者。它并不宽容。它很顽固。它视罗马诸神为魔鬼，或者认为它们都是假的。它似乎承认两位神祇，一位是最高的神，另一位就是基督，也就是那个被钉上十字架的犹太人。在起源上，它是犹太性质的。除此之外，也就没什么了。它没有民族性，因而也就没有地方性的栖居场所，从而也就不会把自己局限在国家范围内。它的仪式是秘密进行的，具有神秘感。它主要在妇女、奴隶和社会底层人中间寻求皈依者。很快，人们对这个新教派的真正了解都被那层裹在它周围的由流言蜚语和错误信息构成的厚厚云层淹没了。不过，有一个事实肯定是清晰可辨的：这个新教派和帝国的既有法律并不融洽协调。基督教的根本教义主张罗马诸神是假的，圣尤里乌斯、圣奥古斯都和其他神祇都是家族荣耀或帝国政策的幻影。基督教让自己所有的信徒都拒绝给异教神坛献祭，或者“以皇帝的天赋异禀”名义起誓。这是对帝国已建立秩序的绝对藐视，由此也就导致基督徒属民招来死刑惩罚，即惩罚他们这群不向帝国效忠的叛国者和有违帝国宗教信仰的无神论者。简言之，就是把他们当作人民公敌，就像处理海盗和土匪一样，这些人完全不受法律的保护。此外，作为一种表现不那么突出的冒犯行为，建立新的教派这一做法还进一步违背了法律。从尤里乌斯·恺撒时代起，帝国政府就已经开始怀疑那些秘密存在的社团了，担心它们会发展成密谋的中心地。于是，政府下令禁止所有人联合组建行会、社团或未经特别许可
229 就成立俱乐部。那些长期以来一直符合习俗习惯的商贸行会与送葬团体，是允许存在的。另外，犹太人也可以在自己的教堂里集会。这是一项特权。然而，罗马政府总是妒忌这项特权，就像图拉真皇帝给普林尼的信中所说的，他们相信“不管我们给它取什么名字，也不管我们给它取名时所抱持的目的是什么，汇集在一起的人们很快就会变成一个政治性俱乐部。”基督徒的集会是没有经过许可的，他们的集会破坏了这个国家的法律。

然而，这一新宗教对这些事并不怎么上心。它把自己定位于更高的事务。它的中心意旨在于让人皈依，它对法律很少在意。罗马政府只知道在这里又有一个东方教派存在，只知道不管是自己犯了罪还是有人对他们犯罪，这个教派的成员都引发了很多破坏和平的问题。不过，这些问题几乎都没有再进一步扩大。至2世纪初，该新教派在犹太人中兴起，不过却遭到了犹太人的恨意，无家可归，却又无处不在，秘密行动着，傲慢自大，人数显增，最终引起了罗马官方的注意，继而把它当作一件政治上的麻烦事来处理。在罗马政府和犹太人有了交往之后，要想再让它支

持如次这一政策，是不可能的了：在该种政策下，罗马政府要和一种并不宽容的宗教共处，不仅如此，它还要让该宗教的信徒免去一项义务——承认代表帝国权威的宗教标志。罗马政府相信了那些有关无德和罪恶的报道，并且决定沿用传统政策，需知这种政策原本是用来反对巴库斯崇拜的。

尽管有学者做出了辛勤而独创的研究，然而我们还是没能获得确切信息，这种信息关系到体现罗马政府政策的那些特定法律或法令的本质和来源是什么。我们没有发现什么法律，也没有发现什么具有普遍效力的法令。不过有关各种审判的报道、信件和碎片式信息倒是告诉我们，这中间发生了什么。有 230
时候，罗马地方行政官履行他们维护和平或抓捕不法分子的共同义务。而有时候，他们则坐下来，审判那些被正式起诉的案子。然而，不管有什么法令或敕令，至 2 世纪初，基督教派已经激起了人们莫大的仇恨。这些人臭名昭彰，被人们冠以犯罪者之名。他们那么坚定，那么稳固，不找理由，也不求缓和。若举个例子来说的话，他们可以和英国历史上被禁的麦格雷戈宗族（clan of the MacGregors）的事情相比，即单单承认自己发展了成员这一条，就构成了死罪。承认自己是基督徒，就意味着要面临死亡的命运。除此之外，不需要其他任何有关叛国罪、无神论罪或任何一种罪的证据。有人可能会假设，在卡帕多西亚、亚细亚、卑诗尼亚和本都（Pontus），那些无知、狂热而又情绪化的族群可能会有很多新近皈依者，他们有十足的热情来确保自己的神圣祈福行为，“人为人子……弃掉你们的名，以为是恶，你们就有福了！”[1]（Luke，vi，22）他们不仅坚

1　此处中译出自中文和合本圣经《路加福音》第六章第 22 节。——译者注

持颂扬和美化基督徒这一名头，还会将一种至死不渝的做法灌注其中，这种做法就是对世界上其他所有被人们信仰并视为神圣存在的对象加以藐视，而且还会激起那些未曾皈依的邻人们的愤怒，这种愤怒和他们自己的一样充满激情。很有可能的是，他们的邻人把冒犯自己的人带到了城市行政官的面前，并坚持要求付诸法律。然而，尽管大众可能会提出并要求惩罚基督徒，可我们还是不能就此草率得出结论说，罗马法律对被指控者的权利是漠不关心的。即便从基督教这边的证据来看，情况也不是这样。费斯图斯说："无论什么人，被告还没有和原告对质，未得机会分析所告他的事，就先定他的罪，这不是罗马人的条例。"[1]（Acts xxv，16）德尔图良说："没有控诉和辩护，人们不能因为你的行为而匆匆谴责你"（*Ad Nationes*，II，2）。

231 有关罗马皇帝对此事态度的第一条确切信息，来自图拉真的那封著名的信，这封信很可能写于公元 112 年，是一封回复小普林尼要求给予指示的信，而小普林尼当时正担任卑诗尼亚行省总督。很多基督徒都被带到普林尼跟前加以审判，而普林尼对这种犯罪案例并没有现成经验，而且对该教派也好像没什么了解。在调查过程中，当他写信给皇帝时，他发现，"这种会传染的迷信"已经四处传开了，从城市和乡村传到了遥远的农场，并且对男女老少以及一切阶层的人都造成了影响。他的审判程序是这样的：他问囚犯是否是基督徒，如果囚犯说是，那么他就会警告对方，会对之进行惩罚，接着便是一遍又一遍地重复同一个问题。如果囚犯坚持声称自己是基督徒，那么这名囚犯就得受命赴死，因为普林尼肯定，不管犯了什么事，这

1 此处中译出自中文和合本圣经《使徒行传》第二十五章第 16 节。——译者注

样的抗命不从行为都应当加以最高级别的法律处置。否认对自己的指控的囚犯则被要求召唤诸神，在皇帝像前焚香，并诅咒基督。那些愿意叛教变节的人们说自己所做的事情和这次的行为差不多：黎明之前聚在一起；把基督当作上帝来唱颂；以及发誓不做偷盗、抢劫、通奸或背叛之事。除了这些早期做法之外，他们还有另外几种做法，并且会在这一天里再次相聚，以享用简单的饮食。不过，在普林尼执行皇帝的命令即禁止一切未经允许的聚会之后，他们连这种做法也弃之不用了。普林尼就各种事宜特别是惩罚和调查这件事询问皇帝的意见：是否"只要有基督徒这个名头，就加以惩罚，即便没有证据显示他们是可恶的，也如此待之？或者，是否当这个名头本身就暗含了让人憎恶的地方时，我们也要惩罚他们？"（Pliny's Letters，X，96）。对于这样一封征求意见的信，皇帝是这样回复的： 232

> 我亲爱的普林尼：
>
> 关于那些在你面前被指控为基督徒的人，你已经按照自己的性情做了你应该做的事情。而要想颁布任何一道普遍适用又非常明确的程序，这是不可能的。对于他们，不要做任何探察。假如他们被指控而且被定罪，那么他们就必须接受惩罚。但有一个附带条件：如果被指控者否认自己是基督徒，而且通过自己的行为也即崇拜诸神证明了这一点，那么在他悔罪后我们可以原谅他，尽管过去他有可能存在这方面的嫌疑。匿名指控肯定不会有什么分量。这种指控会开启一个很坏的先例，并且有悖于我们这个时代的精神"（Pliny's Letters，X，97）。

不管图拉真是否遵循了某种不为我们所知的法律或先例，或者不管他是否按照自己相信的那项合乎传统又或不合乎传统的罗马政府的正确决策来回答普林尼的问题，总之他所同意的那些规则是清楚而又简单无疑的了。如果被指控者坦白自己是基督徒，那么他就会遭到警告，并被带去“悔罪场所”（*locus penitentiae*）。如果他依然执拗，那么他就会遭受惩罚。如果他否认自己是基督徒，或者声明放弃自己在该教派中的成员资格，那么他所要做的，就是“以皇帝的天赋异禀”名义起誓，并在罗马诸神的神坛上焚香，或者履行这样一种仪式，如此，他就会被释放。而所施加的惩罚措施，则是将人钉死在十字架上，或丢到野外供野兽享用；或者将之烧死，又或砍掉某位有地位有级别的人的头。这些残酷的刑罚并不是特意为了对付基督徒才发明的。在罗马人惩罚那些较为严重的罪行时，这些措施就已经广加运用了。这些严重的罪行包括：城中纵火；庙宇行窃；逃避军役；或谋杀近亲。

233 这就是针对基督教所犯罪行的判罪程序。流传到我们手中的案例报道表明，在图拉真、哈德良和安东尼努斯·庇乌斯统治时期，这种程序就已经在用了。在图拉真任上，基督徒在安条克、腓力比（Philippi）和卑诗尼亚等地被处决。哈德良皇帝在发给亚细亚行省总督的通告中，确实避免直接运用法律手段，而是将之做一些谨慎的限定，却又不会因此而改变事情的本质。他担心虚假的指控或大众激情会导致对无辜清白者造成不公平对待，于是就把总督引向了探察合法指控和施加正当惩罚这一方向。安东尼努斯·庇乌斯对希腊和色雷斯（Thrace）的各个城市都发布了指示，禁止出现任何反对基督徒的混乱程序。然而，处决之事还是时有发生。在他任上，最著名的案例就是贵族老波利卡普（the noble old Polycarp）的事情。老波利卡普在士麦那被判处死刑，和他一起的还有其他人。在对他的审判中，总督希望保住他，于是就对他说："诅咒基督，这样我就把你放了"，波利卡普答："我已经为祂服务了86年，祂从来没有对我做过什么不好的事情；既然如此，我现在又怎能亵渎我的王，这位拯救我的王呢？"在雅典，主教普布利乌斯（Publius，the bishop）被判处死刑，此外各色人等据说都在罗马遭受了苦难。在所有这些谴责声中，有一条人所共知的罗马法则就是：仅仅只承认自己是基督徒，就构成了死罪。

这就是马可·奥勒留在位之初时的情形。

第十九章　法律的实施

234 在马可·奥勒留在位时期，情况瞬息万变。基督徒的人数倍增。受过教育的上层男女都成了基督教信众。这个教派感觉到了自身潜在力量的征兆，许多人似乎公开大声承认自己的宗教信仰。结果，基督徒不仅遭到了他人的仇恨，而且在这种仇恨当中还能感受到一种恐惧元素，就好像异教徒感觉到了某种神奇、危险或不洁的东西一样。至于那些已经能用成熟心态面对新的教导和感觉到其中可能也蕴含了自己所认为的真理的人，则接受了福音教导，并皈依这种宗教。其他人则对那种隐含在看似十分粗俗和令人生厌、十分顽固而又傲慢无礼的东西下的善与美一无所知。他们从来不读“福音书”、《诗篇》或《以赛亚书》；他们从不知道耶稣生命的奇妙恩泽，也从未领略过他的言语魅力；他们认为这个新教派除了作恶之外，一无是处。“基督徒”这一名头让他们厌恶。他们相信，基督徒在自己眼中的可恶程度和在诸神面前的可恶程度是一样的。在一场公共性灾难发生的时候，大众都把基督徒当作事情的起因。德尔图良说：“在人们遭受每一场公共性灾难，面临每一种不幸遭遇时，基督徒都要遭受指责。如果台伯河水泛滥，如果尼罗河依旧顺着河床流走，如果无雨可下，或者有地震、灾荒或瘟疫发生时，马上就会有人叫喊‘把基督徒扔出去喂狮子’”

（*Apol.* 40）。在马可·奥勒留在位时期，所有这些灾难都一场紧接一场地发生了。台伯河水泛滥，造成了饥荒；几年之后，瘟疫在帝国境内肆虐，持续了数年，在不同时间不同地方都有发生。驻扎在不列颠的军团士兵起来反叛。帕提亚人入侵东部 235
行省；蛮族人迅速南下，穿过了多瑙河。已经习惯了和平安逸的罗马世界在萎缩。除了萎缩，还要面临诸如此类的打击。罗马皇帝怀着皇族的勇气，秉承着皇室的信纲，直面这些罪恶，并予以果敢的反击。然而，大众表现得很无知，他们反复无常，容易迷信，且容易自乱阵脚，心生恐惧；他们之所以要献祭，为的就是可以借此来平息诸神的愤怒。那些或许追随了尼禄甚至效仿尼禄之前先例的狡猾之人，通过耶路撒冷的高级祭司，激起了人们对基督徒的怀疑。大众是很容易被唤起的。因此在某些场合下，圣保罗那样的事情就发生了，波利卡普以及他的殉道同伴的事也发生了，而在亚细亚行省，当皇帝哈德良拟出通告时，事情也发生了。大众喊出了自己口中的谴责之词，而城市行政官也很可能出于将基督徒从暴力中解救出来的目的，把他们监护起来。在其他情况下，那些渴望不义之财的告密者、互相结下仇怨的人或是受了伤的贸易商，都走到城市行政官面前，向他抱怨。官方对基督徒几乎没有展开任何抓捕行动，也没有展开任何调查。图拉真明令禁止人们这样做，他的几位继任者也都禁止这种事情。除了迫于集体或个人指控压力，城市行政官不得不采取行动外，基督徒好像从未遭遇过什么骚扰。基督教辩教者们向几位皇帝呈送纪念文字，大胆声称自己就是基督徒。对此，皇帝也没有采取过什么行动。例如，在哈德良在位时期，（雅典的）阿里斯提德斯和夸德拉图斯（Quadratus）就是这样。在安东尼努斯·庇乌斯在位时期，贾斯丁也是这样。而在马可·奥勒留在位时期，克劳迪乌斯·阿波利纳里斯（Claudius Apollinaris）、墨利托和阿泰纳戈拉以及像安条克的塞奥菲卢斯（Theophilus of Antioch）、米努奇乌斯·菲利克斯、塔提安和稍微晚一点的德尔图良这样的作家，
236 也都如此。法律的锋芒并不总是起作用。阿泰纳戈拉交了一笔罚金，算是接受了惩罚。在里昂，在公元177年的群氓混乱之前，基督徒仅仅只是不被允许去澡堂洗澡，不允许去市场，或不允许在公共场合里现身。毫无疑问，这种禁令是为了阻止大众对基督徒施暴。在里昂审判场上，一位名叫维提乌斯·厄帕加图斯（Vettius Epagathus）的囚犯好像未被判刑。在意大利，成千上万的人被送去萨丁岛的矿场劳作，以代替死刑。所有的审判都表明，审判官希望挽救囚犯们的生命。他们敦促这些人改变自己的信仰，他们可能会在深思熟虑一番之后，再对这些人采取缓刑措施，或者**运用一种劝导式言语**（*blando colloquio*）试着去诱导他们叛教变节。然而，一旦案子进入审判环节，这种由图拉真设立的程序就会被严格遵循。

马可·奥勒留在位时期的第一个案子就是“罗马国家 vs. 贾斯丁及其他人等”案。关于这个案子，有一份报道流传到了我们手中。当贾斯丁代表基督徒向安东尼努斯·庇乌斯呈交辩护词，但同时并未受到干扰时，我们有理由相信这么一个故事：他的私敌也即一位犬儒派哲学家对他进行了指控。他和同伴都被带到了城市长官（the City Prefect）面前，接受审判。此时正是尤尼乌斯·鲁斯提库斯担任城市长官之时。在此之前，他曾担任马可·奥勒留的家庭教师。如今，他应自己的主人也即皇帝之命，放弃了教书行当，转而肩负起国家公职来。从他的教导来看，他的品质重点表现在这么几个方面：做

正义的事情；守护品性的健康；保持单纯的状态；当意见不合时，能够迅速加以调和；在阅读时，不浅尝辄止；不对口齿伶俐、巧舌如簧者轻易表示认可。师生关系的时代早就过去了，然而这两个人还是很好的朋友。马可尊敬鲁斯提库斯，而鲁斯提库斯也正如弗朗托所说的，会“为了马可的一小片手指甲而献上自己的生命”。尽管如此，双方也还是没有盲目崇拜对方。此时此刻，鲁斯提库斯已经成了一个重要人物，他的裁断在对内事务和对外政策两方面都很有分量。他是一个行事彻底的罗 237
马人，是位斯多葛派人士，同时还做到了自我节制，而在对待基督徒这件事上，他的观点好像和弗朗托的观点很是相似。当然，我们也就只能有这番判断了，除此之外他也不可能还有比这更正直的表现了。我所提供的此次审判报道表明，他是按照法律的要求进行审判的。

罗马国家 vs. 贾斯丁等人

当囚犯被带到审判席前进行指控时，鲁斯提库斯对贾斯丁讲话。

> 城市长官：你的首要义务就是相信诸神，遵从你的皇帝。
>
> 贾斯丁：我们遭受指控和训斥，这是不正当的，因为我们遵循了我们的救主耶稣基督的命令。
>
> 城市长官：你所承认的信条教义是怎样的？
>
> 贾斯丁：我试着学习所有教义，但我信仰的是基督徒的真教义，虽然它们在那些心怀错误观念的人眼里，是不可接受的东西。

城市长官：可怜人，那你接受那些教义吗？

贾斯丁：是的，我肯定接受，因为我遵循其中的信仰的真义。

城市长官：那是一种什么样的信仰？

贾斯丁：我们崇拜基督徒的上帝，我们相信祂是从一开始就有的，造物主和一切可见与不可见之物的创造者；我们的主耶稣基督是上帝之子，关于祂，各位先知已经预言过了；祂会向人类布施拯救之道，会担当各位高尚门徒的老师。但是，我是人，我意识到和祂的无限神圣智慧比起来，我能说的只有那么一点点而已。不过，各位先知确实已经预言过祂了，就像我刚才所说的，祂是上帝之子。

城市长官：你们在哪里集会？

贾斯丁：我们想在哪里集会，能在哪里集会，我们就
238 会在哪里集会。我们所有人绝不可能会在同一个地方碰面，这太不可思议了，我们绝不会这样做的，因为基督徒的上帝是不受限制的；虽然祂不为人们所见，但是祂还是充盈了天和地，而且在任何一个地方都能从信从者那里得到崇拜和颂扬。

城市长官：告诉我，你们在哪里会面？你会在什么地方聚集你的门徒？

贾斯丁：我一直待在一个叫马丁的人的家里，待在楼上，靠近提摩太的浴室，在这一次（因为这是我第二次来到罗马），除了那个地方外，我就不知道其他聚集地点了。任何人想要靠近我，我就告诉他这个关于真理的教义。

城市长官：那么，你是一个基督徒？

贾斯丁：是的，千真万确，我是基督徒。

城市长官接下来转向查理顿（Chariton）。

城市长官：来，查理顿，你告诉我，你是基督徒吗？
查理顿：我是基督徒，我以上帝的命令起誓。

城市长官随即转向查理托（Charito），她是一位女性。

城市长官：你说什么，查理托？
查理托：蒙上帝的恩赐，我是基督徒。

接着，鲁斯提库斯转向艾维尔皮斯图斯（Euelpistus）。

城市长官：你是谁？
艾维尔皮斯图斯：我是皇帝的奴隶；我也是基督徒，因为基督，我获得了自由，蒙基督的恩典，我拥有了同样的希望。

鲁斯提库斯随后向希耶拉克斯（Hierax）讲话。

城市长官：你也是基督徒？
希耶拉克斯：千真万确，我是基督徒，因为我崇拜并且爱戴同一个上帝。
城市长官：是贾斯丁让你们成为基督徒的？
希耶拉克斯：我是基督徒，我也应该是基督徒。
接着，派昂（Paeon）站起来说：我也是基督徒。

城市长官：是谁教导你们的？

派昂：我们从自己的父母那里学习这种高贵的表白方式。

接着，艾维尔皮斯图斯也说：我过去常常带着愉快的心情听贾斯丁讲话，我也向我的父母学习如何成为一名基
239 督徒。

城市长官：你的父母在哪里？

艾维尔皮斯图斯：在卡帕多西亚。

城市长官（对希耶拉克斯）说：你父母在哪里？

希耶拉克斯：我们的真正父亲就是基督，我们的母亲就是和祂相连的信仰；但我尘世中的父母已经死了。在被人从弗里吉亚的以哥念（Iconium in Phrygia）赶走后，我就来到了这里。

城市长官（对着利博里亚努斯［Liberianus］）说：你有什么要说的？你是基督徒吗，难道你没有任何宗教信仰的感觉吗？

利博里亚努斯：我也是基督徒，因为我有虔诚的信仰，崇拜唯一的真神也就是上帝。

城市长官（对着贾斯丁）说：听着，你说你博学多识，而且相信你知道真正的教义，那么你也相信在被鞭打和砍头后，自己也会上天堂吗？

贾斯丁：我希望我会得到祂的奖赏，如果我忍受这些东西的话。我知道，对于所有那些以这种方式过生活的人来说，神圣的恩典会一直存在，直到此世的末日。

城市长官：那么，你认为你会升入天堂，会收到某种奖赏？

贾斯丁：我不这么认为。不过我知道而且充分肯定，我会的。

城市长官：那就让我们进入下一个事项吧。你们一起过来，一起向诸神献祭吧！

贾斯丁道：没有哪个有正义思想的人会背弃虔诚转向不虔诚。

城市长官：如果你们不服从，那你们就要遭受惩罚，我绝不手软。

贾斯丁答：通过我们的祈祷，我们知道虽然我们遭到惩罚，但我们还是会得到我主耶稣基督的拯救，因为在我主更加可怕的审判到来之前，这就是我们的拯救和信任所在。

其他殉道者也以同样的方式说道：做你想做的！因为 240
我们是基督徒，而且不会为了偶像而献身。

城市长官鲁斯提库斯宣判：让那些拒绝为诸神献身而且拒绝服从皇帝命令的人接受鞭打并判处死刑吧，这是我们依照法律做出的决定。

读完这个案例报道，有一件事情似乎很明了：审判官遵循了帝国刑法的正常程序。除了囚犯的自白之外，不需要什么证据，也没有产生什么新的证据。在该审判和渎神罪、谋杀罪或纵火罪之间，唯一的区别就是这些囚犯既不否认自己的罪行，也不为自己的罪行开脱，而是在针对自己的指控中获得了荣耀。其他判案报道也和这里的极为相似。例如，由总督主持，在亚细亚行省的帕加马城进行的审判就有“罗马国家 vs. 卡尔珀斯（Carpos）、帕皮洛斯（Papylos）和阿加托尼斯（Agathonice）”案。和往常一样，这些囚犯声称自己就是基督徒，而且不通过改变宗教信仰来救自己，虽然根据他们的行为，这种刑罚不是罪的惩罚，而只是为了引诱他们改变宗教信仰和救下自己的生命才做出的举动。哈尔纳克（Harnack）对审判官极具耐心地听取囚犯的说辞做了评论。而“罗马国家 vs. 纳姆帕莫（Namphamo）”案是在总督维格里乌斯·萨图尔尼努斯（公元 180 年）手下审判的，是在非洲进行的。被告人定居于梅多拉（Medaura），不过我推测审判是在迦太基进行的。“罗马国家 vs. 斯佩拉图斯（Speratus）及其他 11 人”案也是在两周后（公元 180 年 7 月 17 日）于迦太基进行的。两个案子都是在同一个总督面前审判的，采用的审判程序也一样。在这个案件中，囚犯有一个 30 天的缓刑期，而在这个缓刑期内，他们有机会重新考虑自己拒绝在诸神神坛上焚香的行为。不过，他们所有人都倾向于接受这一要求。

根据尤西比乌斯的说法，其他基督徒都在不同地点被处决了：主教特拉赛阿斯（Thraseas）在士麦那被处决；主教撒加里斯（Sagaris）在劳迪塞亚（Laodicea）被处决；而帕皮利乌斯（Papirius）和墨利托则在撒狄（或许是在公元 164 年）被
241 处决。情况有可能是，一位名叫菲里齐塔丝（Felicitas）的罗马女管家和几个孩子都在罗马被处决了（公元 162 年？）；此外还有凯奇莉亚（Caecilia），她也是一位罗马女性，她和其他人也被处决了（公元 177—180 年？）。不过，关于菲里齐塔丝和凯奇莉亚的诸个事实都尚未确定。除了这些案例，此时期还有各位基督徒提到的案子：贾斯丁、米努奇乌斯·菲利克斯、墨利托（尤西比乌斯所引用）、阿泰纳戈拉，以及安条克的塞奥菲卢斯。提到他们，是为了提及基督徒的遭遇。基督徒所遭

受的攻击好像就是这样的了。来自民众的攻击就非常频繁了，虽然判案并不频繁出现。在这个悲剧清单中，最为出名的事件发生在里昂城，而里昂就是来自小亚诸行省的基督徒找见自身汇聚场所的地方。生于康斯坦丁时代的恺撒利亚的尤西比乌斯是基督教史家，他报道了这一事件。在序言中，他说道："其他写史的人记录的无非是各种获胜战役、从敌方获取的战利品和众将军的伟业与士兵的勇猛，这些士兵为了孩子、国家和其他好东西血染疆场，成千上万地死去。我记录的则是一个按照上帝意志而存在的政治体的故事，在这个故事中，人们发动和平之战从而获得灵魂的安宁，人们在这种战争中出生，为的是真理而不是国家，为的是正义而不是朋友。"带着这个介绍性序言，他继续前进，他即将要告诉读者的，是那些在高卢因信仰而遭受苦难的人们的事情，并且还要详细征引一封信的内容，这封信是由"住在里昂和高卢的维埃纳的基督仆从们"写的，是写给亚细亚和弗里吉亚的那些有着同样信仰和希望的教友们的。至于大众是如何被挑起来的，或者是什么挑拨了大众，他并没有说明。不过，大众袭击了基督徒，他们中间有很多人被捕，这或许是因为有人想要解救他们。被捕的基督徒被投进了监狱。在两个教堂中，所有热衷于此的成员都被抓起来了。在被施以刑罚时，他们的家奴控告自己的主人，说他们犯了人们眼中的最坏的罪行：吃小孩、乱伦和诸如此类的事情。 242
听到这样的事情后，大众几乎没法不对关押的囚犯处以私刑。在总督面前，人们对这些人的唯一指控就是：他们是基督徒。在这项指控中，囚犯们获得了荣耀。他们遭到了谴责，其中有许多人都被施以可怕的刑罚。至于在惩罚这些罗马公民时，所走的程序是否正当，连总督也心存怀疑。很明显，他也怀疑施加给那些叛教变节者的处罚程序的合理性。他写信给皇帝，以求获得皇帝的指示。皇帝的回复是：如果有任何人放弃基督教信仰，那么他们就会被释放，但那些没有被宣布释放的罗马公民，则应该砍头。根据刑法典，其他人都要被扔出去喂野兽。据说受害者的人数达到了 48 人。随着这个恐怖但又让人获得荣耀的事件的发生，马可·奥勒留治下的这个有关异教和基督教相互角逐的可悲故事，就这样真地结束了。至于马可·奥勒留是否和这些案例有任何直接关系，唯一的证据就是尤西比乌斯的这个说法，即在里昂的审判过程中，总督写信给他要求获得他的指示。总督一定说出了那些可资为证的事实，就像普林尼呈递给图拉真的报道为我们提供了证据一样。那些囚犯是基督徒中的不法分子，他们公开承认自己是基督徒并且藐视国家；他们不会为罗马诸神做出牺牲，或公开承认罗马皇帝的权威。根据那些奴隶的证词，他们是犯有最可恶罪行的人。人们可以想象，在何种情况下有人会就蛮族边界问题向皇帝请示指令。或许，在这一天，皇帝在卡尔努恩图姆视察新军，或者正在监督从文多博纳到多瑙河下游军营的物资调配，或者带领部众完成了一次穿越多瑙河的偷袭，这一偷袭针对的就是雅斯基人，当然，他们安然越过了沙漠和湿地；又或者，他在锡尔米乌姆（Sirmium）的营帐里审案子，而这个案子是从雅典或亚
243 历山大里亚递交过来的；又或许，有一群信使正在等候，他们的马匹还未卸鞍解绳，之所以如此，是因为他们想要取回皇帝发给约克军团统帅、非洲行省总督或幼发拉底河一带大将军的告令。当为了大批援助、求官之事和粮食供给等得不耐烦时，所有人都吵吵嚷嚷，阿谀奉承，行贿受贿，为的是尽自己最大的力气通过守卫的检查，好进入皇帝的营帐。或许就在这一

天，皇帝身边除了自己的药以外，已经没有什么可吃的了，而他消瘦的身体却在自己英雄式的灵魂的激励之下，勉强挣扎着运转下去。尽管如此，人们还是不能怀疑他在做事情时都是经过自己的深思熟虑的。他回复了，就像图拉真65年前所回复的那样：有法必依。那些承认自己对罗马政府效忠的人通常都会被释放，而另外一些人则必须经受既定的惩罚。

如此一来，这就成了马可·奥勒留在位时期存在司法谴责和大众暴力的证据了。而且，对于这些证据，人们都有相应的明确报道。这是一个令人悲伤的故事，而我们通过了解基督徒和马可·奥勒留之间到底有多少共同点，他们之间的同属关系到底有多近，以及他们之间的区别其实并不比相似点多等方面，可以知道这个故事的更多悲伤面。基督徒相信自己找到了前进的道路，找到了光明，找到了永生，而这些也都是斯多葛派正在寻找的。两者都感到了转瞬即逝之物不能满足自身内在的需要，因此向外寻求精神性力量，这种力量就像某个教派相信但另一个教派所考虑的，必须要主宰这个宇宙。两者都准备好了要向一个全能的意志屈服。两者都能说：

> 我们的意志是我们的，我们不知道该怎样；
> 我们的意志是我们的，要让它们成为你的。

斯多葛派是理性的孩子，而基督徒则是信仰的孩子，所以一者的语言是理性的语言，而另一者的语言则是信仰的语言。故而，在基督教的用语里，有一种美和热情，这种美和热情将它与斯多葛派的用语相区分，但除了这种美和热情外，它们通常都是非常相似的。马可·奥勒留对神说：“给予你愿意给予 244

的，拿回你想要拿回的”（M. A. X，14）。但约伯说：“上帝给予了，上帝也取走了；我主之名是有福的。”这种区分在他们彼此态度的区分中，是固有的，一方用散文体语言，而另一方则用诗歌体语言。“假如你想要讨好诸神，那请珍重；真正的崇拜是效仿它们。”“除了要你正当行事，爱仁慈，并和上帝一起谦卑地行走之外，上帝还要求你做什么呢?”“向祂服务，就是得了十足的自由。那些内心纯净的人是有福的，因为他们会看见上帝。不要让你们的左手知道你的右手做了什么。但要把有关美和热情的诗篇放在一边，而有关更美好生活的格言与劝诫通常都是一样的。此生就是一场战斗（*Vivere militare est*—This life is a warfare）。向你的灵魂沉潜（*Receda in te quantum potes*— Sink into thy soul）。你的身体并不是你的家园，而是供你短暂休息的客栈，时间已到时，你必须离开（*Nee domum esse hoc corpus sed hospitium et quidem breve hospitium，quod relinquendum est ubi te gravem hospiti videos*—Thy body is not thy home but an inn and but for short tarrying，and thou must leave when thy time is up.）。”

在两者之中，都有一种对通过自身宗教来疗伤的渴望。而斯多葛派过去常常转向哲学家，向他们寻求建议并引导他，就像基督徒转向自己的神父一样。两者都在夜晚腾出一个小时，用来沉思自己白天所造成的失败后果和不足之处。两者都相信禁欲修道和自我否定，并感到那些被此世称作快乐之人的人其实并不快乐。两者都相信温情、谦卑和友爱。两者都相信一个人必须善待自己的邻人。斯多葛派并没有“慈悲之人”（the Good Samaritan）之隐喻，但马可·奥勒留却说：“哪怕爱那些结结巴巴的、失败了的人，也是一个人应尽的义务”（M. A.

VII，22）。爱你的同胞（M. A. VII，31）。在自身有关那个伟 245
大的第一因由的基本信条之关键处，两者都声称上帝并不对罪恶负责。两者都认为，关于神圣存在的知识是生命的最高完成形态。虽然存在这些共同的精神遗产，但斯多葛派在基督徒中还是只看到了非理性的、迷信的和狂热的盲从。而基督徒也不会接受那种比完整基督教信条逊色的东西。这的确是一种误解，而且这种误解还是悲剧性的。

第二十章　尾　声

246 以一份辩护词结束对马可·奥勒留的考察可能有些不当。历史上的人没有哪个不需要辩护。马可的妻子被塑造成完美典型，这体现了人们对罗马风俗和思维方式的非一般尊重。谁能说他爱她到了什么程度？谁能说他通过这种传统、宗教虔诚般的方式表达自己的爱，在多大程度上缓解了自己的痛苦？如果流言蜚语已进入人们的耳朵，那还有什么比这更有力的否定呢？是他自己情愿在最亲爱的老师们死后，把他们的画像放在**家神们**（*lares* and *penates*）当中，以守护自己的家园的。他为什么不应该追随安东尼努斯·庇乌斯的榜样，把神圣的福斯蒂娜放在各位守护罗马帝国的神祇中间呢？在他儿子早年被塑造为完美典型，在科莫德斯登上文明世界统治者的宝座时，他遵循了自然的律令和元老院的呼声，此外还很可能遵循了人民的意愿。另外，他似乎还选择了一条唯一安全的路径，来防止罗马境内爆发继位之争。此外，在评价一个没有经验的年轻人时，除了看他的教育和家世背景外，还有什么更好的方法可循？在一代人以前，他所接受的教育就像马可·奥勒留所接受的教育一样。至于他的成长环境，无论是在他之前还是自他以来，都没有哪个年轻人有他那样的祖父和父亲。对于他的第三种非难，也即说他强行实施了土地法令，而这种法令

在他看来针对的是一群顽固、迷信又堕落的人，这种非难和前两种非难没有什么不同，都缺乏说服力。然而，在这第三种 247
非难背后，一场悲剧已然酝酿，这种悲剧是更深层次的，因为它是理性与信仰双方长期、激烈角逐过程中的第一阶段；在这样一种角逐中，理性并不总是占据上风。基督教以其全部的美、高尚德性、慰藉和安抚以及严峻又坚决的态度，遏制那些不服从者。罗马政府对待不服从者有多么残酷，它对待不服从者也就有多么严酷，多么坚决。和信仰一样，理性也有自己的岗哨。通过某种占卜活动，那些充当理性仆从的罗马人好像差不多也都预见到：那些会孕育邪恶之果的种子——阿尔比迫害（Albigensian persecutions）、宗教裁判所（the Inquisition）、史密斯庄园之火（the fires of Smithfield）、圣巴托罗缪之夜（the night of St. Bartholomew）、“火刑柱上烧死”（autos-da-fé）、宗教战争、对婴儿的诅咒以及所有来自来世地狱的恐怖，而非那些会展示自身所在的树的良善与光荣的种子，最终会从基督教中发育成熟。而对于我们来说，当我们往前回溯，看到有一长串圣徒和英雄的名字时，我们觉得基督教有一种美感，并带有一种芳香，这种美感是那些罗马人看不到的，这种芳香也是他们闻不到的。有那么一位头发灰白的人，因为要成就大业的缘故，把整个青年时代都耗在了恐慌又痛苦的日子里。在成年时代，他纯洁又正直。他日复一日孤守着暗室，之所以如此，是因为他相信自己并不是那个被拣选的人。看到这样一个人，人们可能会为异教信条感到遗憾。我们不要忘了，罗马政府并不是要反对耶稣的精神，因为它并不了解这个；相反，它支持自己眼中的理性和德性原则。

我之所以要在罗马政府的态度上停留，（因为此处不是一再重复人们对英雄般的基督教殉道者表示普遍赞赏的地方）是因为如果不强调罗马是想要通过以下这种方式来让整个世界受益的话，那么就显得有些不公平了：罗马让这个世界受益的方法，就在于它建设了一条稳固的常识大道（a solid Roman road of common sense），而拒绝接受那些东方预言家所宣扬的彩虹般的梦想。罗马总督询问那些渴望殉道的基督徒囚犯："你们
248 认为自己会升入天堂，而且会得到某种奖赏吗？"那些有教养的罗马官员身处天地之间，一心想要使这个世界更加和平有序。和他们相比，斯多葛派哲学家们所做的就更多了，他们希望在宗教事务上帮助自己的同胞。他们努力让自己的同胞接受生活，就像我们用心去感受生活一样，甚至让生活具有宗教的涵义。马可·奥勒留比他们走得更远，他比爱比克泰德更少情绪化，也更加知性化。他按照自己那高尚的罗马风格做事，为的就是追求生活中的精神意涵。正是这种双重力量间的角力，使他成为了世界历史上的伟大人物。就这一点来说，仅以"生活充满无谓虚荣"来结束对他的考察是不当的，虽然在他的《沉思录》中，"生活充满无谓虚荣"这一点再明显不过了。他常说，生命不过一瞬间，生命的质料就这样流逝了；人的身体就像一条河，而灵魂则像一场梦，或一笼薄雾（M. A. II，17）。我宁愿通过提及一下他书中的那些段落来结束我们的考察，在这些段落里，你可以听到这样一声低语："主，我信；你来帮我处理一下身上的不信之处吧。"他通过自己那种自足又自主的方式所追求的，是一种被我们称作"启示"的视界。在这样一种视界里，我们已经预言神祇的存在。上帝就是爱，这是基督教所具有的光辉理念，但对于马可来说，这是不可能的。以他的思维方式，上帝最神圣的启示，应在理性的精

神（the Spirit of Reason）之中，应在有认知能力的心灵之中。这种心灵能看见过去，预见未来，引导并协调一切多样化的存在，将它们并入一个巨大的统一体中。当心灵解释自己所感受到的法则、秩序、因由、结果和其他事物时，他从不怀疑心灵的能力或结论。他认为宇宙是不证自明的，宇宙是一个暗示了理性的宇宙。他很虔诚地相信，这个宇宙是神圣的，普遍的，理性的，它是这个世界的主宰。通过过上一种理性的生活，我们也就以最好的方式向它表示了敬意。在我们每个人的内心深处，就像他所认为的，人的理性在充当舵手，掌握着我们生活的航向，顺着永恒理性的航道前进。

但是，我们能确定人心中的那个朦胧且不完美的理性和那 249
个永恒、无所不知又普遍存在的理性之间到底有何种关系吗？人的心灵参与了上帝的思考吗？深入内陆的河口之水之所以和海潮共起落，是因为海水进入了河口。然而，池塘之水就只会随反复无常的风向移动了，虽然池塘之水是被积雨云从海洋上带过来的。那么，连接神圣理性和人类理性的通道又是什么，它在哪里呢？我们凭感觉知道了大自然的运作，我们凭自己的理性推衍出了大自然运作背后的动力。但是，我们的知识何其匮乏，我们的无知又是何其地严重。大自然运作背后的力量是理性的吗，有没有什么方法可以让我们跨越我们和它之间的那道鸿沟？屋顶上有没有什么缝隙、裂口和天窗，可以让光从神圣的地方照进人的灵魂？那些我们不知道从哪里升起、如今又好像夏日的云一样掠过我们头顶的感觉和暗示，是什么？那些牢牢驻扎在我们身上，却并不为我们的感觉所支持的判断，是什么？那些预言了真理的梦，是什么？那些其他人都不曾有的视域和其他人都听不到的声音，是什么？那些并不是从我们这里而是从其他权威那里发出，要求人们不等明确就要服从的绝对命令，是什么？这些人有可能是“伟大的王”（the Great King）派来的使者吗？这些都是人们的普遍疑问，而在那种充满宗教狂热的岁月里，在有关生命的谜团比物理现象更能激起人们的好奇心的时代，这种疑问一定比现在普遍。基督徒扫除了一切疑问，拆掉了那些在他们看来属于障碍和隔阂的东西，而这些障碍和隔阂都是通过沾染了罪孽的想象构建起来的。不仅如此，基督教还创立了有关基督获胜的教义：基督是人，也是神；基督弥合了所有看似横亘在受造物和造物主之间的鸿沟；祂用自己的神圣人格包裹人性，让人的灵魂和上帝一
250 道即刻显现。不过，对于斯多葛派来说，这种信仰是愚蠢的。那么，在没有信仰的情况下，那些追随理性的人们又能得到什么呢？

通过马可在各个地方使用的意味深长的语词，尤其是通过他在《沉思录》中使用的语气和表述，我们可以推测，他在思索人和上帝沟通交流的可能性。如果他能在思索中撇开罗马式的常识，那么我们就一定要记住，他的目标不在于像基督教神秘主义者那样，用力抛弃理性，而在于更多地获取理性。他的态度是理性的，而且我也认为他的态度可能有点类似于我们这个时代的超自然能力研究会（the Society for Psychical Research）的做法。事实上，无论是就这方面而言还是从其他方面来看，我们这一代人都可以往前跨越17个基督教世纪，回溯到这位具有斯多葛派气质的皇帝那里去。马可·奥勒留会接受迈尔斯对宗教的定义，这个定义是迈尔斯在自己那本有关**人类个性**（*Human Personality*）的书中提出来的：正是“人类精神对万物的明智且正当的回应，使我们知道了宇宙的法

则，也就是说，人类精神对宇宙中的可知现象的回应，构成了一个可以被人理解的整体。”毫无疑问，马可是迈尔斯所说的求索者中的一员。迈尔斯说，“他们是这样一群人，在他们当中，一出伟大的戏剧至少给了某些人以灵感，让他们的那种朦胧意识指向万物的本源；对于这群人来说，知识已经成熟，它变成了沉思，并推动人们生出一种高级的欲望。”“世界的灵魂（The World-Soul）具有无所不知的仁慈，这种仁慈所包含的无限能量会给我们注入一股热情，这种热情就是对合作的向往——只要我们在自己的最大努力中觉得哪种主导性原则发挥了正当作用，我们就会对这种原则表示高度服从，不管这种原则是在我们内部，还是在我们之外；这种原则就是 *τὸ ἡγεμονικόν*。”对于这种带有情感的希望，皇帝马可会给它再添加一种深沉的期待。

我所说的皇帝马可的那些意味深长的话，已经触及到了一种古老的、有关人与神展开精神交流的理论。这种理论和赫西俄德（Hesiod）本人一样古老，甚至更老。普通人相信非物质的、无形的精神。在诗歌和大众神话中，这种精神被称作“**半人半神的精灵**”（*daemons*）。它是一种介于诸神和人之间的存在，充当神圣意志的仆从。斯多葛派毫无顾忌地采纳这一通俗 251
名称，用它来作譬喻或寓言，以表明自然的能量会通过各种形式展现出来。他们总是用各种宗教术语来达到这种目的，而这些宗教术语在各类非哲学表述中非常流行。马可自己也论及那些存在于大气和以太之中的东西（M. A. XII，24）。不过，在他的口中，这种诗性用语和一个象征符号的内涵差不太多。例如，用它来表述光或声音现象时就是如此。另外，我们也没有理由假设，他都赋予这些力量以什么精神特质。当然，永恒的理性是宣示过自己存在于万物之中的，然而这一点并不包括在内。在《沉思录》中，还有另外一段文字也涉及人神对话交流这一总话题。在人们看来，这一段文字的意义更大：“假设人们问起，”他说，“你是在哪里看见诸神的，或者，你有什么证据来证明诸神的存在，证明你在行动时是尊崇他们的？”我的答案是：“首先，他们是可见的；其次，我没有看见自己的灵魂，但即便如此，我还是尊崇它的。”所以，从我连续感受到他们的力量来看，我有理由相信诸神是存在的，而且我也尊崇了他们“（M. A. XII，28）。马可所说的话常常让人做出不同的解释。从盖特克（Gataker，1652年）到海恩斯（C. R. Haines），各位评注者都运用斯多葛派的”天体是神圣的“这一初级观念，来解释”**他们是可见的**“（*they are visible to the sight*）这一话语，认为它是在指涉太阳和星辰。对我而言，这种解释似乎过于狭隘了，而且没有必要在字面上纠缠。如果那些被想象出来的提问者相信星辰就是诸神，那么这个问题就只配得上一个傻瓜了。对于这样的问题，想必马可听了也会昏昏欲睡，没有心思把它记下，也没有心思去考虑怎么回答。如果他们不相信星辰就是诸神，那么问题的答案就很平常了。我认为，这再清楚不过了：他的说法意味着他找到了可以证明诸神存在的证据。首先，通过他的感觉，也即在可见的宇宙中，他们显现自身。其次，通过某种不被理解的心灵过程，他在自己的内心（heart）、良心（conscience）和思维（mind）中也看
252 到了这些对象。如果我们脑海中有了这样一条线索，那么就让我们继续深入吧，看一看当下的人们是如何认识”半人半神的精灵”的。

第欧根尼·拉尔修（Diogenes Laertius）对斯多葛派的哲

学进行**逐字逐句的**处理。他说："斯多葛派认为存在半人半神的精灵，这些精灵照看着众人的事务，并同情众人。"这种观念的确很流行。苏格拉底式的半人半神精灵为人们提供了一种更加哲学化的概念。苏格拉底时不时碰到一些神秘的暗示，从青年时代起，这些暗示就阻止他去做不该做的事情，就好像对他来说，这至少让他有了一种统一的状态，一种个体的属性，一种对个人的认同，这种认同使神秘的暗示变成了某种超越良心低语的东西。他听到了一位先知的声音，感觉到了一个神圣的信号，并且真地相信，通过这种方式，上帝向他允诺会给他启示，这种启示来自上帝的意志。这种神秘的良心知道对错，并把这个看成是神圣的启蒙，而非人的经历。它是沟通上帝和他自己的精神中介。这种有关超人类精神存在或影响、同时或多或少受到了柏拉图之奇思异想的影响的观念，仍被人们当作一种已然接受了的东西。这些人一直关心这样的事情，直到基督教取得胜利。普鲁塔克把它记录在了各个段落里。半人半神的精灵是人性的守护者，是太空诸神的仆从或使者，这些神独自居住在天上纯净的状态中，不屑于和地上人间的烦乱不洁的生活发生直接关系。这些精灵所发挥的作用已经够清楚了。然而让人困惑的主要之点还在于，这些居于中间位置的精神的本质是什么，又或者，它给我们带来的主要困惑即在于，它们的源头和趋向是什么？它们是那些构成向上飞升从而寻找神祇的人类灵魂的元素吗，又或者，它们是从精神界域下来、给人提供帮助并安抚人心的吗？有时候听说，半人半神的精灵就是那 253
灵魂更高贵的部分；它不受身体的羁绊，而是在"清晰的梦和庄严的神视"中感知那不为粗暴的感觉所感知的东西；至少，它会经常运用那抽象智慧和纯粹之美（abstract Wisdom and

pure Beauty）的外围部分。还有人说，灵魂经历了和肉体的合作关系，变成了这类精灵，这种肉体并未受到玷染，而且已获得自己的胜利。阿普列乌斯和提尔的马克西姆斯（Maximus of Tyre）都是马可·奥勒留的同时代人，他们似乎也持类似观点。不论如何，他们都有这样一种认识：半人半神的精灵是一种担当守卫角色的精神或天使（这里使用一个让人更加熟悉、具有同源涵义的词），它们是神圣的存在和人类之间的中介或桥梁。对于阿普列乌斯来说，这类精灵就是良心，却又不止于良心，因为它和人类相分离，且相区分；它是一个守护天使，密切注视着人的所做、所说或所想。他说："我们必须及时把它标示出来，认真地加以研究，并虔诚地崇拜，就像苏格拉底在纯洁与正义中崇拜它一样。在复杂的情况下，它会有预见；在犹豫不决的时候，它会为你献计献策；在危难之际，它会给你提供保护；在贫穷之时，它会给你带来财富。"如果有紧急需要，它会通过**梦**、**符号**甚至有可能是**自己的显现**，来避免和阻止罪恶，召唤荣华，在我们堕落的时候让我们上升，在我们摇摇欲坠的时候使我们强大，为身处黑暗中的我们点燃光亮。它能把握好运，察觉不幸。我认为，在这一段里，阿普列乌斯想到了精神，而不是那种物质性的东西。他继续说："人类必须虔诚地照看自己的灵魂，因为和一个拥有正直灵魂的人比起来，没有什么东西比他更接近上帝；在上帝的视野中，没有什么东西比他更令人感到愉悦。"在我看来，他所描述的半人半神的精灵就是神圣天命的宣示，它所授予我们的财富就是灵魂的财富，而它要避免的罪恶则就是罪孽。如果我们把"半人半神的精灵"或"天使"这个词暂放一边，把它们替换成某个抽象的用语，例如把它替换成基督徒用来表达同一基本观念的词——“恩典”(*grace*),那么我想我们应该会更倾向于这样一种观念:那些受过教育、拥有宗教虔诚心灵的人们,是抱有“半人半神的精灵”观念的。之所以要把“半人半神的精灵”一词暂放一边,是因为它容易让人意识到那是一种太过明确具体、几乎成了物理对象的东西。阿普列乌斯说:“培养这类精 254
灵是一项哲学圣事,舍此无他。”(*Daemonis cultus nihil aliud quam philosophiae sacramentum est*)。他的意思是说,哲学的第一要务如同战士所要履行的“忠诚”义务,在于虔诚地加入到人和上帝的交流中去。但是,就像基督教的“恩典”教义一样,人们对“半人半神的精灵”一词的理解是和他们的受教育程度与智识水平联系在一起的。

马可对自己的观点并不是很明了,至少可以说,他的立场并不稳定。有时候,他好像在说那半人半神的精灵就是占支配地位的理性本身(M. A. III,6)。而有时候,他又好像在说这类精灵只是人的良心(M. A. VIII,45),或某种精神实质(M. A. III,12)。在另一段落里,他说:“人的内心尊崇着这么一种东西,它使一个人不受享乐的玷染,不受痛苦的折磨,不沾染傲慢的习性,不对生活中的困境过于敏感,使他成长为一个直面极度考验、勇于进行搏击的人,(也即和激情搏斗)……使他愿意用自己的整个灵魂去迎接那些交给他的东西,并使他在关心‘众人的共同福祉’的情况下,去关心别人所说、所做或所想的东西。不过,从这种神秘力量的指引中受益的人们,一定得是毫无欺诈的,这样一来,我们也就可以称他为‘祭司和诸神的仆从’了(M. A. III,4)。这肯定是某种超越了良心的东西,这种东西更像我们在基督教用语中所说的‘上帝的恩典’(the grace of God)。”

塞涅卡是斯多葛派中最具有基督徒性质的一个了。他在给自己的朋友卢齐利乌斯（Lucilius）的信中说："我们不需要把自己的双手举向天空，或者向神庙的看守人乞求，好让我们能够靠近他那偶像的双耳，就像通过这种方式我们的祈祷就更有可能被听到一样。上帝就在你近前，他与你同在，他居于你的内心……一种圣灵居于我们的内心，从此我们的举止有了善恶之分；它还是我们的守护人。我们怎么对待这一圣灵，这一圣
255 灵就怎么对待我们……如果你看到有人临危不惧，不为欲望所迷，能苦中作乐，乱中取静，视上等阶层如无物，公平对待诸神，难道你不觉得你对他的尊敬之情会油然而生吗？难道你不想说'这种品质太伟大了，太高尚了，伟大高尚到让人觉得它和它所寄居的这幅小小身躯都不相称了？**一种神圣的力量已降临到这个人身上**。'当一个灵魂上升到高于其他灵魂的位置时，当这个灵魂还在被掌控范围，当它经历了一切经历且感到这些经历都是小事一桩时，当它笑看我们的眼泪和祈祷时，**它获得了一种来自天堂的力量的鼓励**。如果没有这种神圣力量的支持，像它这样的事物就无法傲然挺立。"

在我看来，马可对这一主题有所涉及，而且这种涉及在他这里好像也是最为重要的。在这一"涉及"中，他说：有的人不断探索万物的物理本质和人的思虑，但却没有意识到"只要严格遵从自己内心的**精灵**并忠实服务于它，就足够了"，这种人是最可怜的（M. A. II，13）。这段话成了一条线索，它向我们展示了其中的整个逻辑。从这里开始，就像从马可相信梦与神谕（M. A. IX，27）以及他在别的地方说起"**内心天资**"开始，我们有理由得出这样一个结论：马可·奥勒留认为，或至少在内心希望，除了通过探索物理宇宙和研究物理现象与哲学

家的沉思得到知识外，还有一种直接获取精神真理的途径，一种位于人类理性和神圣理性之间的中介物，一座跨越鸿沟的桥梁；此外，即便是最远处的河口的海水之涨落、前述这种交流方式、这种启示来源和这一天堂使者的到来，都有赖于人类灵魂的纯净。不过即便如此，那一神圣的存在仍然是非人格化 256
的。根据他的希望，他能运用这一神圣的东西，参与和上帝的交流。

就这些来看，我认为马可的那种被我们称作与上帝交流的希望是有限的。和基督教的各种希望比起来，它的确显得微不足道。马可的希望中的难点，也就在这里。对人类而言，每一次做出这样的努力，都意味着要以上帝的实质为中心，要以它为核心，由这一核心向外，人的感情得以释放。人需要某种内心，这种内心位于宇宙的身体的内部；人也需要展示自己的个性。然而，斯多葛派发现，神圣的理性无处不在，其神圣性充盈于万物之间，在任何一个地方，它都不受局限，不作停留，它呼唤神圣之手，呼唤话语，呼唤触碰，这无异于否定了那一根本性的教义。在泛神论中，神圣理性没有内心，没有手，没有声音；它既不远，也不近。在我看来，皇帝马可对自我的把控从来没有表现得比他希望与上帝交流这一举动更加冷静，更具有罗马特性，更富于高贵的宁静感。要知道，在这一神圣的交流中，除了同情理性所认可的那种沉浸感外，就再也没有其他什么东西了。他的理性告诉人们，宇宙是非人格化的；他之所以背弃人类的欲望和强烈索求，为的就是能够得到一位神圣的友人；为了得到这位友人，他随时准备背弃其他东西，就像他人随时准备迎接生命中的每一次大的希望一样。

尽管马可·奥勒留在其他地方和基督徒有很多相似点，以至于连约翰·斯图亚特·密尔（John Stuart Mill）也把他的《沉思录》和耶稣的教导相类比，但在这里，他显然和基督徒有别。正是注意到了这一严肃的差别，注意到了他对万物的英雄式的接受方式和他拒绝通过牺牲理性来换取希望的做法，我才就此结束对他的考察。他是最高贵的罗马人。从各方面来看，他都称得上是后无来者。从他那个时代的罗马到我们当今的世界，中间经历了多少个世纪的风风雨雨。而他和我们，也
257 就远远地分开了。的确，在很多方面，我们当今的世界更像那个古代的世界，这种相似性超过了它和中间任何一个历史时期的相似性。然而，由基督教神学充当主角的诸次伟大人类运动，对我们的道德环境所施加的影响是深远的。所以，即便是在最好的情况下，我们也必定怀疑自己是否能够以恰当的道德标准去衡量古人。不过即便如此，马可的形象好像还是清晰地展现于我们面前。他有着一颗温柔且富于英雄气质的心。此外，他还有着一种人们可能会称作浪漫情怀的自我牺牲精神。从来没有哪位伟大的统治者是很爱自己的，亚伯拉罕·林肯也不例外。他那种心怀己任的做法已成了习惯，这种习惯很是彻底，都成了他眼中的理所当然的事情。因此，我们也就有可能面临这么一种风险：我们可能会去想，他是不是缺乏一种欣赏生活中的美好事物的品位？正因如此，我再次回到了我们曾用常人情感标准去衡量他的地方。他是一个对快乐痛苦很敏感的人，当他还是一个小男孩时，他就发挥了一位犬儒派哲学家的作用。当他还处于青年时代时，他就对弗朗托赞扬自己感到洋洋得意，或去享受一把和牧羊人或采矿人共同嬉戏的时光。在后来的岁月中，当他用笔写下对安东尼努斯·庇乌斯和克劳迪乌斯·马克西米乌斯的敬佩之情时，当他身处北方前线

这样一个也许最让人动容的时刻时，他怀中抱着的是自己漂亮的宝贝——他的小科莫德斯，他把孩子抱给士兵们看。从他的《沉思录》中我们可以看到，他在持续不断地努力，为的是自己不被罪孽玷染。对托马斯·肯皮斯（Thomas à Kempis）来说，如果他们的教义并不那么相似的话，那么他们在自己的神圣纯洁性当中，是保持着一种非一般的虔诚之心的，而且，他们的脾性也是非常相近的。正因如此，我们必须牢记这样一个事实：他绝不是一位隐士，也绝不是一名僧侣，因为僧侣并不直面这个世界；他是一个勇敢的罗马人，一名战士和一位政治家；他的能量、智慧、勇气和坚毅品质，支撑起了一个摇摇欲坠的世界。

逻辑学与物理学

芝诺、克利安西与克吕西波以及他们的后辈差不多都是外族人，是雅典这个哲学之乡把他们吸引过来的。他们中间有很多人都是闪族人。他们的主要兴趣很可能在于是非对错这类问题，这一点从他们的性格气质、早期历史或种族传统中就可以看出来。不过，不管他们来自何方，这一学派的领袖的智识品位都受到了雅典人品味的限制，即没有把伦理学当作哲学的全部，而是在受自身自然倾向的影响下，只把它当作了哲学的一部分，从而需要用其他部分来补全这个体系。带着自己所能享受的荣光，他们就这么做了。当然，我们也可以说，他们这是把那用骆驼毛制成的“先知”衣裳丢到了一边，转而换上了破破烂烂的哲学家斗篷，用心理学和物理学的理论补充了自己的伦理教条，并把这一切看作一套完整的哲学，进而传授给自己的学生。

微妙隐约是斯多葛哲学的特点，不过这种哲学内部彼此之间的联系并不紧密，通篇存在粗陋的假设、缺口和不通贯之处。除了伦理学，整个体系都带有草率了事的痕迹，就好像斯多葛派的老师们（虽然他们准备承认这一点，可为了理解其中的某一部分，他们还是得了解整个体系，因为那一部分就包括在这个整体之中）都不情愿从行为规范和责任义务中抽身出来，转而投身有关心灵进程和事物本质的研究一样。这主要还得感谢克吕西波，是他让这项工作完成了。知识被分成了三大部分：逻辑学、物理学和伦理学。按照理性阐释的顺序，这三部分当中以逻辑学为先。就像爱比克泰德所说的，“在衡量谷物之前，我们首先要做的是检查自己的量器。”（Discourses，I，17.）然而，斯多葛派的逻辑学在界限划分上还是有一些模糊之处；它包括对知识本质、辩证法和修辞学的研究。按照我的想法，我会把讨论放在更有利于我们理解《沉思录》的对象上，而不去讨论辩证法或修辞学，因为马可·奥勒留自己也很少提及辩证法，他只是说过自己对辩证法一无所知（M. A. VII，67）。至于修辞学，他和这个话题的关系在罗马世界虽很有名，却只是出现在了另一章节里。当然，斯多葛派的知识理 259
论很重要，因为它和斯多葛派的伦理学理论是紧密相关的。在关于哲学本质的讨论中，爱比克泰德说：“我们知道人们不同意，我们会问自己这是为什么，并会发现这种不同意源自人们对那些‘**看似**’的东西（what *seems*）有不同的理解。因此，我们继续探察那种‘**看似**’的东西，以便判断它是否真地‘**看似正确**’（*rightly seems*）。”（Discourses，II，11.）这种知识理论的主要目的在于判断什么东西是“看似正确”的，也就是说，那种看似显示在我们面前的东西是否就是实际的东西，或者如我们所说，我们可以在多大程度上相信自己的感觉，因为斯多葛派坚信真实世界是存在的，而且坚信人类凭借自己的能力是可以认识这一世界的。然而问题在于，我们要看到世界的真实样子，而不是被我们有关真实的错误观念所误导。知识的产生有赖于人的心灵与外部世界的接触，同时也有赖于这二者之间的合作。通过这种接触，人的心灵会产生一种映象，希腊人把这种映象叫做“*φαντασία*”。克利安西把这种心智上的映象比作封印在蜡上所形成的印像。从心理学上讲，这种比喻是有误的，因为它告诉我们心灵是被动的，然而从伦理学上讲，这种比喻又是合理的，因为它向我们暗示了这种映象的稳定性，同时在这种映象被稳稳留下来以及和现实精确相符之前，它还强调了获得一种确定映象的重要性。将简单的映象投在一位清醒明智且健康的人的心灵之上也许是正确的。鲜活的目光、声音和气味也许都是可以信赖的，而它们的鲜活特性也都被证明是没有问题的。但是，难点也就在这里：映象很少有简单的，它们几乎从来都是复杂的；它们都包含了一个命题，都对客体下了这样或那样的断言。例如：我看见一条狗，但是这个映象并不是全然无遮蔽的；相反，这个映象在性质上和一个命题相似：“这是我的狗”或“这是一条奇怪的狗”，又或者“这是一条温柔的狗”，或“这是一条凶猛的狗。”当一个映象被呈现时，会有一段犹豫的时间，不管这段时间多么短暂，总之在这段时间内一个人身上起支配作用的能力——人的理性一定会尽自己最大的能力去判断这种映象的真实性。如果我走近一条凶猛的狗，轻拍它，把它当成一条温柔的狗，那么我可能会因为自己的错误印象而给自己惹来麻烦。但如果我的理性告诉我要小心翼翼，要充分考虑其中的不确定因素，而且我也被告知自己对它的印象是现实的真实反映，那么，此处这两种心智动作就和希腊人所说的“*συγκατάθεσις*”和“*κατάληψις*”也
260 即“赞成”(assent)和“理解”(comprehension)相符了。这两种心智动作也就构成了一种接受行为：接受心智所产生的印象，就像接受一个外在的物的真实映象一样，我们可以放心地

依赖这种映象。如此，这种心智映象也就被同其他材料放在了一起，都归心灵所有；进而，这种映象又被并入一种编织物，而我们把这种编织物叫做“知识”。除了保证映象的鲜活度之外，理性还能借助某些固有的观念来判断自我呈现的映象是否正确，而对于这种固有观念，我会再次论及。如果我们的心智映象都是正确的，那么我们关于外部世界的知识也都会是正确的，我们的判断也都会是合理的，而我们的行为也都会是审慎的。但如果我们的心智映象是错误的，那么，我们就会犯下各式各样的错误。

这种解释听起来非常简单，但是就像我所提示的，当斯多葛派哲学家谈论心理学时，他们所想的是伦理学，而有关这种探察并继而接受或拒斥的理论就构成了一种心灵映像，它包含了一整套“善恶”理论。我们很容易指出一条狗是不是某人自己的，或者这条狗是温柔的还是凶猛的，但是我们要想知道善的的确是善的而恶的的确是恶的这一点却往往很难，因为使当前的东西变善或变恶的因素在于这些东西最终所造成的结果，而最终的结果通常又离我们很遥远，而且通常情况下它们也非常模糊或几乎看不见，但是与善相伴的不愉快状态或与恶相伴的愉悦状态，却是显而易见的，虽然它们之间并不和谐。正是在这种善好像使人倍感艰辛而恶却让人尝到甜头的情形之下，理性必须出来保护我们。心灵的职责就在于提醒我们，不要急着去接受某个东西，除非我们能够看见善带来美丽或恶带来丑陋。爱比克泰德要他的学生对着这些“映象”（*φαντασίαι*）说：“各种外观，等等我，让我看看你是谁，看看你都和谁有关系。”（Discourses，II，18.）如果一个人所知道的和这些东西的本来面貌一致，那么这时候智慧就要出场了（*Cui sapiunt omnia, prout sunt, non ut dicuntur, aut aestimantur, hic vere sapiens est.*)(Thomas à Kempis, Lib. II, Chap.I, 7.)。

这种让心灵与外界事物相接触的过程给予理性以控制知识和形塑品质的机会,也正是在这一特定意义上,而且唯独在这一意义上,我认为马可·奥勒留才会关心知识理论。"在面对每一种印象时,我都要让自己的理解力处于可信状态"(M. A. IV, 22)。"对貌似可信的印象进行探察,这是人的职责所在"(M. A. VIII, 26)。"对于自我呈现的心灵印象,我总是尽自己最大的努力,这永远是我的权利,如此一来,就没有什么东
261 西会偷偷溜进来而无需经过理性的同意了"(M. A. VII, 54)。"排除……恼人的或不熟悉的印象并直达完美的宁静状态,是一件多么容易办到的事情"(M. A. V, 2)。

通过这种关于"在心灵的大门处密切注意和守护"的假设,斯多葛派为自己所采纳的苏格拉底的格言——"德性即知识"做了辩护。由于这一格言的意涵和我们通常所知道的"知识"的意涵有不一致之处,所以在这里了解一下它的个中意谓就显得有必要了。我们假设:某个没什么教养的人侮辱了芝诺,称他为"骗子"。当这些话进入芝诺的意识时,它们携带了一种潜在意谓,这种意谓会激起芝诺的愤怒和怨恨,会让他发怒,会让他整个人都不安和窘迫。但是,当它们正要溜进那扇大门时,他的理性会履行哨兵的职责,把它们叫停,并对它们进行检查。攻击性的话语并不是真实的,它们不会伤害到芝诺。芝诺的朋友也不会相信它们。它们会让当初说这些话的粗鲁之人自食其果。也许,那个说话粗鲁的人会找到某个借口,说是因为悲伤、贫穷或病痛让他偏离了自我,否则他是不会说出这种话的。又或者,是某个诚实但得到错误信息的人首先把

自己那些不假思索却一再复述的东西告诉给了这位诽谤者，等等。在经过了这样的检查之后，理性就不会允许错误且难以控制的潜在意谓越过那道门槛。无遮蔽（掩）的话语进来了，但它们是无害的，因为它们自己所发出的愚蠢的声音并不具有干扰心灵内在平静的能力。所以，当理性履行自己的职责时，完完全全的平静状态中就会有宁静和善意。真知是一种有德性的知识。

理性所具有的这种排除能力非常强大，正因如此，理性能够挺立自身，能够在外部世界面前拥有几乎完全独立的地位，能够把控心灵，并且能够用心灵所乐意接受的东西来装点心灵。至少，爱比克泰德和马可·奥勒留是这么认为的。爱比克泰德说："有些东西是我们能够驾驭的，而有些则不能。观点、冲动、意愿和好恶这些都在我们的驾驭范围内，简言之，我们的一切行为都是可以驾驭的。但是，身体、特性、名誉和职位这些东西却是不可驾驭的，一句话，只要不是我们的行为，我们都无法驾驭……在对着每一种印象（*φαντασία*）说话时，要认真仔细：'你是很迷人，但是你也只是看起来如此，除此以外，你就什么都不是了。'接着，你就要对它进行检查，并运用你所掌握的规则对它进行反思。首先，你要用到这一规则：它和你所能驾驭的东西相关吗？如果它只是和你不能驾驭的东西相关，那么你就要准备好说它跟你没关系了。"（Encheiridion，I.）马可·奥勒留说："你据以接受意见的能力值得尊重，因为它完全遵循这一点，即任何与自然和理性造物的构造不相符的观点或看法，都应该向你的那个占支配地位的理性靠近。这就要求我们有恰当的深思熟虑，并确保维持一种 262
和他人之间的友好关系，同时服从诸神。"（M. A. III，9）"这就是我的想法，这就是我的心灵状态，因为灵魂带有它的思维的色彩。就像这样，用持续不断的思维过程来给它着色，不管在哪里，只要有可能生活，就有可能过上一种好的生活”（M. A. V，16）。“清除掉你那些不切实际的东西（*φαντασίαι*），要时刻对自己说：‘现在，我要确保在我的灵魂之内不会有邪恶的东西，不会有粗俗的欲望，不会有混乱的痕迹。我会看到事物的真实面貌，并且会用适合于它们的方式来处理它们。’记住，自我主宰就是要和自然 / 本性（*κατὰφύσιν*）相合”（M. A. VIII，29）。按照这种方式，在设想有一种自我驾驭力在看管着门口那些等待进入的观念的情况下，斯多葛派达成了自己的一种既傲慢又自足的生活态度：整个现象世界具有道德意义，它归理性掌控；人类的确是“自身命运的主宰，自身灵魂的舵手。”“使人困惑的不是**事物**（*things*），”爱比克泰德说，“而是人们对事物的**看法**（*opinion* about things）。比如，死亡并不可怕，或者对苏格拉底来说死亡并不可怕，但是，那种认为死亡可怕的观点却让死亡变得可怕了。”（Encheiridion，V.）“那么，出于什么目的，本性才会把理性交给我们呢？是出于正确 / 正当运用事物的外观这一考虑。所以，哲学家的主要工作就是要检查和区分各种外观；如果没有经过检查，那么无论什么东西都不能得到承认。”（Discourses，I，20.）

按照斯多葛哲学的教导，这些映象一旦得到认可和赞同，它们就会变成认知，并会构成外部现实世界在精神心灵层面的对应物。当然，心灵还有其他构成要素。理性思维能力负责处理那些已经被接受了的观念，把这些观念加以并合，并运用推演过程，创造出某些种类的概念、大致观念和抽象观念等。在各种认知和概念之外，人的心灵中还存在某些类型的固有观念，这些固有观念尤其存在于伦理之事当中。或许，这些观念也只存在于伦理学事务当中。这就是用来判断即将到来的各种映像的标准。爱比克泰德说：“当我们来到这个世界时，我们并不具备一种对直角三角形或半色调的天然认知……不过对于善恶，对于美丑，对于合适与不合适，对于恰当与不恰当，对于我们该做什么和不该做什么，又有谁没带着一种对它们的与生俱来的观念降临到这个世界上呢？”（Discourses，II，11.） 263
这些与生俱来的观念使那个占支配地位的理性能够决定，在何种伦理范畴内，我们可以对这些一齐涌向心灵的想法、印象和想象进行分类。至于这些与生俱来的观念又是在何种情况下不会提供给我们参照标准这类问题，以及那些和伦理学不相关的问题，人们用来确保相信“认知就是心灵之外的物的准确映像”这一认识的根基在于，它们生动鲜活，具有持续性，而且相互之间能够融会贯通。斯多葛派也依赖常识，并且依赖人类的普遍共识。

接下来的话题就是物理学。按照斯多葛派的看法，这一知识分支不仅包括对物质世界的研究，还包括形而上学、神学、生理学和事实上一切有别于逻辑学和伦理学话题的知识。马可很少直接提及物理学，但他的《沉思录》是以斯多葛派的理论知识为前提的；作为一位年轻人，他一定研习过这一领域。他把自己看作“一名探索学习自然进程的人”（*φυσιολογητός*）。斯多葛派关于物理学的理论部分来自赫拉克里特（Heraclitus）；通过否定和肯定双重推理，它形成了自己的理论，并和原子论假设构成了鲜明对比，而原子论假设正是由德谟克利特（Democritus）深化并被伊壁鸠鲁接受了的。按照伊壁鸠鲁对宇宙的假设，宇宙中存在着一个巨大的空洞；在这个空洞中，存在着永恒的原子，这些原子都具有运动的属性；通过结合与互动，这些原子创造出了眼前这个世界，也创造出了这个世界中的万事万物。斯多葛派和伊壁鸠鲁派都是物质主义者，但它们彼此之间在类属上的差别还是很大的。它们把这一假设当成了自己的根本信条：万事万物都是由一种物质构成；大地、空气、水、人、野兽、植物、诸神、灵魂、情感等，不管它们在形式、质地、行为和品质上有多么大的差别，总之它们和包括它们在内的万物都是这样的；此外，这种物质（substance）还是材料或素材（material）。在感觉所能触及的范围之外，事物可能会变得纤弱，直至精微，它很少因为想象而变得神圣；它依旧是事物，虽然它和那种被我们拿来与心灵相对照的事物分属于两个颇不相同的范畴。

这一普遍的物质绝非一动不动。恰恰相反，它具有运动的本能。一个强大的凝练和稀释、紧缩和舒张进程在以几乎无限慢的节奏进行着。这一普遍的物质起初是一种以太式的火，与其他物联系着，扩展着。第一道联系的产生包含了各个不同的阶段，而彼此间的程度也各有不同。一部分火浓缩成了空气；一部分火凝缩成了水；而另一部分则固化了，形成了土壤。在实现了最大程度的固化目标后，一个相反的进程又开始了，一直到整个进程结束；而在实现这个目标的各个阶段中，就有稀释环节。通过这个环节，它又变回了火状的以太，而整个创造
264 又都溶解成了原初状态的火。《圣经》有云："那日，天必大有响声废去，有形质的都要被烈火销化，地和其上的物都要烧尽了。"[1]（II Peter iii，10）在这个巨大进程的循环当中，回环

1 此处中译出自中文和合本圣经《彼得后书》第三章第 10 节。——译者注

往复连绵不尽，而同一宇宙中的能量则会通过其他形式显现出来。有时候，它看起来就像是一股强劲的风，在空间里来回呼啸；通过这种形式，它被人们认识到了，被人们称作“精神”或“呼吸”。又或者，它和某种神经或精神刺激性能量相像。通过前面这些表现形式，那一具有形塑能力的力量赋予每一种活跃或不活跃的物以独特的形式和质地。

斯多葛派哲学家所使用的有关这个宇宙的语言似乎通常都包含了两个方面：一个是消极被动的，一个是积极主动的。有时候，它给我们的印象是，一种外在的力量对事物产生了作用，然而这种印象是有问题的，其原因就在于表达上的不严谨。如果遭到质疑，他们就会毫不犹豫地声称，原初的物质天生就是有能量的；运动是物质与生俱来的属性；万物为一。这种普遍的能量并不仅仅是机械式的，它还是生命的原则，还是一种精神性的力量。它具有多种面向。假如我们把自己的注意力放到自然的有序进程上，放到各种现象的稳定序列上，特别是放到人类生命过程中所遇到的无法避免的局限上，那么这种宇宙能量就会承担起我们所说的“命运”（Fate）之重量。但如果我们把自己的注意力转到因果关系链条上，思考“原因中的原因”，那么这种力量就会变成“肇因”（*αἰτία*），其在某种意义上对应现代术语“**第一因**”（*First Cause*）。又或者，如果我们从生物学视角来看这个宇宙，并且着重关心那些有生命之物的生命历程，那么这种力量就会被赋予一个更为妥切的名字——“自然”（*Nature*）。自然是生长所遵循的原则，也是有机物变化所遵循的原则。对此，古希腊语中有一个对应词——“*φύσις*”。最后，如果我们反思各部分之间的奇迹般的调适情形，反思计划和目标如何通过整个系统来实现，或者更准确说，如果我们有感恩之心并且能够判断全宇宙的善，那么这种力量就会具备一种人格，变成“*πρόνοια*”，也即“上帝”(Providence)。

所以，斯多葛派对野兽有本能、植物会生长、宇宙处处有秩序的假设，很好地解释了人类的心灵，而他们所说的宇宙秩序，不管用人眼来看显得多么混乱，总之是遍布于宇宙各处的。(也正是在宇宙中，万物一起协作，就像他们所认为的，这种协作旨在实现一个共同的目标) 他们的假设表明，有一个由前述各部分所构成的整体，这个整体的活跃度和理性程度与
265 构成它的各部分的活跃度与理性程度相同。因此，斯多葛派所说的宇宙是有生命的、理性的宇宙。这种信条构成了斯多葛哲学的基石。

我们把宇宙中的生命原则也即那个神圣的理性叫做“逻各斯”(the *logos*，*λόγος*)。这个希腊语术语的权威英语翻译为“the *Word*”，因为在人身上，也即在这种唯一理性的动物身上，理性和话语是紧密相连的。这种普遍、神圣理性观念源自赫拉克里特的沉思，它和我们的《约翰福音》的开篇章节有相似之处，且不管该福音的作者是从哪个就近材料中获取这种观念的：“太初有道，道与神同在，道就是神。”[1] 不过，在《约翰福音》中，这一术语具有更加深刻的宗教蕴涵，这种蕴涵哪怕是最虔诚的斯多葛派人士也不曾赋予过。当然，即便如此，对斯多葛派来说，“逻各斯”也是神圣的。

下一步就是要解释一种方式或路径，在理性的指引下，原初物质通过这种方式或路径进入一种巨大的万物多样化状态之

---

1 此处中译出自中文和合本圣经《约翰福音》第一章第 1 节。——译者注

中。我们通过自己的感觉认识这些物。那么，不管是从“种”还是从“属”上讲，或是从个体层面来看，活的造物（因为相对于无机的物而言我们更关心有机的物）究竟是如何从同一种属的物质中发展而来的？斯多葛派是这样回答的：那个占支配地位的理性也即逻各斯具有潜在生命力，正是在这种意义上，我们称它为“*λόγος σπερματικός*”，亦即具有孕育能力的理性。（M. A. IV，14，21；VI，24.）以此而论，它撒播的几乎是具有无限多样性的种子，每一颗都分享了它的一小部分；此外，它还被赋予一种个体性和生长与繁殖的能力，因为这就是种子的独特本性。种子之间的差异似乎是由能量的差异造成的。从这个意义上讲，就像《创世纪》中所说的：地发生了青草和结种子的菜蔬，各从其类；并结果子的树木，各从其类；果子都包着核；雀鸟飞在地面以上，天空之中；牲畜、各样爬在地上有生命的物、野兽、人和地上各样行动的活物，各从其类。[1]那个引导或促使同质的火状以太趋向分裂、分离和个体化的原初动因或动力，在斯多葛派看来是一个谜，当然，在我们看来也是一个谜。马可·奥勒留所说的是一种原初动因，借助这种动因，上帝激发大自然创造出了一个有序的宇宙（M. A. IX，1），不过，祂也就做到这里为止了。

和在其他哲学中一样，在斯多葛哲学中一种神秘气息笼罩着创造。这类哲学家接受自己发现的世界，他将自己的解释 266
限定在描述各种变化的进程上。按照斯多葛派的观点，宇宙中形形色色的物是由普遍理性的自我导向型动因制造出来的，这些物在程度上都不一样，每一较高的等级具有较低等级的属

1 此处中译出自中文和合本圣经《创世纪》第一章第 12、20—21 节。——译者注

性，当然也具有它自身的更为高贵的品质。所有的物都具有形式，这是一种在个体外形内部实现自我内聚的能力，希腊人管它叫“*ἕξις*”。包括动物和植物在内的有机世界都具备生长和再生产的能力，即“*φύσις*”；正如我所说的，我们把这个词翻译成“自然”（*nature*）。在动物身上，心理那一部分也即一种精神或神秘难测的灵魂——“*ψυχή*”（Psyche）代表着一种更高级的生命；通过感觉和本能，它照看着动物身体部分的状态。这种心理构成要素和其他物一样，成为普遍物质的一部分，也成为原初以太状的火的组成部分，不过，它因为有高度的脆弱性和紧张关系而被区分了出来；此外，由于缺乏对其来源的更好解释，人们又推测它是血液中所散发出来的东西。（M. A. V，33；VI，15.）人自身就具有心灵或那一占支配地位的理性的属性；为了简便，我们通常把它称作“*τὸ ἡγεμονικόν*”。这种逻各斯就是人的理性上主，就是人的主宰；它和神圣理性具有相同的本质。和神圣理性一样，它统治着宇宙，就像人的理性应该统治着人一样。斯多葛派不接受柏拉图的“灵魂不朽”信念。在他们看来，至少在爱比克泰德和马可·奥勒留眼里，当死亡来临时，理性就分解成了最初的元素，即便当身体成灰入土时也是如此。“我被创造成（一个整体中的）一部分。我会消失，融入那最初使我诞生的东西；或者，会有一场变化，在变化中，我会被带入那一具有孕育能力的理性之中。”（M. A. IV，14.）某些哲学家欣赏这样一种假设，即：善者的灵魂不会随身体死去，而是会以自己的个体形态继续存留，直到巨型的回环往复的永恒时间结束它的第一循环，而这种回环往复正是命运安排给灵魂的。但是，在焚毁一切的大火之中，即便是正义之人的灵魂，也免不了要死。

所有这些物就是这样被创造和被赋予自己的属性的，不管属于何种类型，它们都一起协作，旨在实现那一神圣的目的，或者就像我们更倾向于表达的，旨在完成那一先定的命运里程。马可·奥勒留在自己的笔记中写道："我们大家齐心协力，奔向一个共同的目标，有些人拥有知识和自觉的理解力，而有些人则处于无知状态中。就像赫拉克里特（我认为是这样）所说的，'即便那些人在睡觉，他们也还是劳动者'，而参与协作的人则都身处宇宙事物之中。一个人以这种方式运作，而另一个人以那种方式运作；那些抱怨的人和试图抵制不干的人全都流逝了，因为宇宙正需要这样一个人。"（M. A. VI，42.）他还 267
说："万物都相互交织，它们被一根神圣的纽带联系着。几乎没有哪种物是和其他物相分离的。万物都被一个个编排，一起构成一个有序的宇宙。存在一个由万物构成的宇宙，也存在一位穿透万物的上帝；存在一种物质，也存在一种法则；存在一种为所有智识型造物所具备的理性，也存在一个真理；所有活的造物的完善、完美之境可能都是相似的，她们都具备同一种理性。"（M. A. VII，9.）

由于这个整体的所有构成部分都是朝着一个方向前进的协作者，而且彼此之间都相互依赖、不可分离，所以我们可以说，它们都是受降临在自己身上的东西影响的，且不管这种东西是好是坏。"噢，宇宙，所有和你和谐共处的东西，也都和我和谐共处。在你这里准时出现的东西，在我这里也准时出现，既不过早，也不过迟。噢，自然，你在四季里所孕育的东西，就是我的果实。"（M. A. IV，23.）他还说："张开双臂，迎接一切已经发生的东西吧，即使它看起来过于严酷。要知道，它可是为了宇宙的健康和宙斯自己的幸福、兴旺贡献出了自己的力量。”（M. A. V，8，§2.）斯多葛派把宇宙各组成部分之间这种无处不在的相互依赖性称作“感通/同情”（*sympathy*，*συμπάθεια*），就好像一个巨型神经系统使系统里的每个部分都灵敏地感受到其他部分的感觉一样。当有情感方面的因素加入其中时，这种信条就离基督教的信仰——“上帝无处不在”不远了。有了这种信条，每个人的生命就会幸运地获得一种神圣的尊严，尽管人身上带着动物的本性和琐碎的兴趣爱好。马可·奥勒留经常回到这种思想当中：“时刻要记得，宇宙是一种活的物，构成它的只有一种物质，一个灵魂。”（M. A. IV，40.）“是的，不管发生了什么，每一个个体都为那个统治宇宙的存在的福祉、完善完美甚至统一贡献出了自己的力量。”（M. A. V，8.）正是这种关于宇宙间“感通/同情”或“普遍的兄弟情谊”的理论，给人们提供了一些有关宇宙、其本质和运作情形的知识，这种知识是一个向往良善的人所需要的。“不知道宇宙为何物的人，也就不知道自己在哪里。不知道宇宙朝着什么方向目标前进的人，也就不知道自己是谁，或宇宙是什么。”（M. A. VIII，52.）“我要做的是什么？那就是成为良善的人。除了运用有关宇宙本质和人类构成的知识以外，一个人如何才能妥善地实现这一目标？”（M. A. XI，5.）

268 如果伦理学有赖于这些物理学理论，那么伦理学似乎就处在一种非常不稳定的状态了。不过，事实上情况并非如此。恰恰相反，所有关于物理世界的孩子气般的无知和错误都可能被搁到一边了，真理仍然被保留了。对于斯多葛派来说，这才是真正重要的事情。生命是各种关系的总和；各部分对整体的依赖是绝对的。以这一真知为基础，那一关于造物和整个创造工作之间和谐关系、人的意志服从神圣意志的伦理教导得以奠立。而有关物质具有普遍同质性特点的物理学信条，则和人类灵魂与神祇共融这一情形紧密相连，密不可分，因为宇宙中存在“一种物质、一套法则和一位上帝。”我认为，想要让读者能够理解《沉思录》中的那些话题的意涵，知道斯多葛派物理学和形而上学的这些内容就已经足够了。

269 # 附录 B

爱比克泰德的言论

我通常引用的是哈斯廷斯·克劳斯利先生（Mr. Hastings Crossley）的译文，他的译文值得赞赏。

IF a man could be thoroughly penetrated, as he ought, with this thought, that we are all in an especial manner sprung from God, and that God is the Father of men as well as of Gods, full surely he would never conceive aught ignoble or base of himself. Whereas if Caesar were to adopt you, your haughty looks would be intolerable; will you not be elated at knowing that you are the son of God?（H. C.）

He that hath grasped the administration of the World, who hath learned that this Community, which consists of God and men, is the foremost and mightiest and most comprehensive of all: —that from God have descended the germs of life, not to my father only and father's father, but to all things that are born and grow upon the earth, and in an especial manner to those endowed with Reason (for those only are by their nature fitted to hold communion with God, being by means of Reason conjoined with Him) why should not such an one call himself a citizen of the world? Why not a son of God? Why should he fear aught that comes to pass among men? Shall kinship with Caesar, or any other of the great at Rome, be enough to hedge men around with safety and consideration, without a thought of apprehension: while to have God for our Maker, and Father, and Kinsman, shall not this set us free from sorrows and fears? (H. C.)

Asked how a man might convince himself that every single act of his was under the eye of God, Epictetus answered:

'Do you not hold that all things are bound together in one?'

'I do.'

'Well, and do you not hold that things on earth and things in heaven are continuous and in unison with each other?'

'I do,' was the reply.

'Else how should the trees so regularly, as though by 270
God's command, at His bidding flower; at His bidding send forth shoots, bear fruit and ripen it; at His bidding let it fall and shed their leaves, and folded up upon themselves lie in quietness and rest? How else, as the Moon waxes and wanes, as the Sun approaches and recedes, can it be that such vicissitude and alternation is seen in earthly things?

'If then all things that grow, nay our own bodies are thus bound up with the whole, is not this still truer of our souls?

And if our souls are bound up in contact with God, as being very parts and fragments plucked from Himself, shall He not feel every movement of theirs as though it were His own, and belonging to His own nature?' (H. C.)

God (Zeus) hath placed by the side of each a man's own Guardian Spirit, who is charged to watch over him—a Guardian who sleeps not nor is deceived. For to what better or more watchful Guardian could He have committed each of us? So when you have shut the doors and made a darkness within, remember never to say you are alone; for you are not alone, but God is within, and your Guardian Spirit, and what light do they need to behold what you do? To this God you also should have sworn allegiance, even as soldiers unto Caesar. They when their service is hired, swear to hold the life of Caesar dearer than all else: and will you not swear your oath, that are deemed worthy of so many and great gifts? And will you not keep your oath when you have sworn it? And what oath will you swear? Never to disobey, never to arraign or murmur at aught that comes to you from His hand: never unwillingly to do or suffer aught that necessity lays upon us. 'Is this oath like theirs?' They swear to hold no other dearer than Caesar: you, to hold your true selves dearer than all else besides. (H. C.)

Friend, lay hold with a desperate grasp, ere it is too late, on Freedom, on Tranquillity, on Greatness of Soul! Lift up thy head, as one escaped from slavery; dare to look up to God, and say: — 'Deal with me henceforth as Thou wilt! Thou and I are of one mind. I am Thine. I refuse nothing that seemeth good to Thee; lead on whither Thou wilt, clothe me in what garb Thou pleasest: wilt Thou have me a ruler or a subject—at home or in exile—poor or rich? All these things will I justify unto men for Thee. . . .

Who would Hercules have been had he loitered at home? No
Hercules, but Eurystheus. And in his wanderings through the 271
world how many friends and comrades did he find? but nothing dearer to God. Wherefore he was believed to be God's (Zeus) son, as indeed he was. So then in obedience to Him, he went about delivering the earth from injustice and lawlessness.

But thou art not Hercules, thou sayest, and canst not deliver others from their iniquity—not even Theseus, to deliver the soil of Attica from its monsters? Purge away thine own, cast forth thence —from thine own mind, not robbers and monsters, but Fear, Desire, Envy, Malignity, Avarice, Effeminacy, Intemperance. And these may not be cast out, except by looking to God alone, by fixing thy affections on Him only, and by consecrating thyself to His commands. If thou choosest aught else, with sighs and groans thou wilt be forced to follow a Might greater than thine own, ever seeking Tranquillity without, and never able to attain unto her. For thou seekest here where she is not to be found; and where she is, there thou seekest her not! (H. C.)

'As God hath ordained, so do; else thou wilt suffer chastisement and loss.' Askest thou what loss? None other than this: To have left undone what thou shouldst have done: to have lost the faithfulness, the reverence, the modesty that is in thee! Greater loss than this seek not to find! (H. C.)

In the room of all other pleasures put this—the pleasure which springs from conscious obedience to God. (H. C.)

It is the critical moment that shows the man. So when the crisis is upon you, remember that God, like a trainer of wrestlers, has matched you with a rough and stalwart antagonist.— 'To what end?' you ask. That you may prove the victor at the Great Games. Yet without toil and sweat this may not be! (H. C.)

Be not anxious that what happens shall happen as you wish, but wish for that to happen which does happen. Then your life will flow on in tranquillity.

Remember that you act a part in such a play as the manager chooses. He may assign a short part, or he may assign a long part. If he wishes you to play the part of a poor man, play that part with good grace, so, too, whether it be that of a lame man, a person in authority, or a private person. For it is your business to play well the role that is given you, but to select the role is Another's business.

Keep death and exile, and all other things that seem to be terrible, 272
before your eyes every day, and most of all death, and you will never think a low thought, nor will you covet anything.

Everything has two hafts, one to take hold of, the other not to take hold of. If your brother sins, do not lay hold of his sin, for that is the haft not to be taken hold of, but rather lay hold of this haft, that he is your brother, brought up together with you. And you will have hold of the handle that is meant to carry it.

Never say of anything I have lost it, but say, I have given it back. Is your child dead? It has been given back. Has your estate been wrested from you? This too has been taken back. But he that robbed me is a wicked man! What is it to you by whose hand He that gave has taken away? So long as what He gives shall remain to you, take care of it as the property of another; do as travellers do at an inn.

What wouldst thou be found doing when overtaken by Death? If I might choose, I would be found doing some deed of true humanity, of wide import, beneficent and noble. But if I may not be found engaged in aught so lofty, let me hope at least for this—what none may hinder, what is surely in my power—

that I may be found raising up in myself that which had fallen; learning to deal more wisely with the things of sense; working out my own tranquillity, and thus rendering that which is its due to every relation of life.（H. C.）

Should there not be someone to . . . sing the hymn of God on behalf of all men? What else can I that am old and lame do but sing to God? Were I a nightingale, I should do after the manner of a nightingale. Were I a swan, I should do after the manner of a swan. But now, since I am a reasonable being, I must sing to God; that is my work: I do it, nor will I desert this my post, as long as it is granted me to hold it; and upon you too I call to join in this selfsame hymn.（H. C.）

附录 C

书目

关于斯多葛主义的章节的权威引证

古代

Stoicorum Veterum Fragmekta. Hans von Arnim.

Lives, Opinions, and Sayings of Eminent Philosophers. Diogenes Laertius.

The Fragments of Zeno and Cleanthes. A. C. Pearson.

De Finibus; De Officiis. Cicero.

Morals. Plutarch.

Discourses and Encheiridion (taken down by Arrian). Epictetus.

Senecae Opera. L. Annaeus Seneca.

现代

Stoic and Christian in the Second Century. Leonard Alston.

Roman Stoicism. E. V. Arnold.

Stoics and Skeptics. Edvvyn Bevan.

The Stoic Creed. W. L. Davidson.

The Stoic Philosophy. Gilbert Murray. A Lecture.

Marcus Aurelius and the Stoic Philosophy. Frederick Pollock. An Essay.

Marcus Aurelius Antoninus to Himself. G. H. Rendall.

Die Philosophie der mittleren Stoa. A. Schmekel.

Die Philosophie der Griechen. Eduard Zeller. Vol. III，Part I.

关于马可·奥勒留生平的权威引证

古代

The Meditations of Marcus Aurelius（*τὰεἰςέαυτόν*）.

（这是一部关于自我交流的书，一切能够表明某物完全属实的标志，在这部书中都可以找到。我们可以用它来验证任何
274 与它不相容的报道、流言或理论的虚假谬误之处。这部书有各种英译本，如：Jeremy Collier（1701 年）；George Long（1862 年）；G. H. Rendall（1898 年）；John Jackson（1900 年）以及其他本子。最令人满意的还是海恩斯［C.R. Haines］的“洛布古典丛书”(the Loeb Classical Library)。该丛书很出色，并且提供了希腊语文本。在书中的附录部分，海恩斯先生提供了马可的演说词和各种言论。梅里克·卡苏朋［Meric Casaubon］的 1634 年译本是早期译本，已通过“人人丛书”［*Everyman's Library*］再版。）

M. Cornelii Frontonis et M. Aurelii Imperatoris Epistulae.

（这部书包含了康内留·弗朗托和马可·奥勒留以及其

他杰出人士之间的通信。作为事实真相的试金石，它的价值和《沉思录》相似。红衣主教麦［Cardinal Mai］的原初版本［1815 年、1823 年］价值不大。内博［S. A. Naber］的版本［1867 年］要好得多。自此时起，由于各位学者的发现和推定，文本的质量有了明显提高，这些学者是：R. 克鲁斯曼［R. Klussmann］、W. 司徒德蒙德［W. Studemund］、C. 布拉克曼［C. Brakman］和其他一些人，而豪勒尔［Edm. Hauler］的贡献最大。C.R. 海恩斯［C. R. Haines］正通过"洛布古典丛书"［Loeb Classical Library］出版这些信函，出版语言为拉—英双语。第一卷已面世。）

Roman History（Ῥωμαϊκὴ ἱστορία）. Dio Cassius.

（迪奥·卡西乌斯［人们通常这么称呼他］用希腊语写作，生于卑诗尼亚，不过在年轻时就去了罗马，而且在那里度过了科莫德斯统治时期［180—193 年］。他是元老院成员，其史作从罗马建城开始写起，下迄自己的一生。不幸的是，讨论公元 2 世纪的那几部书都佚失了，我们手头仅有一部梗概之作，这部作品出自一位君士坦丁堡的修士——希菲里努斯［Xiphilinus，11 世纪］。关于安东尼努斯·庇乌斯在位时期和马可·奥勒留在位之初的情况，我们甚至都没有一部诸如此类的梗概作品，因为在希菲里努斯所生活的时代，这些书都已经消失了。对于由此造成的空缺，我们只能用一些偶然得自各位作家的摘录来填补，但这是不够的。）

History. Herodianus.

（赫罗迪亚努斯也用希腊语写作。他可能出生于公元 165

年左右。他好像把意大利当成了自己的国家。他还谋得了几个民事职位。很明显，直到公元 240 年左右，他才撰写自己的历史作品。作品的头几章涉及马可的死和科莫德斯即位。）

An Abridgement of Roman History. Eutropius.

（欧特罗比乌斯用拉丁语写作。他似乎生活在变节者尤里
275 安时代［Julian the Apostate，361—363］。第 8 卷第 9—14 章写的是马可在位时期，所占篇幅不到两个普通版页面。）

The Caesars. Emperor Julian the Apostate.

（这是一部讽刺喜剧，一部滑稽短剧，有些像琉善的风格。尤里安用希腊语写作。）

De Caesaribus. Sextus Aurelius Victor.

（维克多所生活的时代也许要比欧特罗比乌斯略晚。他所写的有关马可的章节［第 16 章］有一页多一点的篇幅。用拉丁语写成。）

Epitome of Victor's de Caesaribus. Chapter XVI.（Latin.）

（此为前面那部书的内容梗概，在内容上几乎没什么创新，而且同样简略。）

History of Rome.（Latin.）Ammianus Marcellinus.

（这部史作写于 4 世纪后半叶。其存世部分从公元 353 年开始，仅提及马可·奥勒留在位时期。）

Historiae Adversus Paganos，etc.（Latin.）Paulus Orosius.（这是一部罗马史，写于公元415年左右。书中略有提到马可·奥勒留。）

Scriptores Historiae Augustae.（Latin.）（该书是一个传记系列，作传的对象是诸位皇帝和其他几位声称有权即位的人，由不同人士写成。其中，哈德良的传记和老卢修斯·维鲁斯［Lucius Verus，Senior］的传记归在埃利乌斯·斯巴提亚努斯［Aelius Spartianus］名下；安东尼努斯·庇乌斯的传记、马可·奥勒留的传记和小卢修斯·维鲁斯［Lucius Verus，Junior］的传记归在尤里乌斯·卡皮托利努斯名下；奥维狄乌斯·卡西乌斯的传记归在乌尔卡奇乌斯·加里卡努斯［Vulcacius Gallicanus］名下；而科莫德斯的传记则归在埃利乌斯·兰姆普里迪乌斯［Aelius Lampridius］名下。如果这些人是真有其人，那么他们似乎生活在戴克里先时代，而且似乎根据各种价值不一的资料汇编了他们的传记。不过，这些传记很有可能是通过提奥多西乌斯时代的一位或多位作家的手笔才流传到我们手中的。关于这些传记作者的身份，既有研究可见 Otto Th. Schulz，*Das Kaiserhaus der Antonine und der letzte Historiker Roms*（1907）。相较之下，另一位作者的研究没有这么彻底，见 Ch. Lecrivain，*Etudes sur l'histoire Auguste*（1904）。我自己的看法是，有关福斯蒂娜和小卢修斯·维鲁斯的不端行为的那些粗俗故事，全都是假的，虽然汇编这些故事的人有可能都相信它们是真的。参见 Hermann Peter，*Die Scriptores Historiae Augustae*。）

276 *Works of Galen.*（Greek.）

（此为这位著名内科医生的大部头著作，收入《希腊医生著作集：第1—20卷》[Medicorum Graecorum Opera，Vols. I-XX] 出版。他生活在公元2世纪 [131—200年（?）]，对马可·奥勒留和同时期的大事略有涉及。）

Noctes Atticae.（Latin.）Aulus Gellius.

（一部有关奇闻轶事的杂集。格里乌斯是一位绅士，心怀学术兴趣，而且还是同时代人。）

Satires，Lectures，etc.（Greek.）Lucian.

（这位出色的作家 [公元125—200年，或大约这个时段]）撰有讽刺作品、滑稽剧和胡诌之类的东西，为我们提供了一些有关此时期总体历史的事实。）

Speeches，etc.（Greek.）Aelius Aristides.

（这位卓越的智术师是同时代人。他与雅典的阿里斯提德斯不是同一个人，后者是一位基督教辩教者。）

Lives of the Sophists，Epistles，etc（Greek.）Philostratus.

（该作者被人称为"雅典人费洛斯特拉图斯"[Philostratus the Athenian]，以与他所在家族的其他成员相区分。他在三世纪早期写作。在这部传记中，我们的皇帝被提到了几次。人们通常引用的版本是卡尔·路德维希·凯赛 [Karl Ludwig Kayser] 的 *Φιλοστράτου βίοισοφιστῶν*。）

关于该主题的现代著作

La Jeunesse de Marc-Aurèle. Gaston Boissier. *Revue des deux Mondes*，Vol. 74（1868）.

La Religion Romaine d'Auguste aux Antonins. Gaston Boissier.

Studies in Fronto and His Age. M. Dorothy Brock.

The Student's Roman Empire. J. B. Bury.

The Age of the Antonines. W. W. Capes.

Lettres inédites de Marc-Aurèle et de Fronton. Armand Cassan.

（此为该信函的翻译版，译于内博［Naber］的版本之前，并不是很精确）

Les Antonins. Comte de Champigny.

Histoire de la Litterature Grecque，Tome V. Maurice Croiset.

Roman Society from Nero to Marcus Aurelius. Samuel Dill.

The Correspondence of Fronto and Marcus Aurelius. Robinson Ellis. A Lecture（1904）.

The Emperor Hadrian. Gregorovius.

Hérode Atticus. P.Vidal-Lablache. 277

Les Moralistes sous l'Empire Romain. Constant Martha.

History of the Romans under the Empire. Charles Merivale.

Gesammelte Schriften. Theodor Mommsen.

Marius the Epicurean. Walter Pater.

Die Marcus-Säule. Petersen，Domaszewski，and Calderini.

Marc-Aurèle. Ernest Renan.

Vie du Rhéteur Aelius Aristide. W. H. Waddington.

Marcus Aurelius Antoninus. Paul B. Watson.

关于基督徒的权威引证

古代

Annals（Book XV，Chap.44）.（Latin.）Tacitus.

Lives of the Caesars.（Latin.)(Claudius，Chap.XXV；Nero，Chap.XVI，etc.）Suetonius.

Correspondence of Trajan and Pliny.（Latin.）Pliny.

（通常编作“Vol. X. Letters 96，97.”）

Octavius.（Latin.）Minucius Felix.

（很可能在安东尼努斯·庇乌斯在位时期写成）

Works：*First Apology*，*Second Apology*，*Dialogue with Trypho*.

（Greek.）Justin Martyr.

（贾斯丁在马可·奥勒留在位之初被处决）

The Shepherd. Hermas.

（赫马生活在罗马，很可能在安东尼努斯·庇乌斯治下写作）

Apology for the Christians.（Greek.）Athenagoras.

（该书很可能在公元177年左右写成）

Apology on behalf of the Christians.（Greek.）Aristides of Athens.

（该作者在安东尼努斯·庇乌斯时期写作）

Works: *Apology*, *Ad Nationes*, *etc.*（Latin.）Tertullian.
（这些论述在公元200年前不久写成）
Against Celsus.（Greek.）Origen.
（奥利金大约生活在公元185—254年）
Ecclesiastical History.（Greek.）Eusebius.
（尤西比乌斯在君士坦丁治下写作）

现代

Histoire des Persecutions pendant les Deux Premiers Siècles. Paul Allard.

Une Nouvelle Théorie sur Le Martyre des Chrétiens de Lyon 278
en 177 A. D. Paul Allard.

Revue des Questions Historiques, Vol. 93（1913）.

L'Église et l'État, 249—284 A. D. B. Aubé.

Étude sur Un Nouveau Texte des Actes des Martyres Scillitains（包含希腊语文本）1881. B. Aubé.

Die Frau im Romischen Christenprocess. F. Augar.

Texte und Untersuchungen. Neue Folge. XIII（1904）.

Le Délit du Christianisme aux Deux Premiers Siècles. C. Callewaert. *Revue des Questions Historiques*, Vol. 74（1903）.

Les Premiers Chretiens et l'Accusation de Lèse-Majesté. C.Callewaert.*Revue des Questions Historiques*, Vol. 76（1904）.

Les Persecutions contre les Chretiens, etc. C. Callewaert. *Revue des Questions Historiques*, Vol. 82（1907）.

The Early Persecutions of the Christians. L. H. Canfield.

A Literary History of Early Christianity. C. T. Cruttwell.

The Oriental Religions in Roman Paganism. Franz Cumont.

La Date du Martyre des Saints Carpos et al. J. de Guibert. *Revue des Questiones Historiques*, Vol. 83（1908）.

Christianity and the Roman Government. E. G. Hardy.

Die Akten des Karpus et al. A. Harnack.*Texte und Untersuchungen*, *etc.*, Vol. III.

Der Vorwurf des Atheismus in den drei ersten Jahrhunderten. A. Harnack.

The Apostolic Fathers.（Part II.）J. B. Ligbtfoot.

Eine Kaiserrede（Aristides R. XXXV.）Bruno KeiL

Christianity in the Roman Empire. Theodor Mommsen.

Römisches Strafrecht. Theodor Mommsen.

The Church in the Roman Empire. W. M. Ramsay.

Acta Martyrum Sincera et Selecta（Speratus et al., p.129; St.Felicitas et al., p.72）. Ruinart.

L'Organisation Juridique des Premières Communautés Chrétiennes. R. Saleilles. Mélanges P.F. Girard, Tome 2.

The Alleged Persecution of the Christians at Lyons in 177A. D. Jas. W. Thompson.*American Journal of Theology*, XVI（1912）.

该作者否定里昂殉难之事的真实性。

Index Scholarum, etc.［Scillitain Martyrs］（Bonn, Apr. 20, 1881）. Hermann Usener.

关于文本中特定说法的权威引证，以及外语文段翻译等。

导 论

"Das Schaudern," etc.: "The sentiment of awe is the best thing in man." *Faust*, Part II, Act I, Scene—*Finstere Galerie*. p.11, line 1.

"Le Livre de Marc-Aurèle," etc. *Marc-Aurèle*, E.Renan, Chap.XVI, pp.262, 272: "The book of Marcus Aurelius will keep its freshness forever, since it does not rest on dogma. Everybody from the atheist, or him that thinks himself one, to the man most deeply set in the creed of a particular sect, can find in it fruits of edification. It is the most wholly human book there is ... this incomparable book, this manual of a life of resignation, this gospel of those who do not believe in the supernatural. ... Though science should do away with God and the soul, the book of *Meditations* would remain young in its life and its truth. Marcus Aurelius's religion ... is that absolute religion that comes into being when a high ethical conscience confronts the universe. It belongs neither to one race nor one country. No revolution，no progress，no discovery will have power to change it.” p.14，line 32.

Frederick the Great’s “Marc-Aurèle peut-être，” etc：“Of all men，perhaps Marcus Aurelius has carried virtue to its highest point.” *Politische Correspondenz*，Vol. 37，*À l’Électrice Douairière de Saxe*，Sept. 4，1775. See also：H. de Catt，*Mes Entretiens avec Frédéric le Grand*，pp.33，270，338. p.15，line 14.

280 Montesquieu，“Jamais philosophe，” etc.：“No philosopher has ever made men appreciate the sweetness of virtue and the dignity of human life better than Marcus Aurelius. The heart is touched，the soul ennobled，the spirit uplifted.” *OEuvres*，Tome 7，p.160；see also：*Grandeur et Décadence des Romains*，Chap.XVI. p.15，line 18.

第一章

Socrates brought philosophy，etc.：Cicero，*Tusc. Disp.*V，4. p.17，line 5.

Zeno picked up Xenophon，etc.：Diog. Laer.，Book VII，*Zeno*，III. p.17，line 15.

Semitic type，etc.：Diog. Laer.，Book VII，*Zeno*，II，XVIII，XXIII，XII. p.17，line 22.

Cynic’s *Kosmopolitismus*：Zeller，III，Part I，p.277. p.18，line 30.

Zeno’s teachings：Arnim，§264. p.19，line 33.

Zeno’s teachings：Arnim，§266. p.20，line 3.

Zeno’s teachings：Arnim，§267. p.20，line 5.

Zeno’s teachings：Arnim，§263. p.20，line 6.
Zeno’s teachings：Arnim，§262. p.20，line 9.
Zeno’s teachings：Arnim，§85. p.20，line 14.
Zeno’s teachings：Arnim，§87. p.20，line 24.
Zeno’s teachings：Arnim，§153. p.20，line 30.
Zeno’s teachings：Arnim，§154. p.20，line 33.
Zeno’s teachings：Arnim，§157. p.20，line 34.
Zeno’s teachings：Arnim，§155. p.20，line 35.
Zeno’s teachings：Arnim，§158. p.20，line 37.
Zeno’s teachings：Arnim，§160. p.21，line 1.
Zeno’s teachings：Arnim，§161. p.21，line 6.
Zeno’s teachings：Arnim，§162. p.21，line 7.
Zeno’s teachings：Arnim，§163. p.21，line 8.
Zeno’s teachings：Arnim，§165. p.21，line 9.
Zeno’s teachings：Arnim，§167. p.21，line 11.
Zeno’s teachings：Arnim，§169. p.21，line 15.
Zeno’s teachings：Arnim，§203. p.21，line 17.
Zeno’s teachings：Arnim，§184. p.21，line 19.
Zeno’s teachings：Arnim，§179. p.21，line 20.
Zeno’s teachings：Arnim，§180. p.21，line 24.
Zeno’s teachings：Arnim，§182. p.21，line 25.
Zeno’s teachings：Arnim，§186. p.21，line 26.
Zeno’s teachings：Arnim，§187. p.21，line 30. 281
Zeno’s teachings：Arnim，§188. p.21，line 31.
Zeno’s teachings：Arnim，§185. p.21，line 32.
Zeno’s teachings：Arnim，§190. p.21，line 33.

Zeno's teachings：Arnim，§216. p.22，line 7.

Zeno's teachings：Arnim，§220. p.22，line 12.

Zeno's teachings：Arnim，§221. p.22，line 14.

Zeno's teachings：Arnim，§223. p.22，line 17.

Zeno's teachings：Arnim，§217. p.22，line 20.

Zeno's teachings：Arnim，§237. p.22，line 22.

Zeno's teachings：Arnim，§240. p.22，line 24.

Zeno's teachings：Arnim，§329. p.22，line 27.

Zeno's teachings：Arnim，§323. p.22，line 28.

Zeno's teachings：Arnim，§307. p.22，line 30.

Zeno's teachings：Arnim，§294. p.22，line 34.

Zeno's teachings：Arnim，§324. p.23，line 1.

Cf. Aristotle，*Nich. Ethics*，IX，9.

Zeno's teachings：Arnim，§330. p.23，line 2.

Doctrine of *κατὰ φύσιν*：Diog. Laer.，Book VII，*Zeno*，LIII. p.23，line 15.

St. Paul quoted：Acts xvii，24—28. p.23，line 24.

Cleanthes：*Hymn to Zeus*. Arnim，§537. p.24，line 26.

See also：Arnold，§419.

Cleanthes："Lead me，O Zeus，" etc. Arnim，§527. p.26，line 7.

Seneca，quoted：*Epis*. 107，11. p.26，line 17.

第二章

Horace，quoted：*Odes*，Book I，19. p.28，line 3.

Cardinal virtues：Diog. Laer.，Book VII，*Zeno*，LIV.

p.28，line 27.

“La vie n’est ni un plaisir，” etc.：“Life is neither a pleasure nor a pain，it is a serious matter，with which we are entrusted，and we must lead it and end it honorably”. p.34，line 21.

第三章

Emperor Hadrian，quick to reward merit：Phil.，*Lives of the Sophists*，Kayser，II，42，10. p.38，line 6.

Emperor Hadrian，lover of the arts：Dio Cass. LXIX，3. p.38，line 22.

Emperor Hadrian，verses：S. H. A. I，Chap.I，25，9. p.39，line 19.

Marcus Aurelius，“his likeness in marble”：there are several; 282
that from which the frontispiece is taken stands in the Uffizi，Florence. p.41，line 13.

Marcus called *verissimus*，most truthful：S. H. A. IV，Chap.I，10. p.41，line 21.

The name stuck：Watson，p.10，Note I; *Vie d'Aelius Aristide*，p.63. p.41，line 22.

Marcus made a knight：S. H. A. IV，Chap.4，1—2. p.41，line 24.

Lucius Verus，Senior：S. H. A. II，Chap.2，1; II，Chap.5，2. p.41，line 30.

Hadrian’s ideas on a successor：Dio Cass. LXIX，20. p.42，line 22.

Marcus betrothed：S. H. A. IV，Chap.4，6. p.42，line 25.

Lucius Verus，Senior，dies：S. H. A. II，Chap.4，7.p.42，line 29.

Adoption of Antoninus：S. H. A. I，Chap.24，1. p.42，line 31.

Hadrian's choice of Marcus：Dio Cass. LXIX，20. p.43，line 4.

Marcus leaves his old home with regret：S. H. A. IV，Chap.5，4. p.43，line 24.

Marcus lived for a time beside the Tiber：Dio Cass.LXXII，35. p.43，line 29.

Antoninus at Lorium，Lanuvium：S. H. A. Ill，Chap.I，8. p.44，line 3.

Antoninus fond of fishing，etc.：S. H. A. Ill，Chap.II，2. p.44，line 8.

Lanuvium：cf. *Journal of Roman Studies*，1913，p.61. p.44，line 12.

Lake of Nemi，legend：Frazer，*The Golden Bough*，Vol.I，Chap.1. p.44，line 26.

Marcus's love of games：S. H. A. IV，Chap.4，9. p.45，line 19.

Marcus's love of boar-hunting：Dio Cass. LXXII，36，and cf. Haines（M. A.）p.46，Note 1. p.45 line 22.

Marcus's friendships：S. H. A. IV，Chap.3，8. p.45，line 30.

Marcus virtuous but not priggish：S. H. A. IV，Chap.4，§10. p.45，line 34.

Marcus punctual，etc.：Dio Cass. LXXII，35. p.46，line 3.

Sextus: M. A. I, 9. p.46, line 12.

Junius Rusticus: M. A. I, 7. p.46, line 13.

Claudius Maximus: M. A. I, 15. p.46, line 23.

There seems to be no evidence that he is the Claudius Maximus before whom Apuleius pleaded his own cause. See Apuleius, *Apology*.

Marcus, quaestor, etc.: S. H. A. IV, Chaps. 5 and 6. p.46, line 28.

Marcus on Antoninus Pius: M. A. I, 16; cf. M. A. VI, 30. p.47, line 8.

第四章 283

Favorinus, well read, etc.: A. G. XIII, 25, 4. p.51, line 12.

Favorinus, on skeptical philosophy: A. G. XI, 5, 5. p.51, line 17.

Favorinus, paradox, etc.: A. G. XVII, 12, 2. p.51, line 19.

Favorinus, custom at house, etc.: A. G. Ill, 19, 1.p.51, line 21.

Favorinus, topic might be Socrates: A. G. II, 1, 3. p.51, line 24.

Favorinus, topic might be line of Virgil, etc.: A. G. I, 21, 5; XVII, 10, 1. p.51, line 25.

Favorinus, topic might be line of prose from Sallust: A. G. III, 1, 2. p.51, line 27.

Apollinaris Sulpicius: A. G. XIII, 20, 1. p.51, line 29.

Sextus Caecilius: A. G. XX, 1, 1. p.51, line 29.

Meeting in Trajan's forum: A. G. XIII, 20, 1. p.51, line 30.

Meeting at bath, etc.: A. G. Ill, 1, 1. p.51, line 31.

Meeting at public library: A. G. XIII, 20, 1. p.51, line 31.

Meeting by imperial palace: A. G. IV, 1, 1. p.51, line 32.

Meeting on sunny side of wall: A. G. Ill, 1, 1. p.51, line 35.

Meeting at Ostia: A. G. XVIII, 1, 3. p.52, line 2.

Meeting at Antium: A. G. XVII, 10, 1. p.52, line 2.

Aulus Gellius's admiration for Favorinus: A. G. XVI, 3, 1. p.52, line 4.

Anecdote of prig: A. G. I, 10. p.52, line 10.

Favorinus severe on luxury: A. G. XV, 8. p.52, line 17.

"Bear and forbear": A. G. XVII, 19, 6. p.52, line 22.

Niceties of expression: A. G. II, 16, 4. p.52, line 23.

Favorinus on Plato, etc.: A. G. II, 5. p.52, line 24.

Favorinus on Plautus: A. G. Ill, 3, 6. p.52, line 27.

Favorinus on *wifely*: A. G. V, 11. p.53, line 2.

Fronto's place at the bar: Dio Cass. LXIX, 18. p.53, line 7.

Fronto, purity of his language: A. G. XIX, 8, 1. p.53, line 16.

Fronto on Latin words for red: A. G. II, 26. p.53, line 22.

Fronto on passage from Quadrigarius: A. G. XIII, 29. p.54, line 7.

Fronto, anecdote on *praeter propter*: A. G. XIX, 10. p.55, line 11.

Fronto, anecdote on *arena*: A. G. XIX, 8, 20. p.55, line 18.

Fronto, anecdote on *nani*: A. G. XIX, 13. p.55, line 19.

Pervigilium Veneris：of unknown authorship，*Vigil in honor of Venus*. p.56，line 11.

Seneca mentioned：Naber，pp.156，7. p.56，line 29.

Lucan named：Naber，pp.157，8. p.56，line 30.

Scipio a purist：A. G. II，20，5；Caesar，A. G. XIX，8，3. p.57，line 3.

Advocates used archaic words：A. G. XI，7. p.57，line 6.

Eulogies upon Fronto：Naber，pp.xxxv，xxxvi. p.57，line 33.

Importance of oratory，etc.：cf. Fronto，Naber，p.124， 284
Imprrium autem，etc. p.58，line 5.

Cicero：*De Inventione*，I，5；Quin. *Inst.*，Book II，15—20. p.58，line 20.

Orator est vir bonus，etc.：Quin. Inst.，Book XII，1；cf. Fronto to Verus，Naber，p.121；Apuleius，*Apology*，Chap.94，17. p.58，line 20.

Fronto most eminent orator，etc.：Dio Cass. LXIX，18. p.58，line 30.

Disertissime，etc.：Naber，p.17；Haines，I，p.162. p.60，line 1.

"When shall I see you ...?"：Phil.，*Lives of Sophists*，Kayser，II，10，5—6. p.60，line 15.

Inscription to Regilla：*Les Inscriptions Grecques du Musée du Louvre*（No. 8），Froehner. p.60，line 19.

第五章

Fronto on his friends：Naber，*Ad Amicos*，pp.173，4，5，

6, 179, 180, 187, 244. p.61, line 13.

Marcus's mode of life in the palace: S. H. A. IV, Chap.6, 3. p.62, line 16.

Anecdote about Antoninus: S. H. A. Ill, Chap.10, 5. p.63, line 19.

Fronto's commendation of a friend: Naber, *AdAmicos*, I, 1, p.173. p.63, line 32.

Chronology: Consult Haines, XIX, Mommsen, IV, 469.

Brakman, Frontoniana, II, 24, and Naber, XX. p.64, line 26.

Fronto to Marcus: Haines, p.96; Naber, I, 5. p.65, line 1.

Marcus to Fronto: Haines, p.209; Naber, V, 28. p.66, line 7.

French sentences: "I ask you, I beseech you, I implore you"; and, "Stirring periods to end my speech." p.66, line 11.

Fronto to Marcus: Haines, p.211; Naber, V, 22. p.66, line 19.

French phrase: "First set forth your subject, afterwards you must go into full details." p.66, line 26.

Marcus to Fronto: Haines, p.211; Naber, V, 23. p.66, line 30.

French phrase: "A very improbable subject." p.67, line 4.

Marcus to Fronto: Haines, p.213; Naber, V, 26. p.67, line 7.

Fronto to Marcus: Haines, p.13; Naber, III, 11. p.67,

line 17.

Marcus to Fronto: Haines, p.136; Naber, II, 10. p.68, line 4.

French words: “One object only.” p.68, line 20.

Fronto to Marcus: Haines, p.104; Naber, III, 16. p.69, line 7.

French phrase: “Be hopeful, have good courage, trust time and practice.” p.69, line 24.

Marcus to Fronto: Haines, p.14; Naber, III, 12. p.69, line 29.

French phase: “Treat a subject.” p.70, line 5.

Fronto to Marcus: Haines, p.189; Naber, V, 1. p.70, line 19.

Marcus to Fronto: Haines, p.189; Naber, V, 2. p.70, line 24. 285

Fronto to Marcus: Haines, p.189; Naber, V, 3. p.70, line 28.

Marcus to Fronto: Haines, p.191; Naber, V, 4. p.71, line 1.

Fronto to Marcus: Haines, p.109; Naber, II, 1. p.71, line 18.

Marcus to Fronto: Haines, p.113; Naber, II, 2. p.72, line 28.

French phrase: “Marcus Cornelius Fronto has won; he has borne off the prize in the lists of affection.” p.73, line 2.

Fronto to Marcus: Haines, p.120; Naber, I, 8. p.74, line 4.

Marcus to Fronto：Haines，p.129；Naber，II，3. p.75，line 13.

French phrases：“That task remains to be done，” and，“What arguments! What order! ... What brilliancy!” and，“wonderful man，” and，“You have charmed everybody.” p.75，line 19.

Antoninus to Fronto：Haines，p.127；Naber，p.163. p.76，line 19.

The reference，to Faustina at the end of this letter，Mommsen says，is to Faustina，the younger，but as she was probably about twelve years old，I think Fronto refers to the late Empress.

第六章

Fronto to Domitia Lucilla：Haines，p.147；Naber，p.242. p.78，line 25.

Marcus to Fronto：Haines，p.150；Naber，II，12. p.80，line 1.

Marcus to Fronto：Haines，p.175；Naber，IV，4. p.80，line 23.

Marcus to Fronto：Haines，p.178；Naber，IV，5. p.81，line 23.

French phrase：“There’s no doubt that I’ve written badly today.” p.82，line 15.

Marcus to Fronto：Haines，p.117；Naber，II，5. p.82，line 31.

French phrase："Let's talk a little about these fellows." p.83，line 1.

Marcus to Fronto：Haines，p.181；Naber，IV，6. p.83，line 22.

Marcus to Fronto：Haines，p.141；Naber，II，6. p.84，line 31.

French words："One just like another." p.85，line 2.

Marcus to Fronto：Haines，p.185；Naber，IV，7. p.86，line 4.

Marcus to Fronto：Haines，p.51；Naber，III，9. p.86，line 18.

Fronto to Marcus：Haines，p.53；Naber，III，10. p.87，line 17.

Marcus as a letter-writer：Phil.，*Letters*，Kayser，II，p.258. p.88，line 31.

第七章

Herodes Atticus near Athens：A. G. I，2. p.91，line 8.

Milton，lines on Athens：Paradise Regained，IV，237，etc 91. p.91，line 15.

Saturnalia at Athens：A. G. XVIII，2. p.91，line 32. 286

Ego Romae，etc.，"I stay at Rome，bound by golden fetters，" Naber，II，7，p.32. p.92，line 15.

Herodes' temperament：Lucian，*Demonax*，§24，§25，§33. p.92，line 18.

Marcus to Fronto：Haines，p.59；Naber，III，2. p.92，

line 32.

Fronto to Marcus：Haines，p.63；Naber，III，3. p.94，line 8.

Marcus to Fronto：Haines，p.67；Naber，III，5. p.94，line 15.

Fronto and Herodes frinds：Naber，*Ad Verum*，II，9，p.138. p.94，line 35.

Fronto to Marcus：Haines，p.71；Naber，IV，1. p.95，line 2.

Date of marriage：cf. *Viè d'Aelius Aristide*，p.10；

Mommsen，*Gesammelte Werke*，IV，475；Eckel，Vol. VII，p.14；*Archäol. Zeit.* 1878，103. p.96，line 3.

Thirteen children：*Archäol. Zeit.* 1878，103；Mommsen，Vol. IV，475，etc. 96，line 14.

Fronto lost five children：*De Nepote Amisso*，Naber，232. p.96，line 16.

Galen on Roman physicians：*Galen on the Natural Faculties*，A. J. Brock，p.xvii. p.96，line 18.

"Blessed are they who died，" etc.：Phil.，*Lives*，Kayser，II，69. p.97，line 15.

Fronto to Marcus：Haines，p.145；Naber，II，8. p.97，line 27.

Fronto to Marcus：Haines，p.251；Naber，V，52. p.98，line 9.

Marcus to Fronto：Haines，p.251；Naber，V，53. p.98，line 18.

Marcus to Fronto：Haines，p.203；Naber，IV，11. p.98，line 26.

Fronto to Marcus：Haines，p.203；Naber，IV，12. p.99，line 6.

Marcus to Fronto：Haines，p.213；Naber，V，24. p.101，line 22.

Fronto to Marcus：Haines，p.193；Naber，V，6. p.101，line 30.

Fronto to Marcus：Haines，p.194；Naber，V，10. p.102，line 8.

Marcus to Fronto：Haines，p.195；Naber，V，11. p.102，line 17.

Fronto to Marcus：Haines，p.213；Naber，V，25. p.102，line 26.

Marcus to Fronto：Haines，p.225；Naber，V，50. p.103，line 4.

Fronto to Marcus：Haines，p.229；Naber，V，30. p.103，line 17.

Marcus to Fronto：Haines，p.231；Naber，V，31. p.103，line 28.

Fronto to Marcus：Haines，p.233；Naber，V，33. p.104，line 10.

Marcus to Fronto：Haines，p.231；Naber，V，32. p.104，line 26.

Fronto to Marcus：Haines，p.245；Naber，V，42.p.105，line 4.

第八章

Marcus to Fronto：Haines，p.216；Naber，IV，13. p.108，line 15.

French phrase："I am angry as I can be." p.109，line 1.

Aristo：Diog. Laer. VII；Arnim，§§351，2，3. p.109，line 16.

Aristo，precepts are idle：Arnim，§359. p.109，line 24.

287 Aristo，men born for virtue：Arnim，§357a. p.109，line 30.

Aristo，on things indifferent：Arnim，§366. p.109，line 32.

Aristo，as to a life of deprivations：Arnim，§368. p.110，line 2.

Cicero，De Finibus，Chap.IV，79.

Fronto to Marcus：Haines，p.197；Naber，V，9. p.110，line 17.

Bacon，quoted：Essays，*Of Atheisme*. p.111，line 25.

Faust，quoted：*Prolog im Himmel*. p.112，line 28.

The incomprehensible，mighty works

Are beautiful as on creation's day.

Wordsworth，quoted：*Ode to Duty*. p.116，line 17.

Tolle，lege："Take [the Bible] and read，" St. Augustine. p.116，line 28.

Magna Mater：Cybele，an oriental goddess，from Phrygia（Asia Minor）. See，Apuleius，*Golden Ass*，VIII，24—28；cf. Lucian，*Dea Syria*. p.117，line 21.

第九章

"Mockers of the ephemeral life of man": M. A. VI, 47. p.119, line 6.

Menippus: Syrian satirist, third century, B. C, probably. p.119, line 7.

Le don de sourire de son oeuvre: Ernest Renan, "The gift of smiling at (being superior to) one's work." Cf. Lao Tse, "The saints are busy, but they do not believe in any merit in what they do." Also, "Er sol vollekummen und gereht sin, und dofiir sol er sich nut halten, He must be perfect in righteousness, but he must not esteem himself on that account," *Nicolaus von Basel*, p.6, C. Schmidt. p.119, line 11.

Il y a plus d'opiniastreté, etc.: "There is more obstinacy and irritability than is appropriate to so noble a creed." p.127, line 35.

Ridens res humanas: "With a smile for human affairs." p.128, line 14.

第十章

Aelius Aristides: 'Ρ*ώμης ἐγκώμιον*. p.130, line 33.

Polemon called Rome "the epitome of the world,"

Galen's *Works*, XVIII, A, 347.

Physical aspect of Rome: Kiepert et Huelsen, *Formae Urbis Romae Antiquae*: S. B. Platner, *Ancient Rome*; etc. p.131, line 17.

Aqueducts: Galen speaks of the admirable fountains in

Rome, *Works*, XVII, B, 159. p.131, line 27.

288 "Chance to be an Emperor," Constantius (A. D. 356), Amm. Marcell. XVI, 10. p.132, line 15.

Ordinance against driving: S. H. A. IV, Chap.23, 13; I, 89, 6. p.133, line 1.

Forum Romanian: cf. An ancient Roman City, in *Harvard Essays on Classical Subjects*; Friedlander, *Roman Life and Manners*. p.133, line 14.

Summit of human glory: cf. Amm. Marcell, *supra*. p.134, line 33.

Degradation of Roman populace: cf. Fronto, *Principia Historiae*, Naber, p.210. p.135, line 32.

"Proud Roman that he was": M. A. II, 5; III, 5. p.136, line 24.

Disturbances in Britain, etc.: S. H. A. Ill, Chap.5, 4—5. p.137, line 22.

Visit to Egypt, etc.: *Vie d'Aelius Aristide*, pp.59—61. p.137, line 28.

Antoninus's last illness: S. H. A. Ill, Chap.12, 5. p.138, line 1.

Antoninus's death: Dio Cass. LXX, 3. p.138, line 13.

"He is noble, mild," etc.: Dio Cass. LXIX, 20. p.138, line 17.

Historian of the fourth century: Eutropius, VIII. p.138, line 24.

Καλὸς καὶ ἀγαθός: Dio Cass. LXX, 3. p.138, line 30.

第十一章

Lucius made consul：S. H. A. Ill，Chap.10，4；V，3，3. p.140，line 12.

Lucius better qualified for war：Dio Cass. LXXI，1. p.141，line 1.

Mesopotamia in Roman sphere of influence：Jones，*The Roman Empire*，p.203. p.141，line 11.

Roman defeat：Noel des Vergers，*Marc-Aurèle*，p.32；Lucian，*How to write history*，§21，§25；Watson，p.139；Bury，p.540. p.141，line 12.

Marcus's practice to consult，etc.：S. H. A. IV，Chap.20，2；Chap.22，3—4. p.141，line 18.

Tiber overflowed：S. H. A. IV，Chap.8，4. p.141，line 22.

Sickness of Lucius：S. H. A. V，Chap.6，7. p.141，line 30.

Lucius goes by way of Athens：Phil.，*Lives of Sophists*，Kayser，Vol. II，p.68，22. p.141，line 32.

Lucius's boyhood：S. H. A. V，Chap.2，9. p.141，line 35.

Lucius fond of hunting：S. H. A. V，Chap.2，10. p.142，line 3.

Lucius fond of his tutor：S. H. A. V，Chap.2，6. p.142，line 5.

Affectionate bearing toward Fronto：Naber，*Ad Verum Imp.* II，8，p.136. p.142，line 8.

Lucius's simplicity：S. H. A. V，Chap.3，7. p.142，line 18.

Compared to Nero，etc.：S. H. A. V，Chap.10，8；10，1.

p.142, line 27.

Gibbon on Daphne: *Decline and Fall*, Chap.XXIII. p.143, line 10.

Description of Panthea: Lucian, *Portraits*. p.144, line 28.

289 Lucilla goes to Lucius: S. H. A. IV, Chap.9, 4; V, Chap.7, 7. p.145, line 7.

Faustina goes to Lucius: Naber, *Ad Verum Imp.*II, 4, p.132. p.145, line 7.

Babies: do. p.145, line 11.

Marcus on Lucius: M. A. I, 17, §4. p.145, line 15.

Panegyric on Cyzicus: Keil, *Aristides*, Vol. II, pp.131, 133—134. p.145, line 24.

"No man is," etc.: Naber, *Ad Verum Imp.*II, 7, p.135. p.146, line 14.

French phrase: "A lover's tenderness." p.146, line 17.

Verus to Fronto: Naber, *Ad Verum Imp.*II, 2, p.129. p.146, line 23.

Marcus's sentiment, etc.: Naber, *Ad Verum Imp.*II, 1, pp.121—122. p.147, line 17.

Biography of Alexander Severus: S. H. A. XVIII, Chap.9, 1. p.147, line 23.

Biography of Antoninus Diadumenus: S. H. A. XVI, Chap.7, 4. p.147, line 29.

Emperor Julian: *The Caesars*; cf. Zosimus, Lib. I, Chap.7, who classes M. A. and Lucius together among the good Emperors, and says that they corrected much that was wrong;

cf. also Dio Cass.LXXI, 2. p.147, line 33.

Fronto on the Syrian army: *Principia Historiae*, Naber, p.207. p.148, line 16.

Marcus had selected Cassius: S. H. A. IV, Chap.20, 2. p.149, line 13.

Marcus to Prefect: S. H. A. VI, Chap.5, 5. p.149, line 15.

Prefect to Marcus: S. H. A. VI, Chap.5, 9. p.150, line 1.

Avidius Cassius: S. H. A. VI, Chap.1, 4; Chap.3, 8. p.150, line 11.

Contradictions in his character: S. H. A. VI, Chap.3, 4. p.150, line 16.

His severity: S. H. A. VI, Chap.4, 1. p.150, line 23.

Success of Statius Priscus: S. H. A. VI, Chap.9, 1; cf.Bury, p.541. p.150, line 33.

Success of Avidius Cassius: cf. Mommsen, IV, p.484. p.151, line 3.

Joint triumph of the Emperors, etc.: S. H. A. IV, Chap.12, 7—9; cf. Watson, p.174, Note 5. p.151, line 21.

第十二章

Marcus to Fronto: Haines, p.301; Naber, *Ad Ant.Imp.*II, 1, p.104. p.152, line 13.

French phrases: "I need rest," "these troubles that pursue me," "something with both harmony and good sense; that shows an ethical stamp."

Fronto to Marcus: Haines, p.303; Naber, *Ad Ant.Imp.*II, 290

2, p.105. p.153, line 16.

Marcus to Fronto: Naber, *Ad Ant. Imp.*II, 4, p.106. p.153, line 25.

Fronto to Marcus: Naber, *Ad Ant. Imp.*II, 5, p.107. p.154, line 9.

Fife at Alsium: *De Feriis Alsiensibus*, Naber, p.224. p.155, line 6.

Centumcellae: Pliny's *Letters*, VI, 31. p.155, line 6.

Marcus to Fronto: Naber, I, p.223. p.156, line 4.

Fronto to Marcus: about Alsium, Naber, p.225. p.156, line 14.

Marcus to Fronto: Naber, *Ad Ant. Imp.*I, 1, p.94. p.157, line 1.

French phrase: "For he is full of sympathy for those who love you." p.157, line 13.

See Naber, *Ad Ant. Imp.*I, 5, p.103. p.158, line 7.

Fronto to Marcus: Naber, *Ad Ant. Imp.*I, 2, p.94. p.158, line 17.

French phrase: "The mother's heart trembled for joy." p.159, line 21.

Fronto to Marcus: Naber, *Ad Ant. Imp.*I, 3, p.101. p.161, line 16.

Marcus to Fronto: Naber, *Ad Ant. Imp.*I, 4, p.101. p.162, line 5.

Marcus merciful: Dio Cass. LXXII, 14. p.163, line 9.

Cultivated, etc.: cf. his frequent reference to Plato's saying,

"If philosophers were kings," etc. S. H. A.IV, Chap.27, 7. p.163, line 23.

Sacrificial rites: S. H. A. IV, Chap.13, 1. p.164, line 5.

Spear from temple of Bellona: Dio Cass. LXXII, 33. p.164, line 10.

Lucian: *Alexander, or the False Prophet*, Chap.48. p.164, line 15.

Ladies of the imperial palace and religious rites: cf.Cohen and Feuerdent, *Description historique des Monnaies frappées sous l'Empire Romain*, Vol. II, (Faustina the elder), Nos. 229, 304; Vol. III (Faustina the younger), Nos. 168—172, etc. p.165, line 10.

His religious tolerance: cf. his acceptance of Galen's trumped-up excuse for not accompanying Marcus on a campaign, that the family gods forbade, Galen's *Works*, XIX, Chap.2. Also, cf. Gibbon, Vol. I, p.76, Note; S. H. A. I, Chap.22, 10 (Hadrian's precedent). p.165, line 23.

Marcus and superstition: It is sometimes said, that because he believed in dreams (M. A. I, 17, §8; IX, 27) he was superstitious. At that time everybody believed in the significance of dreams: Pausanias, X, 32, 9; Herodian, Book II, Chap.9, 5—8; Dio Cass.LXXIII, 23; Galen, *On the Natural Faculties*, III, 10 (A. J. Brock); Scriptores Historiae Augustae, *passim*, Aristides the Sophist, Plutarch, Pliny, Lucian; cf. Haines, *Marcus Aurelius*, p.24, Note 1; 291
and the Christians. Cf. *The New Testament*. Nowadays, since

Freud has published his theories, dreams have again acquired an importance almost equal to what they held in the second century. p.165, line 25.

第十三章

Plague: S. H. A. V, Chap.8; Amm. Marcell., Book 23, Chap.6, §24; Eutropius, Lib. VIII, Chap.12, cf.*Vie d'Aelius Aristide*, p.47. p.166, line 4.

Cause of Roman decline: Niebuhr, Lectures on History of Rome, Vol. Ill, p.251. p.166, line 19.

Barbarian invasions: S. H. A. IV, Chap.12, 13; Chap.14; Lucian, *Alexander or the False Prophet*, Chap.48; Amm. Marcell., Book XXIX, Chap.6, 1. p.166, line 23.

Marcus sets example of thrift: S. H. A. IV, Chap.17, 4; Chap.21, 9. p.167, line 26.

Gladiators impressed: S. H. A. IV, Chap.21, 6, 7. p.168, line 4.

Remark of the wits: S. H. A. IV, Chap.23, 5—6. p.168, line 7.

Northern border believed secure: S. H. A. IV, Chap.14, 6. p.168, line 19.

Lucius's death: S. H. A. IV, Chap.14, 8; Eutropius, Lib. VIII, Chap.10. p.168, line 23.

Road to Carnuntum: *Itinerarium Antonini Augusti* (of uncertain date, but this road is correct). p.170, line 23.

Guerilla fighting: cf. pictures on Marcus's and Trajan's

columns. p.171, line 23.

Battle on the ice: Dio Cass. LXXII, 7. p.172, line 1.

Advance of the Romans: cf. Bury, pp.545—6. p.172, line 4.

"Tu," etc.: "Roman, remember it is thy task to rule over subject peoples." *Aeneid* VI, 851. p.172, line 15.

Marcus's purpose of conquest: Dio Cass. LXXII, 33; S. H. A. IV, Chap.27, 10, cf. Mommsen, *The Provinces*, Vol. I, p.235 (Eng. translation). See also Herodian, Book I, Chap.11. p.172, line 16. Drugs: cf. Galen's prescription for theriac: 1 part seed clover, 1 part birthwort, 1 part wild rue, 1 part pounded pulse; to be taken in pills with wine. Galen's Works, XIV, Chap.XVII, p.201; and see, *Les Médicins Grecs à Rome*, p.274, Maurice Albert. p.172, line 32.

The Emperor's rebuke: Digest IV, 2, 13; cf. Dio Cass. 292
LXXII, 3. When the soldiers demanded higherpay after a victory, he refused, saying, "Whatever excess you obtain beyond the regular stipend willbe wrung from the blood of your parents and kinsfolk." p.173, line 11.

Trial of Herodes, etc.: Phil., *Lives of Sophists*, Kayser, Vol. II, p.68. It was in the course of this trial that Marcus's little girl, aged three, clasped his knees and begged him to save the Athenians for her sake. p.173, line 20.

Offer of reward, etc.: Dio Cass. LXXII, 14. p.173, line 30.

Miraculous rain: cf. Mommsen, IV, p.498. p.174, line 14.

"It is said," etc.: Translation of J. H. Newman, "The Thundering Legion," in his *Essay on the Miracles*. p.176,

line 12.

Miracle attributed to Marcus's prayers：S. H. A. IV, Chap.24，4. Cf. Claudian，*De VI Cons. Honorii*，11. 340—350. p.177，line 4.

第十四章

Bury：*Student's Roman Empire*，p.545. p.178，line 17.

Cassius's proclamation：S. H. A. VI，Chap.14，7. p.178，line 25.

Lucius to Marcus：S. H. A. VI，Chap.1，6. p.179，line 27.

This and the following letter are looked upon with much distrust，but it seems to me likely that they are true in substance if not in word.

Marcus to Lucius：S. H. A. VI，Chap.2，1. p.180，line 15.

Faustina's alleged complicity：S. H. A. VI，Chap.7，1. p.181，line 11.

Born in Cyrrhus：Dio Cass. LXXII，22. p.181，line 16.

Marcus's speech：Dio Cass. LXXII，24. p.181，line 26.

These speeches follow the precedents in Thucydides.The touch in them of baroque sentiment must be laid to the taste of the historian and not to Marcus.

Alarm in Rome：S. H. A. VI，Chap.7，7. p.183，line 30.

Marcus to Faustina：S. H. A. VI，Chap.9，6. p.184，line 1.

As to this correspondence，see comment on letter，p179.

Faustina to Marcus：S. H. A. VI，Chap.9，11. p.184，line 8.

Faustina to Marcus：S. H. A. VI，Chap.10，1. p.184，line 15.

Marcus to Faustina：S. H. A. VI，Chap.11，3. p.185，line 6.

Marcus to Senate：S. H. A. VI，Chap.12，2. p.185，line 27.

Confiscation：S. H. A. VI，Chap.7，6. p.186，line 21.

Senate's jubilation：S. H. A. VI，Chap.13，1. p.186，line 22. 293

Clodius Albinus，etc.：S. H. A. XII，Chap.6，2；Chap.10，10. p.186，line 34.

Cassius murdered：Dio Cass. LXXII，27—28；S. H. A.IV，Chap.25，2. p.187，line 2.

Emperor's wishes followed：S. H. A. IV，Chap.25，5—7. p.187，line 7.

Marcus's answer，etc.：S. H. A. VI，Chap.8，2—6. p.187，line 10.

Burned letters：Dio Cass. LXXII，29；Amm. Marcell.，Book XXI，Chap.16，§11. p.187，line 20.

第十五章

Welcome given Marcus：S. H. A. IV，Chap.26，2. p.188，line 5.

Faustina's death：S. H. A. IV，Chap.26，4. p.188，line 16.

Faustina and Marcus：cf. Cohen and Feuerdent，III，p.135，etc.，for coins；Nos. 108，109，146，159，173，176，179，180，181；also，picture of Marcus，Faustina and Roma，found in Villa Albani；also，S. H. A. IV，Chap.26，8；M. A. I，17；Dio Cass. LXXII，30. p.188，line 22.

"With this hand，" etc.：Themistius，*Oration* XV. p.189，line 16.

Divine honors for Faustina: S. H. A. IV, Chap.26, 4—6; Dio Cass. LXXII, 30, 31. p.189, line 19.

Meeting with Hermogenes: PhiL, *Lives of Sophists*, Kayser, II, 83, 3. p.190, line 18.

Meeting with Aelius Aristides: Phil., *Lives of Sophists*, Kayser, II, 87, 20. p.190, line 35.

Adrian: Phil., Lives of Sophists, Kayser, II, 93, 17; 92, 28. p.191, line 20.

Salaries: Lucian, *Eunuch*, §3. p.192, line 16.

Eleusinian mysteries, etc.: Dio Cass. LXXII, 31; S. H.A. IV, Chap.27, 1. Cf. Foucart, *Les Mystères d'Éleusis*, p.362; Plato, Phaedo, LXIX; Cicero, BeLegibus, II, 14. p.192, line 21.

Commodus made consul, etc.: S. H. A. IV, Chap.16, 2; VII, 2, 4. p.194, line 1.

Commodus receives tribunician power: S. H. A. IV, Chap.27, 5; married, IV, 27, 8. p.194, line 2.

Commodus Augustus: Cohen and Feuerdent, under *Commode*. p.194, line 2.

Extending Empire, etc.: S. H. A. IV, Chap.27; cf.Mommsen, "*Provinces of the Roman Empire*" (English), Vol. I, p.235; also, Herodian, Book I, Chap.5, 7. p.194, line 8.

294 Vindobona: So, S. Aurelius Victor; Tertullian says, at Sirmium. p.194, line 15.

Dying speech: Herodian, Book I, Chap.4. The speeches

in these ancient historians, though no doubt foundedon some evidence, give the writer's notions of what such speeches should be. See comment, p.181, 1. 26. p.194, line 17.

Doch getrost! du bist zu Haus: "Be comforted, thou art at home." p.196, line 33.

Ridens res humanas, etc.: S. H. A. IV, Chap.28, 4; Dio Cass. LXXII, 34; S. H. A. IV, Chap.28, 8. p.197, line 9.

第十六章

Eutropius: Lib. VIII, Chap.9, 11 and 14. p.199, line 1.

Victor's *Epitome*: Chap.XVI. p.199, line 5.

Julius Capitolinus: S. H. A. IV, Chap.19, 10. p.199, line 14.

Julius Capitolinus: S. H. A. IV, Chap.18, 2. "He surpassedall princes *sanctitate vitae*, in purity of life." Also, Chap.18, 1—2, 3—5, 6—7. p.199, line 15.

Fronto, quoted: Haines, p.46. p.199, line 35.

Iliad IX, 341—2. p.203, line 5.

"My fellow soldier": Herodian, Book I, Chap.5, 3. p.204, line 12.

Commodus's education: Herodian, Book I, Chap.2. p.204, line 14.

Commodus naturally good: Dio Cass. LXXIII, 1. p.204, line 18.

Tribunician power: S. H. A. IV, Chap.27, 5. p.204, line 25.

"Commodo imperium," etc.: S. H. A. VI, Chap.13, 3—4; cf. Lucius Verus had asked that he be made Caesar, long before, S. H. A. IV, Chap.12, 8. p.204, line 28.

Followed father's plans: Herodian, Book I, Chap.6, §1. p.205, line 5.

"Fawning Parasites," etc.: Herodian, Book I, Chap.6, §1, Maxwell's translation, 1629. p.205, line 10.

Commodus welcomed, etc.: Herodian, Book I, Chap.7, §3. p.205, line 18.

第十七章

Law allowed to take its course: cf. Digest XLVIII, tit.19, Chap.30; Paulus, *Sent.*, V, 21, 2. "Marcus sent to the island of criminal detention those who, under pretext of a new religion, or of prophecies, excited the multitude and corrupted morals." This does not appear to have any special application to Christians. p.209, line 15.

The martyr Sanctus: Eusebius, *Ecc. Hist.*, Book V, Chap.1. p.210, line 7.

295 Date of Octavius: cf. *Class Review* 1914, p.64; Pfleiderer, IV, Chap.28. p.211, line 15.

Athenagoras: *Apology*, III. p.213, line 22.

Epistle from church at Lyons: Eusebius, *supra.* p.213, line 25.

Tertullian, etc.: cf. *Ad Nationes*, I, Chap.XV, XVI. p.214, line 4.

Universal belief: cf. Lucian, *Alexander the False Prophet*, Chap.25, 38. p.214, line 16.

Proconsuls: Ramsay, 175. p.214, line 24.

Tacitus: *Annals*, XV, 44. p.215, line 15.

Suetonius: *Nero*, XVI. p.215, line 19.

Pliny: *Letters*, Vol. X, 96. p.215, line 20.

Minucius Felix: *Supra*. p.215, line 30.

State vs. Speratus: *Étude sur un nouveau texte*, Aubé. p.215, line 35.

State vs. Carpos: *L'Église et l'État*, Appendix, Aubé. p.216, line 7.

Dislike of Jews: cf. Persaeus, V, 179—184; Juvenal, see any index to the Satires; "*Sceleratissima gens*," Seneca, *Fragmenta*, 42 Haase; Dio Cass. LXXVIII, 32, tells of the frightful cruelty of the Jews duringa revolt. p.216, line 20.

Spreading evil reports: Justin, *Dial. with Trypho*, 17. p.217, line 6.

第十八章

Human sacrifices: cf. Canfield, p.21, Note 1. p.220, line 22.

Apotheosis: See Mrs. S. A. Strong, *Apotheosis*; cf.Cicero's *Republic*, Lib. VI, Chap.8, where, in Scipio's dream, it is said, "harum [civitatum] rectores et conservatores hinc profecti huc revertuntur," "The rulers and preservers of states come down from [heaven] and return thither." p.225, line 13.

Cult of Rome and Augustus: cf. Hardy, pp.93, etc. p.226, line 5.

Mommsen: *Gesammelte Schriften*, VI, p.541. p.226, line 22.

"O Marcomanni," etc.: Amm. Marcell. XXII, 5, §5. p.227, line 33.

Trajan to Pliny: Pliny's *Letters* X, 34; cf. Hardy, p.168, etc. p.229, line 6.

Name of Christian: See Hardy, *Christianity and the Roman Government*, Section VII, p.125; Ramsay, pp.245, 259, 281, 333. But cf. Saleilles, *Mélanges p.F. Giraud*, p.502, who seems to dissent; also cf.Augar, *Die Frau*, etc., p.66. p.230, line 11.

Hadrian's rescript: Eusebius, Book IV, Chap.9; Lightfoot, Part II, Vol. I, p.464. p.233, line 6.

296 Antoninus's instructions: Eusebius, Book IV, Chap.26; cf. do. IV, 13, and Haines, M. A. 386—9. This rescript is very doubtful. p.233, line 12.

Polycarp's case: Eusebius, Book IV, Chap.15. See also, Lightfoot, Part II, Vol. I, p.465; Ramsay, p.331. p.233, line 16.

Publius the martyr: Eusebius, Book IV, Chap.23; Lightfoot, Part II, Vol. I, pp.492, 524. p.233, line 21.

Martyrs in Rome: Justin's *Apol.* II, 2; Lightfoot, Part.II, Vol. I, p.492. p.233, line 23.

第十九章

Claudius Apollinaris: Eusebius, IV, 27; Cruttwell, II, 367. p.235, line 32.

Melito, etc.: Eusebius, IV, 26; Cruttwell, II, 363. p.235, line 32.

Vettius Epagathus: *Marc-Aurèle*, p.307, Note. p.236, line 6.

Punishment not always enforced: cf. Lucian, *Peregrinus Proteus* where the governor of Syria lets Peregrine, at that time a Christian, and "chief of the sect," gofree. p.236, line 6.

"Blando colloquio": *State vs. Felicitas, infra*. p.236, line 11.

State vs. Justin et al: *Acta Justini*, Otto, Justin Martyr; see Lightfoot, Part II, Vol. I, 493—4. p.236, line 16.

Rusticus compelled to leave books: Themistius, XXXIV (8), 9. p.236, line 25.

Character of Rusticus: M. A. I, 7. p.236, line 26.

Fronto's remark: Naber, *Ad Ant. Imp.*I, 2, *supra*. p.236, line 33.

His influence: S. H. A. IV, 3, 3. p.237, line 1.

An upright judge: As to the conscientiousness of Roman judges compare the scruples of Aulus Gellius, A. G. XIV, 2. p.237, line 6.

State vs. Justin, et al: Justin Martyr, Appendix, p.266; Otto (*Corpus Apologetarum Christianorum Saeculi Secundi*). p.237, line 8.

State vs. Carpos: Aubé, L'Église et I'État, Appendix I.Aubé thinks this trial was about 250 A. D. in the reign of Decius. p.240, line 14.

State vs. Namphamo: Lightfoot, Part II, Vol. I, p.506. p.240, line 23.

State vs. Speratus: Aubé, *Étude sur un nouveau texte des*

Actes des Martyrs Scillitains; cf. Lightfoot, Part II, Vol. I, p.508. p.240, line 27.

Martyrdom of Thraseas: Eusebius, Book V, Chap.24. p.240, line 34.

Martyrdom of Sagaris: Eusebius, Book V, Chap.24. p.240, line 34.

297 Martyrdom of Papirius: Eusebius, Book V, Chap.24; Lightfoot, *supra*, p.494. Lightfoot says it is doubtful whether Papirius and Melito were martyred.p.240, line 35.

Martyrdom of Felicitas: Lightfoot, *supra*, p.495. p.241, line 1.

Martyrdom of Caecilia: Lightfoot, *supra*, p.500. p.241, line 3.

Tragedy of Church at Lyons: Eusebius, Book V, Chaps.1, 2, 3, 4. p.241, line 11.

Request for instructions: Marcus believed he knew them by reputation, they were atheists, they would not serve their country in its need, and did their deeds behind closed doors (M. A. Ill, 16). p.242, line 8.

Stoics and Christians: For the Stoic phrases, which are taken from Seneca, see Fleury, *St. Paul et Sénèque*, Vol. I, pp.23—84; also Charles Burnier, *Morale de Sénèque et le Néo-Stoicisme*. p.243, line 20.

Tennyson quoted: In Memoriam. p.243, line 29.

Deo parere libertas est: "To obey God is freedom." p.244, line 11.

Animus nisi purus, etc.: "Unless a soul is pure and holy it cannot perceive God." p.244, line 12.

Qui dedit beneficium taceat: "Let him who has done a kind act not speak of it." p.244, line 14.

Vivere militare est: "To live is to be a soldier." p.244, line 17.

Receda in te quantum potes: "Retire unto thyself as much as thou canst." p.244, line 18.

Nec domum esse, etc.: translated in text. p.244, line 19.

F. W. H. Myers: *Human Personality*, etc., Vol. II, §1007. p.250, line 21.

"Manifest themselves to his heart": cf. Cicero, *De Natura Deorum*, Lib. II, §61. Men observe the rising and setting of the stars, they observe the seasons, eclipses of the sun and moon, and from this contemplation the soul acquires a knowledge of the gods; thence religion (*pietas*) follows, and linked with religion justice and the other virtues, and from these comes salvation (*vita beata*). Cf.Zaleucus, preface to the laws: All the inhabitants of the state, whether in the city or in the country, ought above all to believe in the existence of the gods, especially when they look up (*καίὰναβλέποντας*) at the heavens and the cosmos, and at the righteousness and order in them, for they are not the handiwork of chance or of men. Stobaeus, *Florilegium* II, 163 (Ed. Meineke, 1855). Bentley says that 298
the attribution to Zaleucus is incorrect (but the author's identity is irrelevant), *Phalaris*, p.284. p.252, line 2.

Daemons: Diog. Laer. VII, *Zeno*, 79. p.252, line 5.

Plutarch: *On the daemon of Socrates*; On Fate, etc. p.252, line 24.

Maximus of Tyre: *On the daemon of Socrates* (French translation), II, XVII. p.253, line 6.

Apuleius: *A discourse concerning Socrates's daemon*.Cf. Myers, *Human Personality*, II, §§812—814; also, *Golden Sayings of Epictetus*, XXXVII, p.30. p.253, line 10.

附录 A

Stoic philosophers chiefly foreigners: Cleanthes of Assos, Chrysippus of Soli, Persaeus of Citium, Ariston of Chios, Herillus of Carthage, Sphaerus of Bosphorus, Dionysius of Heraclea in Pontus, Diogenes of Seleucia, Posidonius of Alexandria, Athenagorus of Soli, Zeno of Sidon. p.258, line 2.

Φαντασία: See Dio. Laer. VII, *Zeno*, 36, 37, etc. Zeno, Cleanthes and Chrysippus in H. von Arnim; Arnoldon Roman Stoicism; Zeller on Stoics; cf. Christian acceptance of the theory, "Er sol die worheit bios bekennen und schowen alse sii an ir selber is, He must recognize and look on the truth as it is in itself." *Nicolaus von Basel*, p.6, C. Schmidt. p.259, line 17.

Stoics haughty: cf. Pascal, "Ces principes d'une superbe diabolique, These principles of a diabolical pride." p.262, line 15.

Physics: See, Dio. Laer. VII, *Zeno*, 67, 68, 70, 72, 74, 76, etc.; Arnim, Arnold and Zeller, *supra*. p.263, line 8.

附录B

If a man, etc.: *Golden Sayings of Epictetus*, IX, p.7, Hastings Crossley. p.269, line 3.

He that hath grasped, etc.: Do. XVI, p.12. p.269, line 10.

Asked how a man, etc.: Do. XXXIV, p.27. p.269, line 25.

God hath placed by the side, etc.: Do. XXXVII, p.30. p.270, line 14.

Friend, lay hold with, etc.: Do. LXXI, p.61. p.270, line 32.

'As God hath ordained,' etc.: Do. XCI, p.80. p.271, line 17.

In the room of all other pleasures, etc.: Do. CXXXIII, p.114. p.271, line 22.

It is the critical moment, etc.: Do. CLVII, p.134. p.271, line 24.

Be not anxious, etc.: Encheiridion, VIII. p.271, line 29. 299

Remember that you act a part, etc.: Do. XVII.Keep death and exile, etc.: Do. XXI. p.272, line 1.

Everything has two hafts, etc.: Do. XLIII.p.272, line 4.

Never say of anything, etc.: Do. XI. p.272, line 9.

"What wouldst thou be found doing, etc.: *Golden Sayings*, CLXXXIX, p.152. p.272, line 16.

Should there not be someone, etc.: Do. I, p.2.p.272, line 25.

301 # 索　引

Adrian, a professor　阿德里安，教授，191，192。
Alsium, summer resort　阿尔西乌姆，避暑胜地，155。
Antinous　安提诺乌斯，39。
Antioch　安条克，143。
Antoninus Pius　安东尼努斯·庇乌斯，40；
　　adopted by Hadrian　被哈德良领养，42；
　　accession of　登基，43；
　　habits of　习惯，43—44；
　　M. A.'s eulogy　马可·奥勒留的颂词，47—49；
　　letter to Fronto　致弗朗托的信，76；
　　on his wife　关于他的妻子，77；
　　disturbances in his reign　他任上的动荡，137；
　　his last illness　他最后一次生病，138；
　　his reputation　他的声誉，138；
　　forbids mob violence to Christians　禁止民众对基督徒施暴，233。
Apotheosis of Emperors　诸皇帝的神化，225。
Apuleius, Cupid and Psyche　阿普列乌斯，丘比特和波西卡，56；

affected by archaistic movement 受古风运动影响，57；
on daemons 关于半人半神的精灵，253。
Aristides，Aelius，man of letters 阿里斯提德斯，埃利乌斯，文士，51，60；
praise of Rome 赞罗马，130；
of Marcus and Lucius 关于马可和卢修斯，145；
presented to Marcus 呈给马可，191。
Aristides the Athenian，a Christian apologist 雅典人阿里斯提德斯，一位基督教辩教者，208，235。
Aristo，Stoic philosopher 阿里斯托，斯多葛派哲学家，108，109—110。
Athenagoras，a Christian apologist 阿泰纳戈拉，一位基督教辩教者，213，235。
Athens，Milton on 雅典，弥尔顿论，91；
Aulus Gellius there 奥鲁斯·格里乌斯在那里，91；
Marcus visits it 马可访问此地，191。

Bacchus，worship of，suppressed in Rome 巴库斯，崇拜，在罗马遭遏制，220—223。
Bacon，quoted on religious belief 培根，在“宗教信仰”方面被引用，111。
Barbarian war 蛮族人战争，第 13 章，第 15 章。

Capitolinus，Julius，biographer 卡皮托利努斯，尤里乌斯，传记作家，78。
Cardinal virtues 基本美德，28—30。

Carlyle，quoted　卡莱尔，被引用，24。
Carnuntum，Roman camp on Danube　卡努恩图姆，多瑙河畔的罗马营地，169，170。
Cassius，Avidius　卡西乌斯，奥维狄乌斯，141；
appointed to command by M. A. 被马可·奥勒留任命为将军，149；
his character　他的品质，150；
his victories　他的胜利，151；
revolts　反叛，178；
murdered　被谋杀，187。
Christians，praised by Justin Martyr，etc. 基督徒，得到殉道者贾斯丁等的赞扬，207；
calumnies against　诽谤，211；
Minucius Felix on　米努奇乌斯·菲利克斯，211—213；
charged with atheism，etc. “无神论”指控等，213；
attitude of educated Roman officials toward them　有教养的罗马官员对他们的态度，214；
thought to be fools or madmen　被认为是蠢货或疯子，214—216；
accused by Nero of setting fire to Rome　被尼禄指控为纵火烧罗马，217；
hated by unconverted Jews　遭到未皈依犹太人的厌恨，216—217；
reasons why people disliked them　为何人们不喜欢他们的原因，217—218；
present new problem to Roman government　给罗马政府带

来新的问题，228；
Christianity becomes a criminal offence 基督教变成一种犯罪行为，230；
the mere name sufficient evidence 唯一名正言顺的证据，230； 302
apologists 辩教者，235；
punishments 惩罚，232，240；
sundry criminal trials 种种罪行审判，237—240；
other martyrdoms reported 其他殉难报道，240—241；
martyrdoms at Lyons 里昂殉难，241—242；
compared with Stoics 与斯多葛派比较，243—245。
Chrysippus，Stoic philosopher 克吕西波，斯多葛派哲学家，26。
Cicero，*De Officiis* 西塞罗，《论义务》，30。
Claudius Maximus 克劳迪乌斯·马克西姆斯，46。
Cleanthes，Stoic philosopher 克利安西，斯多葛派哲学家，24；
hymn to Zeus 宙斯颂，24—25；
stanza to Destiny 献给命运之神的诗章，26。
Commodus，joins M. A. on rebellion of Cassius 科莫德斯，就卡西乌斯叛乱和马可·奥勒留联手，183；
goes east with M. A. 与马可·奥勒留一同前往东方，188；
returns to Rome 回到罗马，193；
created Augustus 被立为奥古斯都，194；
criticized in *The Caesars*《诸皇帝》中的批评，203；
naturally good 天性善良，204；
Senate demands his succession 元老院要求他继位，204；

conduct on father's death　在父亲去世一事上的表现，205；
returns to Rome　回到罗马，205；
his beauty　他的美，205；
warm welcome from Romans　受到罗马人的热烈欢迎，205。
Crossley，Hastings，translations of Epictetus　克劳斯利，哈斯廷斯，关于爱比克泰德的翻译，附录B。
Cynics，depicted by Epictetus　犬儒主义者，爱比克泰德的描述，18。

Daemons　半人半神的精灵，251；
Socratic daemon　苏格拉底式的半人半神精灵，252；
Plutarch on　普鲁塔克论，252；
Apuleius on　阿普列乌斯论，253。
Daphne，suburb of Antioch　达佛涅，安条克郊区，143。
Domitia Lucilla，mother of Marcus　多米媞雅·露琪拉，马可的母亲，40；
goes to imperial palace　前往帝国宫廷，43；
letter from Fronto　来自弗朗托的信，78—79。

Epictetus，on Cynics　爱比克泰德，论犬儒主义者，18；
discourses of，given to M. A.　言论，呈马可·奥勒留，32；
ideas on renunciation　关于“克己”的一些想法，33；
quoted　被引用，117；
quoted as to logic　在逻辑方面被引用，258，259，260，

261，262；
bis 两次；
sayings of 言论，附录 B。

Faustina，the elder，wife of Antoninus Pius 老福斯蒂娜，安东尼努斯·庇乌斯的妻子，40；
literary taste 文学品味，60；
loved by her husband 为丈夫所爱，77。
Faustina，the younger，betrothed to Lucius Verus 小福斯蒂娜，与卢修斯·维鲁斯订婚，43；
married to M. A. 嫁给马可·奥勒留，96；
slanders upon，wholly false 诽谤中伤，全是假的，96；
goes to Ephesus 前往以弗所，145；
writes M. A. in regard to Cassius's rebellion 就卡西乌斯反叛致信马可·奥勒留，184；
accompanies M. A. to the East 陪同马可·奥勒留东行，188；
dies 去世，188；
evidence of her complete innocence 有关她的完全纯洁的证明，188—189；
honors decreed to her 授予她的荣誉，189；
her reputation clear in opinion of latest scholars 新近学者对她的名声知之甚详，204。
Favorinus，man of letters，anecdotes of 法沃里努斯，文士，奇闻轶事，51—53；
letter to Herodes，quoted 致信赫罗德斯，被引用，60。

Fortitudo，ἀνδρεία　勇敢，29。
Frederick the Great，quoted　腓特烈大帝，被引用，15。
Fronto，tutor to M. A. 弗朗托，马可·奥勒留的家庭教师，46；
his career　他的职业生涯，53；
his conversation　他的谈话，53；
anecdotes of　奇闻轶事，53—55；
his fame　他的名声，57—58；
rhetorical instruction to M. A. 对马可·奥勒留的修辞学教导，58—60；
affection for his friends　对其朋友的感情，61；
zeal for Latin Literature　对拉丁文学的热情，63；
303 love of M. A.　马可·奥勒留的爱，64；
wife and daughter　妻子与女儿，64；
letters on rhetoric　关于修辞学的信，65—76；
consul　执政官，71；
awe of Hadrian　对哈德良的敬畏之心，71—72；
love of Antoninus　对安东尼努斯的爱，72；
letter to Domitia Lucilla　致多米媞雅·露琪拉的信，78；
retained in prosecution of Herodes　依然检举赫罗德斯，92；
Marcus interferes　马可介入，92；
lost five children　失去五个孩子，96；
letters to Lucius Verus　致卢修斯·维鲁斯的信，146；
eulogy upon Lucius Verus　致卢修斯·维鲁斯的颂歌，148；
renewed correspondence with Marcus，Imperator　和皇帝

马可的又一轮通信，152—162。

Fronto's Letters，to M. A.，on sleep 弗朗托的信，致马可·奥勒留，关于睡觉，65；

do.，proposes subject for rhetorical composition do.，提供修辞练习的主题，66；

do.，advice as to apothegms do.，就格言所提建议，67；

do.，flatters Marcus's progress do.，表扬马可的进步，69；

do.，hygienic advice do.，健康方面的建议，70；

do.，a suggested correction 所提修正意见，70；

do.，his reasons for delaying his formal eulogy of Antoninus Pius do.，他推迟正式颂赞安东尼努斯·庇乌斯的理由，71；

do.，praise of Marcus's proficiency，allusion to his verses，etc. do.，对马可的熟练程度表示赞许，对其诗作的暗示，等等，74；

to Domitia Lucilla，in Greek，on her birthday 致多米媞雅·露琪拉，用希腊语，关于她的生日，78；

to M. A.，thanks for birthday wishes 致马可·奥勒留，就生日祝福表示感谢，87；

do.，on the danger of jealousy among Courtiers do.，关于廷臣之间彼此嫉妒所带来的危险，95；

do.，on visit of his wife to Marcus's mother do.，关于他的妻子拜访马可的母亲，97；

do.，on seeing Marcus's baby do.，关于看望马可的孩子，98；

do.，in answer to Marcus's letter on his baby's（Faustina's，）illness，with anecdotes of his love for Marcus do.，给马可

回信，马可在信中谈起自己孩子（福斯蒂娜的孩子）的病情，回信中还提及他对马可的爱这类轶事，99；
do.，his own lameness，sympathy for Faustina's（wife's）not being well do.，他自己的哀悼，对（妻子）福斯蒂娜之不幸遭遇的同情，101；
do.，same subject do.，同一话题，102；
do.，same subject 同样的主题，102；
do.，a note of good wishes on birthday 一条有关美好生日祝福的记录，103；
do.，a note of affection，references to his own poor health and indifference to life，were it not for Marcus 一条情感记录，涉及他自己的不良健康状况和对生命的淡漠，假若不是对马可而言的话，104；
do.，on Marcus's child's birthday do.，关于马可孩子的生日，105；
do.，gratitude for Marcus's escape，jesting allusion to Stoicism do.，对马可回避一事的感谢，对斯多葛主义的滑稽暗示，110；
do.，on Marcus's admiration for Fronto's eulogy on Antoninus Pius do.，关于马可钦佩弗朗托，后者赞颂安东尼努斯·庇乌斯，153；
do.，sends extracts from Cicero's letters do.，从西塞罗的信中提取摘要，154；
do.，in answer to Marcus's letter about holidays at Alsium do.，就阿尔西乌姆的假日给马可回信，156；
do.，praises of Marcus and Lucius and great admiration for

Marcus's oratory, a long, affectionate letter do., 表扬马可和卢修斯并对马可的演说表示钦佩，一封很长且满含感情的信，158—161；
do., tells of his visit to Marcus's twin boys at Lorium do., 讲述他在洛里乌姆拜访马可的双胞胎男孩一事，161。

Gellius, Aulus, quoted as to Favorinus 格里乌斯，奥鲁斯，关于法沃里努斯的引用，51—53；
as to Fronto 关于弗朗托，53—55；
as to student life in Athens 关于雅典的学生生活，91。
Gibbon, quoted, on good Emperors 吉本，被引用，关于好皇帝，37；
on Daphne 关于达佛涅，143；
on the Jews 关于犹太人，216。
Goethe, quoted 歌德，被引用，11，112。

Hadrian, sketch of 哈德良，概略，37—39；
adopts Verus, Senior 领养老维鲁斯，41；
adopts Antoninus 领养安东尼努斯，42；
dies 去世，43；
taste in literature 文学品味，57；
rescript about Christians 关于基督徒的通告，233。
Hermogenes, a rhetorician 黑摩希尼，修辞学家，190。
Herodes Atticus, guest of Marcus's grandfather 赫罗德斯·阿提库斯，马可祖父的座上客，40；
tutor to Marcus 马可的家庭教师，46；

304 verses in honor of his wife 纪念他妻子的诗文，60；
villa near Athens 雅典附近的庄园，91；
temperament 气质，92；
involved in law suits 卷入官司，92；
makes friends with Fronto 与弗朗托结为朋友，94；
sued by citizens of Athens 遭到雅典公民的控诉，173；
unpunished by Marcus 未受马可的惩罚，173。

Jazyges，a barbarian tribe occupying land between Pannonia and Dacia 雅斯基人，占领了潘诺尼亚和达西亚之间地带的蛮族部落，167，171。
Jews disliked 不招人喜欢的犹太人，216；
persecute Christians 迫害基督徒，216—217；
special problem for Romans 罗马人的特殊问题，226—227；
ill success of Roman policy 罗马的政策并不成功，227。
Julian，Emperor，*The Caesars* 尤里安，皇帝，《诸皇帝》，200—203。
Justin Martyr，quoted on virtues of the Christians 殉道者贾斯丁，在“基督徒的德性”方面被引用，207；
on accusations against the Christians 在“对基督徒的指控”方面，213—214；
on treatment of the Christians by the Jews 在“犹太人对待基督徒的态度”方面，217；
his trial 对他的审判，237—240。
Justitia，*δικαιοσύνη* 正义，29。

Lanuvium 拉努维乌姆，44；
legends connected with 相关传说，44—45。
Literary Society in Rome 罗马的文学社团，第四章，50。
Logic，of Stoics 逻辑学，斯多葛派的，附录 A，第 258—263 页。
Lorium 洛里乌姆，44；
Fronto's visit there 弗朗托造访该地，161。
Lucian，conférencier 琉善，聚众问学者，50；
spirit of mockery 嘲笑的精神，119；
Ζεύς τραγῳδσς 宙斯，119—127；
description of Panthea 对万神殿的描绘，144；
Alexander，or the False Prophet 亚历山大，或假先知，164。
Lucilla，daughter of M. A.，marries Lucius Verus 露琪拉，马可·奥勒留的女儿，嫁给卢修斯·维鲁斯，145；
married to Pompeianus 嫁给庞贝亚努斯，184。
Lucius（see Verus）卢修斯（见维鲁斯）。
Lyons，Church of，persecution 里昂，教会，迫害，公元 177 年，241—243。

Magna Mater 大母神，117。
Marcomanni，a Barbarian people 马科曼尼人，蛮族人，167。
Marcus，a gracious figure 马可，一个亲切优雅的人，13；
a product of Stoic thought 斯多葛派思想的产物，31；
not drawn to Seneca 未被引向塞涅卡，31；
possible spiritual loneliness 可能有的精神孤独，35；

birth 出生，39；
family 家庭，40；
mother 母亲，40；
boyhood 孩提时代，40；
Verissimus 至真者，41；
early honors 早期荣誉，41；
betrothed to sister of young Verus 与小维鲁斯的妹妹订婚，42；
adopted by Antoninus 被安东尼努斯领养，42；
moves to imperial palace 移至帝国宫廷，43；
youthful sports 年轻时代所做的运动，45；
friends 朋友，45；
character 品质，45；
tutors 家庭教师，46；
Caesar 储君 / 殿下 / 皇帝 / 陛下，46；
eulogy on Antoninus 对安东尼努斯的赞扬，47—49；
reasons of his fondness for Fronto 他喜欢弗朗托的原因，61—64；
letters on rhetoric 关于修辞学的通信，65—76；
thanks Fronto for teaching him to speak the truth 因为教他说出真理而感谢弗朗托，69；
his merit as a letter-writer，praised by Philostratus 他作为一位写信人所具有的品质，得到了费洛斯特拉图斯的表扬，89；
knowledge of Greek Literature 希腊文学知识，90；
mediates between Fronto and Herodes 在弗朗托和赫罗德

斯之间斡旋，92；
marries Faustina　娶福斯蒂娜，96；
lost eight children　失去 8 个孩子，96；
his grief　他的悲伤，96—97；
letters that concern his married life　关于他的婚后生活的信，97—105；
renounces rhetoric for philosophy　因哲学而放弃修辞学，108；
turns to religion　转向宗教，111；
thoughts on Nature　关于“自然”的思想，112—115；
on gods　关于诸神，115； 305
aversion to superstition　厌恶迷信，118；
dislike of grossness　讨厌粗俗，129；
apprehension for Rome　为罗马感到忧惧，130，136；
goes on eastern tour　东游，137；
appoints Lucius Verus，co-emperor　任命卢修斯·维鲁斯，共同为帝，139；
on Lucius Verus　关于卢修斯·维鲁斯，145；
appoints Avidius Cassius general in the field　临场任命奥维狄乌斯·卡西乌斯为将军，149；
letters to and from Prefect of Commissariat　供需长官收寄之信函，149—150；
triumph after Parthian victory　帕提亚胜仗之后的凯旋，151；
his old familiarity with Fronto renewed　他和弗朗托再续旧谊，152；

Marcus the type of a gentleman 马可是绅士典范，163；
his attitude to beliefs he did not share 他对信仰的态度与众不同，164；
charges of superstition and their refutation “迷信”指控及其被驳情形，165；
Marcus confronts Barbarian invasions 马可遭遇蛮族入侵，167；
auction of jewelry，etc. 拍卖珠宝等，167；
impressed gladiators，etc. 令人印象深刻的角斗士等，168；
his early success 他早期的成功，168；
his life on the northern battle front 他在北方前线度过的岁月，172；
presides in law suit brought against Herodes 主持对赫罗德斯的审判，173；
his merciful disposition 他的仁慈性情，173；
the miraculous rain 神奇的降雨，174—177；
revolt of Avidius Cassius 奥维狄乌斯·卡西乌斯反叛，第十四章，第178页；
warned by Lucius 卢修斯的提醒，179；
rejects warning 拒绝提醒，180；
speech to his army 对军队讲话，181—183；
correspondence with Faustina about it 就它和福斯蒂娜通信，184—185；
letter to the Senate 致元老院的信，185；
forgives rebels 宽恕反叛，187；

burns incriminating letters unread 烧毁未读的控告信，187；
journey to the East 东行之旅，188；
Faustina's death 福斯蒂娜之死，188；
his grief and love of her 他的悲伤和对她的爱，189；
his tributes to her memory 他对人们有关她的记忆的影响，189；
his attitude to literature 他对文学的态度，190；
hears Hermogenes 听见黑摩希尼的声音，190；
hears Aelius Aristides 听见埃利乌斯·阿里斯提德斯的声音，191；
hears Adrian at Athens 在雅典听见阿德里安的声音，192；
endows chairs at Athens 在雅典捐赠教席，192；
attends Eleusinian mysteries 参加伊洛西斯秘密宗教仪式，192—193；
back in Rome 回到罗马，193；
creates Commodus Augustus 立科莫德斯为奥古斯都，194；
renews Barbarian war 重启蛮族人战争，194；
his last illness 他最后一次病倒，194；
his speech about Commodus 他关于科莫德斯的演讲，194；
his attitude toward death 他对死亡的态度，195—196；
his last words 他的临终遗言，197；
his death 他的死，197；
Dio Cassius on M. A. 迪奥·卡西乌斯论马可·奥勒留，198；
Herodian on M. A. 赫罗迪亚努斯论马可·奥勒留，198；
Eutropius on M. A. 欧特罗比乌斯论马可·奥勒留，199；
S. Aurelius Victor on M. A. 圣奥勒留·维克多论马可·奥

勒留，199；
Julius Capitolinus on M. A. 尤里乌斯·卡皮托利努斯论马可·奥勒留，199；
criticised for his conduct in relation to Faustina and to Commodus 因他的行为涉及福斯蒂娜和科莫德斯而受批评，200；
the Emperor Julian's apology 皇帝尤里安的申辩，200—203；
further justification for appointing Commodus his successor 就任命科莫德斯为他的继承人作进一步解释，204；
Marcus and the Christians 马可与基督徒，208—209；
his connection with the persecution at Lyons 他与发生在里昂的迫害基督徒行为之间的关联，242；
note of vanity of life in his Meditations 他的《沉思录》中有关生命浮华的说明，248；
his spiritual hopes 他的精神希求，248—249；
conception of the daemon 对半人半神的精灵的认知，254；
limits of his Transcendentalism 其超验思想的限度，256。
Marcus's Letters，to Fronto，asks for a subject for a rhetorical Composition 马可的信，致弗朗托，索要一个有关修辞学写作方面的主题，66；
do.，asks particulars do.，询问细节，66；
do.，on his theme do.，关于他的主题，67；
do.，insincerity of courtiers and allusion to his verses，etc.

do.，廷臣的不诚实和对其诗文的建议，等等，68；
do.，gratitude for being taught to speak the truth do.，感谢教导自己说真话，69；
do.，brief thanks do.，简短的谢辞，70；
do.，prepared to defend a criticised word do.，准备回应别人的批评，71；
do.，extravagant praise of Fronto's letter of affection do.，弗朗托的信饱含感情，对之加以格外的赞美，72；
do.，praise of Fronto's oration do.，赞扬弗朗托的演讲，75；
do.，frolic with a flock of sheep do.， 与一群绵羊嬉戏，80；
do.，visit to Anagni do.，造访阿纳尼，80； 306
do.，life in the country，hunting，reading，compositions，cold，etc. do.，乡村生活，狩猎，阅读，写作，受寒，等等，81；
do.，on Polemon，a Greek lecturer do.，论波乐蒙，一位希腊演说家，82；
do.，sore throat，vintage，chat with his mother about Fronto do.，喉咙疼痛，葡萄园，和他的母亲谈起弗朗托，83；
do.，life at Naples，climate，etc. do.，那不勒斯的生活，气候，等等，84；
do.，busy，begs to be reminded of something，etc. do.，忙碌，要他提醒自己做某事，等等，86；
do.，on Fronto's birthday do.，关于弗朗托的生日，86；
do.，asks Fronto to be restrained in his prosecution of Herodes do.， 要求弗朗托在自己揭发赫罗德斯时收声，92；

do., thanks for Fronto's acquiescence do.，感谢弗朗托的默许和顺从，94；
do., in answer to Fronto's letter on seeing Marcus's baby do.，给弗朗托回信，他说见到马可的孩子了，98；
do., on the baby's（Faustina's）illness do.，关于孩子（福斯蒂娜的）的病，98；
do., note to say baby is better do.，信中说孩子的情况好转了，101；
do., on his wife's sickness, her docility 关于他妻子的病，她的温良，102；
do., on Fronto's ill health do.，弗朗托身体状况不佳之事，103；
do., answer to Fronto's note of birthday wishes do.，回复弗朗托的生日祝福，103；
do., another birthday note do.，另一个生日祝福，104；
do., on neglect of rhetoric and admiration for Aristo, the Stoic do.，关于忽视修辞学和赞佩阿里斯托，斯多葛派人士，108；
to the Prefect of the Commissariat, on the appointment of Avidius Cassius 致供需长官，关于任命奥维狄乌斯·卡西乌斯，149；
to Fronto, on books, etc. 致弗朗托，关于书，等等，152；
do., asks for Cicero's letters do.，索要西塞罗的信，153；
do., brief note referring to his holidays at Alsium do.，一封短笺，提起他在阿尔西乌姆度假的事情，156；
do., a birthday letter, with references to Lucius,

Faustina, and his daughters do., 一封生日函，提及卢修斯、福斯蒂娜和他的女儿，157；

do., answer to Fronto's letter describing his visit to Lorium do., 给弗朗托回信，他在信中描述了自己造访洛里乌姆的事情，162；

to Lucius Verus, in answer to warning as to Cassius 致卢修斯·维鲁斯，就他提醒卡西乌斯一事回信，180；

to Faustina, his wife, telling of Cassius's rebellion 致福斯蒂娜，他的妻子，讲述卡西乌斯的反叛，184；

do., refuses to punish rebels do., 拒绝惩罚反叛，185；

to the Senate, requesting them to pardon all rebels 致元老院，要求他们原谅所有反叛，185。

Meditations cited 对《沉思录》的引用，I 2, 40；I 8, 40；I 6, 45, 210；I 7, 32, 108；I 7, 9, 11, 15, 46；I 8, 96；I 9, 112；I 13, 97；I 16, 49；I 17, §5, 112；II 2, 196；II 3, 112, 113；II 11, 114；II 12, 196；II 13, 129, 255；II 17, 114, 195；III 2, 113；III 3, 196, 197；III 4, 254；III 4, §2, 129；III 6, 29, 254；III 6, §2, 116；III 9, 116, 262；III 12, 254；III 16, 210；IV 5, 195, 197；IV 14, 21, 265, 266；IV 22, 260；IV 23, 267；IV 33, 38；IV 36, 136；IV 40, 267；IV 48, 196, bis；IV 51, 113；V 3, 114；V 8, 267；V 8, §2, 113, 267；V 9, 114；V 12, 29, 261；V 16, 42, 262；V 18, 114；V 27, 116；V 28, 129；V 33, 116, 266；VI 10, 14；VI 15, 266；VI 24, 265；VI30, 129, 130；VI30, §1, 116；VI 34, 130；VI 36, 113；VI 42,

267；VI 46，196；VI 58，114；VII 9，267；VII 18，136；VII 23，136；VII 25，112，136；VII 32，196；VII 41，97；VII 54，261；VII 67，258；VIII 6，112；VIII 25，196；VIII 26，260；VIII 29，262；VIII31，196；VIII 45，254；VIII 46，114；VIII 48，210；VIII 50，113；VIII 51，209；VIII 52，267；VIII 58，196；IX 1，114，265；IX 3，196；IX 19，136；IX 21，40；IX 27，255；IX 40，96；IX 42，§5，30；X 3，115；X 8，117；X 8，§2，116；X 11，116；X 20，112；X 35，97；X 36，196，bis；XI 1，30；XI 3，210；XI 4，174；XI 5，267；XI 10，114；XI 10，173；XII 23，113；XII 29，173；XII SI，196。

307 Milton，quoted on Athens　弥尔顿，在有关“雅典”的内容上被引用，91。

Minucius Felix，his *Octavius* quoted　米努奇乌斯·菲利克斯，他的《奥克塔维乌斯》被引用，211—213。

Miraculous rain　神奇的降雨，174—177。

Montesquieu，quoted　孟德斯鸠，被引用，15。

Myers，F. W. H.，Human Personality，quoted　迈尔斯，F. W. H.，人的个性，被引用，250。

Nature，*κατὰφύσιν*　自然 / 本性，23，112—115。

Nero，accuses Christians，etc.　尼禄，指控基督徒，等等，217。

Nerva　涅尔瓦，37。

Octavius, an apology for Christians, by Minucius Felix《奥克塔维乌斯》,一部维护基督徒的辩词,米努奇乌斯·菲利克斯所作,211—213。
Oratory 演说,58。

Panaetius, Stoic philosopher 帕奈提乌斯,斯多葛派哲学家,27,28。
Pannonia, Roman province 潘诺尼亚,罗马行省,169—171。
Panthea, mistress of Lucius Verus 潘提亚,卢修斯·维鲁斯的情人,144。
Parthians, their invasion 帕提亚人,他们的入侵,141;
their defeat 他们的失败,151。
Philostratus the Athenian, on M. A. as a letter-writer 雅典人费洛斯特拉图斯,关于写信人马可·奥勒留,88—89。
Physics, of Stoics 物理学,斯多葛派的,附录A,263—268。
Plague 瘟疫,166。
Plautus, quoted 普劳图斯,被引用,52,155。
Pliny, the younger, confronted by Christians 小普林尼,遭遇基督徒,231;
letter to Trajan asking advice 为寻求建议致信图拉真,231;
Trajan's answer 图拉真的回复,232。
Plutarch, on daemons 普鲁塔克,论半人半神的精灵,252。
Polemon, a sophist 波乐蒙,智术师,51;

criticised by M. A. 遭到马可·奥勒留的批评，82。
Polycarp，Christian martyr　波利卡普，基督教殉教者，233。
Posidonius，Stoic philosopher　波西多尼乌斯，斯多葛派哲学家，27，28。
Prudentia，φρόνησις　审慎，28，29。

Quadi，a Barbarian tribe，invade Empire　夸迪人，一个蛮族部落，入侵帝国，167；
beg for peace　求和，168。

Renan，Ernest，on the Meditations　勒南，欧内斯特，关于《沉思录》，14。
Rhetoric，Study of　修辞之学，第5章，61。
Rome，city of，described　罗马城，被描述，130—134。
Rome and Augustus，cult of　罗马与奥古斯都，崇拜，226。
Roman Empire，decadent　罗马帝国，颓败的，135。
Roman government，policy of in religious matters　罗马政府，关于宗教事务的政策，220；
tolerant except for human sacrifices　除了人祭之外一律容忍，220；
and immoral tendencies　和不道德的倾向，220；
exacts outward worship of Roman gods as mark of political loyalty　强行将外在的罗马诸神崇拜作为政治效忠的标志，224—226；
attitude toward Christians after Trajan's pronouncement　图拉真声明之后对待基督徒的态度，232。

Roman religion 罗马宗教，219—220。 308
Rusticus，Junius 鲁斯提库斯，尤尼乌斯，46，236；
presides at trial of Justin Martyr 主持对殉道者贾斯丁的审判，237—240。

St. Paul，quoted 圣保罗，被引用，23。
Seneca 塞涅卡，26，31；
criticised by literary men 被有学之士批评，56；
on the soul，quoted 论灵魂，被引用，254—255。
Sextus 塞克斯图斯，46，112。
State vs. Carpos et al，cited 国家 vs. 卡尔珀斯等，被引用，240。
State vs. Justin et al，report of trial 国家 vs. 贾斯丁等，审判报告，236—240。
State vs. Namphamo，cited 国家 vs. 纳姆帕莫，被引用，240。
State vs. Speratus et al，cited 国家 vs. 斯佩拉图斯等，被引用，240。
Statius Priscus，a Roman general 斯塔提乌斯·普里斯库斯，一位罗马将军，141；
victorious campaign against the Parthians 对帕提亚人战争的胜利，150。
Stoicism，founders of 斯多葛主义，创立者，第一章，17；
ethics 伦理学，第二章，27；
logic and physics 逻辑学与物理学，附录 A，258。
Stoics and Christians，similarities between 斯多葛派与基督

徒，彼此间的相似性，243—245。

Temperantia，σωφροσύνη 克制，29—30。
Tertullian，on accusations against Christians 德尔图良，关于对基督徒的指控，208，214，234。
Thomas a Kempis，quoted 托马斯·肯皮斯，被引用，260。
Tiber overflows 台伯河泛滥，141，234。
Trajan 图拉真，37；
letter concerning guilds 关于行会的信，229；
letter to Pliny laying down policy toward Christians 就针对基督徒的政策致信普林尼，232；
punishment of Christians in his reign 在其治下惩罚基督徒，232。

Verus，Lucius，the elder，appointed by Hadrian as successor 老维鲁斯，卢修斯，被哈德良任命为继承人，41；
dies 去世，42。
Verus，Lucius，the younger，adopted by Antoninus 小维鲁斯，卢修斯，被安东尼努斯领养，42；
betrothed to Faustina 与福斯蒂娜订婚，43；
fond of Fronto 喜欢弗朗托，61；
made co-emperor 一同为帝，139；
commander-in-chief in East 东方将帅，141；
starts for Antioch 向安条克进发，141；
visits Herodes Atticus 造访赫罗德斯·阿提库斯，141；
slanderous accusations against him 对他的诽谤式指控，

141—142；
his boyhood 他的孩提时代，142；
affection for Fronto 对弗朗托的情感，142；
alleged profligacy 据说肆意挥霍，142；
betrothed to Lucilla 与露琪拉订婚，144；
affair with Panthea 与潘提亚的情事，144；
marries Lucilla 娶露琪拉，145；
evidences that the charges of profligacy，etc.，are false，Marcus 关于指控其肆意挥霍的证据等，都是假的，马可，145；
Lucian 琉善，145；
Aelius Aristides 埃利乌斯·阿里斯提德斯，145；
Fronto 弗朗托，146；
his own letters 他自己的信，146；
later historical references 后世的历史参考，147；
Fronto's chapter on Lucius's military achievements 弗朗托关于卢修斯军事功绩的篇章，148；
persuades Marcus to share in his triumph 说服马可一同分享他的胜利，151；
his death 他的死，168；
his warning to Marcus of Cassius's ambition 他提醒马可说卡西乌斯有野心，179。
Verus，Martius，a Roman general 维鲁斯，马尔提乌斯，一位罗马将军，141，184。
Victorinus，Aufidius 维克托利努斯，奥菲狄乌斯，45，74。
Vindobona（Vienna），a Roman camp 文多博纳（维也纳），

一座罗马军营，169。

309 Wordsworth，*Ode to Duty*，quoted 华兹华斯，《义务颂》，被引用，116。

Zeno，arrival at Athens 芝诺，到达雅典，17；
Semitic character 闪族人的品质，17；
follows Cynic School 追随犬儒学派，18；
his teachings 他的教导，19—22；
his sayings 他的言语，22—23；
his books 他的书，第 23 页。
Zeus，Hymn to 宙斯，颂，24。

译后记

译文完稿之际，难忘译事点滴。

承蒙上海师范大学人文与传播学院陈恒教授推荐，我与此书相遇，并有幸与上海人民出版社合作。译文效果自待读者评判，但译事过程实有难得的体验。走近马可·奥勒留的过程，就是一个既触动思维又触动内心的过程。感谢陈恒教授！感谢出版社！

原书作者语言博通，所涉内容、信息无比丰富，作为译者的我不免遇到疑难。幸得单位同事、朋友、专于古典学的王冬妮博士为我解释了一组古希腊语词，其解释让我对古希腊语中的“美”有了更深的理解。与其说她的解释是在阐明语词的意思，还不如说她是在打开一道通往古希腊之“美”的门径。这种“打开”激发了双方的讨论，拓展了人的思考，让人受益。出身古典学专业、现供职中信出版社的资深编辑马晓玲女士为我解答了普劳图斯的一个作品名问题。该作品名较为稀见，是她为我提供了比较权威的译名，让我得解疑难。其认真的态度让我再次感到她这位朋友的严谨和专业。厦门大学的张治博士为我提供了原书中一处纪念文字的早期译文，借此，我得以援引前人的成果。感谢诸位！

翻译过程中，我经历了人生中的关键时段，待到译事完毕之时，我已开启一段新的旅程。面对原文，我揣想情境之内外，斟酌译语之幽微。译事进行大半之际，我身边又迎来了可爱的新生命，此时的我不仅是丈夫，还是父亲。自身身份的多维化，既让我得到了多维眷顾，也让我对书中主人公的生活和人生有了更多的领会。这一切，都是在太太贺华的爱护和陪伴下经历的，没有她在身边，凡事不可想象。一切唯她最知。谢谢我的太太！

是为记。

刘招静

于上海大学静荷居

2017年6月8日